21세기 사의 서론을 어떻게 쓸 것인가

강만길 저작집

간행위원: 조광 윤경로 지수걸 신용옥

해제: 고정휴 구선희 김기승 김명구 김윤희 김행선 박은숙 박한용
    변은진 송규진 이주철 정태헌 최덕수 최상천 하원호 허은

교열: 김만일 김승은 이주실 조철행 조형열

강만길 저작집

13

21세기 사의 서론을 어떻게 쓸 것인가

창비

저작집 간행에 부쳐

　그럴 만한 조건이 되는가 하는 생각을 버리지 못하면서도 제자들의 준비와 출판사의 호의로 저작집이란 것을 간행하게 되었다. 잘했건 못했건 평생을 바친 학문생활의 결과를 한데 모아두는 것도 나름대로 의미가 있을 것 같기도 하고⋯⋯ 한 인간의 평생 삶의 방향이 언제 정해지는가는 물론 사람에 따라 다르겠지만, 지금에 와서 뒤돌아보면 나의 경우는 아마도 세는 나이로 다섯 살 때 천자문을 제법 의욕적으로 배우기 시작하면서부터 어쩌면 학문의 길이 정해져버린 게 아닌가 생각해보기도 한다. 그리고 요즈음 이름으로 초등학교 6학년 때 겪은 민족해방과 6년제 중학교 5학년 때 겪은 6·25전쟁이 역사 공부, 그것도 우리 근현대사 공부의 길로 들어서게 한 것 같다고 말하기도 한다.

　대학 3학년 때 과제물로 제출한 글이 활자화됨으로써 학문생활에 대한 의욕이 더 강해진 것 같은데, 이후 학사·석사·박사 논문은 모두 조선왕조시대의 상공업사 연구였으며, 특히 박사논문은 조선왕조 후기 자본주의 맹아론 연구였다. 문호개방 이전 조선사회가 여전히 고대사회와 같은 상태에 머물러 있었다고 주장한 일본인 연구자들의 연구에 대항한 것이었다고 하겠다. 역사학계 일부로부터 박정희정권하의 자본주의 성장을 뒷받침하는 연구라는 모함을 받기도 했지만⋯⋯

　자본주의 맹아론 연구 이후에는 학문적 관심이 분단문제로 옮겨지게 되었다. 대학 강의 과목이 주로 중세후기사와 근현대사였기 때문에 학

4

문적 관심이 근현대사에 집중되었고 식민지시대와 분단시대를 연구하고 강의하게 된 것이다. 『분단시대의 역사인식』을 통해 '분단시대'라는 용어가 정착되어가기도 했지만, '분단시대'의 극복을 위해 통일문제에 관심을 두게 되면서 연구논문보다 논설문을 많이 쓰게 되었다. 그래서 저작집도 논문집보다 시대사류와 논설문집이 더 많게 되어버렸다.

그런 상황에서도 일제시대의 민족해방운동사가 남녘은 우익 중심 운동사로, 북녘은 좌익 중심 운동사로 된 것을 극복하고 늦게나마 좌우합작 민족해방운동사였음을 밝힌 연구서를 생산할 수 있었다는 것을 자 윗거리로 삼을 수 있지 않을까 한다. 사실 민족해방운동에는 좌익전선도 있고 우익전선도 있었지만, 해방과 함께 분단시대가 되리라고는 꿈에도 생각하지 않았기 때문에 민족해방운동의 좌우익전선은 해방이 전망되면 될수록 합작하게 된 것이다.

『고쳐 쓴 한국현대사』는 '한국'의 현대사니까 비록 부족하지만 남녘의 현대사만을 다루었다 해도 『20세기 우리 역사』에서도 남녘 역사만을 쓰게 되었는데, 해제 필자가 그 점을 날카롭게 지적했음을 봤다. 아무 거리낌 없이 공정하게 남북의 역사를 모두 포함한 '20세기 우리 역사'를 쓸 수 있는 때가 빨리 오길 바란다.

2018년 11월 강만길

일러두기

1. 이 저작집은 '내일을 여는 역사재단'의 기획으로, 강만길의 저서 19권과 미출간 원고를 모아 전18권으로 구성하였다.

2. 제15권『우리 통일, 어떻게 할까요/역사는 변하고 만다』는 같은 해에 발간된 두 권의 단행본을 한 권으로 묶었다.

3. 제17권『내 인생의 역사 공부/되돌아보는 역사인식』은 단행본『강만길의 내 인생의 역사공부』와 미출간 원고들을 '되돌아보는 역사인식'으로 모아 한 권으로 묶었다.

4. 저작집 18권은 초판 발간연도 순서로 배열하되, 자서전임을 감안해『역사가의 시간』을 마지막 권으로 하였다.

5. 각 저작의 사학사적 의미를 짚는 해제를 새로이 집필하여 각권 말미에 수록하였다.

6. 문장은 가급적 원본대로 유지하는 것을 원칙으로 하였고, 명백한 오탈자와 그밖의 오류는 인용사료, 통계자료, 참고문헌 등을 재확인하여 바로잡았으며, 주석의 서지사항 등을 보완하였다.

7. 역사용어는 출간 당시 저자의 문제의식을 살리기 위해 그대로 따랐다.

8. 원저 간의 일부 중복 수록된 글도 출간 당시의 의도를 감안하여 원래 구성을 유지하였다.

9. 본서의 원저는『21세기사의 서론을 어떻게 쓸 것인가』(삼인 1999)이다.

책머리에

40년 넘게 명색이 역사학 연구자로 살아오면서 왜 역사학을 전공했는가 하는 질문을 꽤 많이 받아왔다. 그때마다 만족스러운 대답을 할 수 없었고 그 일이 언제나 마음에 걸리기도 했다. 왜 역사학을 전공으로 택했는지 그 뚜렷한 이유를 말하지 못하는 반면, 역사학을 전공한 것을 후회한 적은 없다고 지금도 단언할 수 있다. 하기야 평생 한 가지 길을 걷다가 늙어버린 사람들이 흔히 제가 걸어온 길을 후회하지 않는다고 말하게 마련이며, 또 후회해야 별 소용 없는 일이지만 말이다.

되돌아보면 지금까지 살아온 70년에 가까운 세월을 통해 참으로 많은 역사적 사건들을 겪었다. 굵직굵직한 것들만 들어봐도 태평양전쟁, 8·15해방, 남북 분단국가의 성립, 6·25전쟁, 4·19민주화운동, 5·16군사쿠데타, 7·4공동성명, 10월'유신', 10·26박정희암살사건, 12·12쿠데타, 광주민중항쟁, 소련의 해체, 「남북합의서」 체결 등등, 임진왜란 이후의 조선왕조시대에 산 사람이면 몇백 년을 살아도 한 번도 겪지 못했을 것 같은 어마어마한 역사적 사건들을 그것도 역사학 전공자로 살면서 겪은 것이다.

그뿐만이 아니다. 사람이 아직도 백 년을 살기가 어렵기 때문에 철이 들고 세상물정을 알게 된 상황에서 역사의 큰 마디로서의 하나의 세기가 바뀌는 순간을 경험하기란 결코 쉬운 일이 아니다. 그런데 우리는 지금 세기가 바뀌는 순간뿐만 아니라 새로운 천 년이 시작되는 순간을 경험하게 되었으니, 그러고도 괜찮은 역사학자가 못 된다면 그것은 전혀 제 책임일 뿐 무엇으로도 핑계댈 수 없는 일이라 나름대로 생각했다.

천만다행하게도 한창 실증적 연구 실적을 쌓아야 하거나 강의 부담이 많게 마련인 젊은 시절을 지나고 역사를 보는 눈이 조금은 넓어진 위에, 그리고 실증적 연구 부담이 다소 줄어들고 강의 부담이 아주 없어진 정년 후에, 이 엄청난 세기말을 맞게 되었으니 얼마나 다행인지 모르겠다. 이런 조건 아래서도 역사를 제대로 알려고 애쓰는 사람들을 위해 무엇인가 도움이 될 만한 일을 할 수 없다면 그것은 평생을 역사학으로 벌어먹고 살아온 사람으로서의 책임과 의무를 포기하는 일이 되지 않을까 생각한다. 그 때문에 신문이나 잡지의 원고 청탁을 거의 거절할 수 없기도 했다.

이 책에 실린 글들은 1996년에 냈던 역사 에세이집 『역사를 위하여』에 실리지 않았거나 그 이후에 쓰여진 글들 중의 일부다. 책에 넣을 만한 글들을 골라서 모아놓고 보니 내용에 따라 크게 네 가지 분야로 나눌 수 있었다.

첫째는 우리 근현대사에서 일반적으로 잘못 인식되고 있다고 생각되는 문제들을 바로잡아야 한다는 생각으로, 혹은 짧게 혹은 다소 길게 쓴 글들이다. 흔히 식민사관이니 분단체제에 매몰된 역사인식이니 하는 말들을 하는 것과 같이 일제강점시대와 민족분단시대로 이어진 20세기 우리 역사는 객관성을 잃은 채 잘못 인식되고 있는 부분이 많다.

일본제국주의의 강압통치를 받는 아래서도 허용될 수 있었던 역사학이 어떤 것이었겠는가? 식민통치에 짓눌린 민족의 현실 문제와는 전혀 동떨어진 역사학이거나 아니면 그 강제지배에 굴복하거나 영합하는 역사학일 수밖에 없었다 해도 과언이 아닐 것이다. 옥살이를 각오하지 않는 한 식민통치의 질곡이나 그것에 대한 저항을 다룬 역사학은 허용될 수 없었기 때문이다. 해방 후 많이 시정되었지만 아직도 부지불식간에 식민사학적 처지에서 혹은 그런 경향에서 인식되고 있는 사실들이 허다하다. 그뿐만 아니라 최근에는 일제시대에 대한 인식 문제를 두고 새로운 모양새로 되살아나는 경향도 있어서 역사학의 중요한 논의거리로 떠오르고 있다.

일제시대사도 문제지만 해방 후 분단시대사의 경우 역사학이 분단체제 자체에 매몰되어 객관성을 잃은 채 잘못 인식되고 있는 부분이 너무 많다. 해방 후 남한의 역사학은 본질적으로 남한체제의 역사적 정통성이나 정당성을 전제로 한 것이라 할 수 있다. 베트남식 무력통일이나 독일식 흡수통일을 지향하는 경우 승리한 쪽의 사관에 따라 한쪽 체제를 정통으로 하는 역사학이 그대로 적용될 수도 있겠다. 그러나 우리는 지금 「남북합의서」에 따라 서로의 체제를 인정하면서 어느 한쪽에 의한 무력통일도 흡수통일도 아닌 협상통일·타협통일·대등통일을 지향하고 있다. 우리의 역사인식도 남북 대결 인식에서 화해 인식으로 바뀌어야 함이 당연하다. 그리고 대결에서 화해로 바뀐 역사인식에서 본 우리의 근현대사가 쓰여지고 가르쳐지는 것이 무엇보다도 시급하다.

이 책의 둘째 부분은 21세기 우리 역사의 최대 과제가 될 통일문제에 초점을 맞춘 글들을 모았다고 할 수 있다. 통일은 물론 미래에 닥쳐올 문제다. 그러나 통일문제를 합리적으로 풀어나가기 위해서는 일제강점시대와 분단시대로 이어지는 우리 근현대사 전체의 흐름을 옳게 파악하고 식민지화 및 분단과정의 역사적 원인을 정확하게 이해하는 일이 무엇보다도 중요하다. 통일문제를 풀어나가는 데는 정치학적 방법론과 경제학적 방법론이 각기 다를 수 있는 것과 같이 역사학적 방법론 또한 반드시 따로 있어야 한다고 생각한다. 역사학적 방법론이야말로 어느 방법론보다도 현실적 조건에 덜 얽매이고 객관적이며 종합적이고 미래지향적이며, 특히 민족적·주체적 처지에 선 방법론일 수 있다고 생각한다. 미흡하지만 그런 생각에서 쓴 글들을 모은 부분이라고 할 수 있겠다.

셋째 부분은 몇 편 안 되지만 통일문제를 다루는 역사학 자체의 방법론에 관해 생각해본 글들을 모았다. 분단시대가 반세기를 넘으면서 남북 사이에는 역사인식상의 차이가 크게 벌어졌다. 통일을 위한 이데올로기가 필요하다면 그것은 역사 동질성 같은 것에서 구해져야 할 것이며, 그러기 위해서는 가능한 한 남북 학계 간에 역사인식 문제에 대한 자유로운 논의가 활발하게 이루어져야 한다고 생각한다. 그것을 통해 남북 역사학계가 역사인식상의 차이를 가능한 한 좁혀가기 위한 노력을 하는 일이 중요하다.

「남북합의서」 교환, 민간 경제교류, 금강산 관광 등을 통해 우리가 지향하는 비흡수 평화통일은 이미 시작되었다고 생각하지만, 완전통일이 되기 전이라도 남북이 역사교과서를 비롯한 각종 교과서를 함께 쓸 수 있게 된다면 그것은 완전통일을 앞당기는 중요한 계기가 될 것이다. 특히 1945년 8월 이후의 남북 역사를 남한사·북한사가 아닌 한반도 전체의 역사로 엮는 일 역시 완전통일 후라야 가능한 일이라고 생각할 필요는 없다. 완전통일 전이라도 남북의 역사학계가 하나의 우리 현대사를 쓰고 가르치기 위한 노력을 펴야 할 필요가 절실하다. 그 일 역시 완전통일을 앞당기는 중요한 사업의 하나가 될 수 있을 것이다.

생각이 현실에만 얽매여 있는 사람들의 처지에서 보면 이런 이야기들은 어쩌면 너무 이상적인 것일지 모른다. 그러나 학문이란 본래 현실 그 자체를 뒷받침하는 일보다 현실을 한층 더 나은 것으로 만들어가는 데 공헌하는 것이 더 중요하다고 생각한다. 그러기 위해서는 역시 현실주의적이기보다 어느정도 이상주의적일 수밖에 없는 것이 아닌가 한다. 40여 년간 역사학을 전공한 결과 터득한 명제 같은 것이 있다면 '역사란 인간 이상의 현실화 과정'이라는 생각이다. 분단민족으로서의 우리가 추구하고 있는 통일론 내지 통일방법론이야말로 우리의 이상을 현실화하기 위한 논리의 하나라 해도 좋을 것이다. 각박한 현실적 조건에만 얽매여 있는 경우 통일의 길은 전혀 보이지 않을 수도 있을 것이기 때문이다.

이 책의 넷째 부분은 20세기가 저무는 시점에 서서 나름대로 감히 21세기 민족사와 세계사의 행방을 내다보려 한 글들을 모은 부분이라 할 수 있다. 역사학의 처지에서 보면 하나의 시대가 저물고 새로운 시대가 되려다가 좌절된 세기라 할 수 있을 20세기는 전체 인류역사를 통해서도 참 이해하기 어려운 세기였다고 말할 수 있지 않을까 한다. 21세기에 들어가서 역사학이 추구해야 할 중요한 과제 중의 하나가 국가사회주의가 실패한 원인을 찾는 일이라 생각해보지만, 어떻든 국가사회주의가 무너지고 이른바 신자유주의가 독주하는 20세기 말은 그야말로 역사적 혼돈기라 하지 않을 수 없다.

당연한 말이지만 21세기 우리 민족사는 20세기보다 훨씬 더 세계사의 행방과 밀접히 연결될 것이다. 기어이 세기를 넘기고 만 우리의 통일문제도 분명 21세기 세계사의 흐름과 직결되어 있다. 국가사회주의가 무너지고 20세기 자본주의를 살려낸 케인즈주의마저 부인하다시피 하는 신자유주의가 독주하는 20세기 말이 되었다 해도, 그것이 21세기를 지배하는 체제로 그대로 연결되리라고는 물론 생각하지 않는다. 설령 20세기식의 국가사회주의체제가 되살아날 수는 없다 해도 21세기에는 신자유주의에 대응하는 새로운 체제가 성립될 것이며, 우리의 통일 후 체제 문제도 21세기 새로운 세계체제의 등장과 연결될 것이다.

21세기 국제관계의 경우도 마찬가지일 것이다. 역사가들은 21세기 세계사가 민족국가의 벽을 낮추는, 민족국가의 권한이 약화하는 방향으로 나아가리라 전망하는 경우가 많다. 사실 인류사회가 민족국가의 벽을 높이 쌓고 서로 대립하고 싸우면서 살아온 세월은 전체 역사시대를 통해 겨우 3백~4백 년에 지나지 않는다. 앞으로 개인의 인권이 신장될수록 국가나 체제의 힘이 약해지게 마련이겠지만, 20세기 후반기 세계사를 통해 제국주의적 식민지배가 청산되고 전면 전쟁으로서의 제3차 세계대전이 일어나지 않은 것은 인류사회 전체가 이제 민족국가끼리 대립하면서 제국주의적 침략을 자행하는 일에 대해 반성하기 시작했기 때문인지도 모른다.

그렇다고 해서 21세기로 들어서면서 곧 민족국가체제가 무너진다는 말은 물론 아니다. 민족국가의 권력이 지속되면서도 그것이 차차 약해지는 한편, 이미 시작된 지역공동체적 결속이 서서히 강화되어가는 방향으로 세계사가 나아간다고 보는 경우가 많지만, 그래도 동아시아에서 민족국가 사이의 대립이 지속되는 경우 한반도의 통일문제는 어떻게 되겠는가, 지역공동체의 결속이 강화되는 방향으로 세계사가 더 나아가는 경우 한반도의 통일문제는 또 어떻게 해결되겠는가, 20세기 후반기적 미·소 대립구도가 무너졌는데 21세기에 들어가서도 미국의 초대강국으로서의 위치가 유지될 것인가, 그런 경우 한반도의 통일문제는 어떻게 될 것인가, 미국의 초대강국적 위치가 언제쯤 무너질 것이며 그 경우 한반도의 통일문제는 또 어떻게 될 것인가.

의문점이 너무도 많지만 이 책이 그것을 완전히 풀어주는 것은 물론 아니다. 다만 의문을 제기해보는 일에도 일정한 의미는 있으며, 그것이

21세기 역사의 서론 부분을 옳게 풀어가는 데 도움이 될지도 모른다는 생각이다.

　나이가 많아질수록 말이 많아진다더니 '책을 내면서' 하는 말치고는 너무 길어진 것 같다. 역사학 전공자를 자처하고 살아온 사람의 글이 실증적 논문보다 나쁘게 말해서 잡문, 좋게 말해서 사론적인 글이 더 많아지는 것이 마음에 걸리지 않을 수 없다. 그러면서도 어떤 사명감 때문에 청탁이 있으면 쓰지 않을 수 없고 그런 글들을 모아서 책을 만들자 하면 또 거절할 수 없다. 상업성이 있을 것 같지 않은 책인데도 출판을 맡아준 (주)도서출판 삼인에 감사하고, '퇴출'된 선생인데도 함께 생활하면서 온갖 뒷바라지를 다해주는 제자들에게 고마움을 표한다.

66회 생일날 여사서실에서

강만길

차례

제1부 '과거의 노예'로부터 어떻게 벗어날 수 있는가

제2부　분단 50년을 되돌아보고 통일을 생각한다

'과거의 노예'로부터
어떻게
벗어날 수 있는가

대한제국의 망령이 되살아나는가

얼마 전의 일이다. 어느 종교의 성직자 한 분이 찾아와서 '대한제국 황손 기자회견'이라는 문건을 보여주었다. 그 내용을 요약하면, 대한제국 황실도 불법 침탈당했다. 일제강점 기간 독립운동이 줄기차게 진행되었음에도 대한제국에서 8·15까지의 역사가 단절되었다. 대한민국이 대한제국을 계승하는가 그렇지 않는가와 비정치적 차원에서 황실을 복위시킬 것인가 그렇지 않을 것인가를 1997년 8월 15일까지 대한민국 헌법 제정 권력자들이 답변해줄 것을 요구한다 등이었다. 그 성직자는 이 문제에 대해 근현대사 전공자로서의 나의 의견을 묻고 싶다고 했다. 동조해 달라고 하고 싶은 것을 의견을 묻는다고 표현하는 것 같았다. 하도 어처구니가 없어서 두말없이 돌려보내려다가 상대가 신자들에게 설교하는 성직자인데다, 얼마 전부터 역사학계 일각에서 고종에 대한 재해석론인가 찬양론인가가 나온 것을 알고 있었고, 또 총독부 청사 철거가 경복궁 복원으로 연결되는 것이 못마땅했는데, 이러다가 '황실 복위운동'이라도 일어나는 것이 아닌가 걱정스럽기도 해서 그대로 돌려보낼 수 없었다. 급한 원고에 몰려 바쁜 시간이었지만, 역사학 전공자로서의 책임 같은 것이 생각되어 무려 한 시간 이상에 걸쳐 그에게 '강의'를 하지 않을 수 없었다. 혹시 다른 사람에게도 도움이 될까 해서 그 내용을 글로 만들어보기로 한다.

역사적으로 보면 조선왕조는 임진왜란 후에 망하고 실학적 생각을 가진 사람들에 의해 새 왕조가 서는 것이 바람직했다. 임란 결과 중국에는 명·청 교체가 있었고 일본에서도 정권이 교체되었는데, 전쟁터였던 조선에서는 왕조가 교체되지 못했다. 이미 탄력성을 잃은 조선왕조가 이후 3세기나 지속됨으로써 우리 역사를, 속된 말로 망쳐놓았다. 3·1운동 민족대표 손병희까지도 '합방'으로 조선왕조가 망할 때는 가만히 있다가 왜 3·1운동은 일으켰느냐는 재판관의 심문에 대해, 우리는 갑오년에 (농민전쟁 때) 이미 조선왕조를 무너뜨리려 했었다, 왕조가 망하는 것은 당연하다고 생각했지만 일본의 식민지배는 받을 수 없었다고 대답했다.

고종이 반일적이었으며 한때는 다소 개혁적이었음도 사실이라 하자. 그러나 시대가 변하는데도 그는 입헌군주제조차 수용할 수 없는 한낱 전제군주에 지나지 않았다. 역사학계의 일각에서는 아관파천을 마치 갑오개혁 후 성립된 친일정권을 무너뜨리기 위한 조치인 것처럼 해석하는 경우도 있는 것 같지만, '파천 정부' 때 열강에의 이권 양여가 가장 심했던 것도 사실이며, 갑오개혁 정부의 개혁성과 함께 친일성을 인정한다 해도 '파천 정부'의 반개혁성·반역사성을 눈감아서는 안 될 것이다. 반일적 역사인식은 당연하다 해도 그 때문에 전제군주제의 반역사성이 묻혀서는 안 된다는 말이다.

고종이 을사조약을 반대해서 밀사를 보내고 '합방'도 반대했고 이후에도 어느정도 반일 행동을 계속하다가 암살당한 것이 사실이라 해도, 그 때문에 전제주의 대한제국이나 그 황실이 더 지속되어야 한다거나 역사적으로 긍정되어야 할 이유는 없다. 20세기로 들어서는 시점에서 우리 역사의 올바른 발전 방향은 전제주의체제가 일본의 침략이 아니라, 우리의 국민혁명으로 무너지고 공화주의 국민국가가 성립되는 것이었다. 손병희의 말과 같이 전제주의 대한제국은 당연히 망해야 하며 그것을 안타까워할 이유는 없다. 다만 누구에게 망하느냐가 문제였을 뿐이다. 공화주의시대의 역사학이 반외세적이었다는 이유만으로 전제군주제를 긍정하거나 그 왕조의 멸망을 안타까워한다면 웃음거리가 될 수밖에 없을 것이다.

대단히 불행하게도 국민혁명으로 망하지 못한 대한제국은 '합방' 조약에서 오직 황실의 명예가 유지되고 왕족들이 상당한 대우를 받는다는 댓가만으로 2천만 국민과 3천리 강토가 일본의 완전 식민지가 되게 했다. 이후 35년 동안 그 백성이었던 조선 민중은 갖은 고초를 겪었고, 그중의 상당한 부분이 국권회복을 위해 모든 것을 희생했으며, 일부는 일본의 식민통치를 거부하면서 자결했다. 그러나 왕족은 자결한 사람 하나 없었고 오직 한 사람이 국외로 탈출하다가 잡혔을 뿐, 모두 '합방'의 댓가로 일본의 귀족이 되어 호의호식하며 살았다. 한두 사람의 왕과 왕족이 다소 반일적이었다 해서 전제주의 왕실을 옹호하는 식의 역사인식이 공화주의시대에 가당치 않음은 말할 나위 없고, 대한민국이 대한제국을 계승하는가 따위의 질문은 어불성설일 뿐이다.

여기까지가 그 성직자에게 해준 '강의'의 대강이다. 그런데 그후 어느 공영방송에서 마치 황실 재산이 보전되지 않아서 지금 그 후손들이 못 살거나 떠돌아다니며, 민주공화국인 지금의 국가나 국민주권주의시대의 우리 국민이 왕실에 무관심해서 그렇게 된 것처럼 표현한 부분이 있어서 우리를 또 한번 아연하게 했다. 잘못 봤다면 오히려 다행이지만, 그런 의도로 제작하고 방영한 것이라면 그 제작자의 역사인식이 잘못

되었음을 강력히 지적하지 않을 수 없다. 우선 지금의 공영방송이 황실
이니 황손이니 하는 용어를 쓰는 일조차 시대착오다. 공화주의시대에
황실이 어디 있고 황손이 누구란 말인가.

도대체 조선왕조의 왕실 재산이라는 것이 본래 있을 수 없다. 함경도
지방의 한미한 무인 집안에서 몸을 일으켜 조선왕조 시조가 된 이성계
에게 특별한 재산이 있을 수 없음은 말할 것 없고, 그후에 만들어진 왕
실 재산이라는 것은 조선시대 500년을 통해 모두 백성의 노력과 세금
으로 이루어진 것이었다. 갑오개혁으로 정부 재정과 왕실 재정이 분리
되었을 때, 고종이 왕실 재정을 강화하기 위해 내장원을 두고 가장 돈이
될 만한 금과 인삼을 독점하는 한편, 신설되는 세금을 정부의 탁지부가
아닌 궁내부에서 수납하려 애썼던 일들이 밝혀져 있다.

이런 왕실 재산이란 것이 일제강점 후 이른바 이왕직(李王職) 재산으
로 보전되었으나, 해방 후에는 문화재관리국을 두어 그것을 모두 정부
재산으로 했다. 전제주의 왕조가 백성의 혈세로 조성한 왕실 재산을 국
민 주권의 공화주의 정부가 국가의 재산, 국민의 재산이 되게 한 것은
너무도 당연하다. 만약 공화주의시대의 공영 방송이 이제는 민주공화
국의 한 사람 국민일 뿐인 옛 왕족이 왕실 재산이란 것을 그대로 가지거
나 찾지 못해서 잘못 살게 되었다고 안타까워한다면, 한마디로 말해서
한심하다고 할 수밖에 없다. 그 방송의 의도를 필자가 잘못 이해했다면
오히려 천만다행이겠다. (1997년 4월)

일제시대가 근대화 과정이라니?

어떤 역사적 사실을 보는 눈이나 또 어느 하나의 시대에 대한 역사적 인식이 시대의 변화에 따라 달라질 수 있다는 것은 이제 상식이 되었다고 할 수 있다. 그리고 이같은 역사적 관점이나 인식의 변화는 곧 그 사실(史實)이나 그 시대의 역사성이 가지고 있는 진실에 한층 더 가까워진다는 말이기도 하다.

무자비한 군국주의체제로 여러 민족을 전쟁의 참화 속으로 몰아넣었던 일본제국주의가 멸망한 지 불과 반세기밖에 지나지 않은 지금, 일본에서는 괴상한 역사인식이 유행하기 시작하고 있다. 예를 들면 러일전쟁이 한반도 침략을 위한 전쟁이 아니라 일본의 조국 방위전쟁이었다든가, 일본의 한반도 식민지화가 합법적이었고 그 지배과정은 선정(善政)이었다든가, 일본의 태평양전쟁 도발이 역시 침략전쟁이 아니라 아시아 민족들을 유럽 열강의 지배로부터 해방시키기 위한 전쟁이었다든가 하는 어불성설의 망설(妄說)들이 나오고 있는 것이다.

영국과 미국의 원조를 받아서 러일전쟁을 도발하고 그 결과 한반도를 식민지화했음에도 그것이 침략전쟁이 아니라 소위 조국 방위전쟁이었다고 억지를 부리는 일이나, '만주사변'과 중일전쟁을 도발한 결과 태평양전쟁으로 확대되었음에도 그것이 아시아 민족해방을 위한 전쟁이었다고 분수에 넘는 억지를 늘어놓는 일들은 접어두고라도, 일본의 한반도 식민지배 과정이 선정이었다는 망설은 곧 요즈음 일부에서 논의되고 있는 이른바 식민지 근대화론과 궤를 같이한다고 할 수 있다.

하나의 민족사회가 한 시대의 역사를 제가 운영하지 못하고 그 운영권을 남에게 넘겨주는 일은, 그것도 얼마 전까지 문화적으로 제 민족보다 더 뒤졌다고 생각하고 있던 타민족에게 역사 운영권을 송두리째 넘겨주는 일은, 설령 식민지배 당국의 시정(施政)에서 만의 하나라도 나아진 점이 있다 해도, 수천 년의 역사를 가진 문화민족으로서는 견딜 수 없는 수모라는 사실을 잊어버리고는 일제시대사를 제대로 이해할 수 없게 마련이다. 예를 들면 한반도지역이 일본의 식민지가 된 것은 아프리카 지역이 영국이나 프랑스의 식민지가 된 것과는 다르다. 그것은 마치 프랑스가 독일의 식민지가 된 상황에 비할 수 있을 것이다.

식민지 근대화라는 것도 그렇다. 근대화라는 것이 철도를 놓거나 신작로를 닦거나 공장을 세우는 일들만이 아님은 너무도 당연하다. 정치적으로는 총독의 전제정치가 아니라 민주주의를 발달시키는 일, 사회·문화적으로 사상과 언론과 결사와 집회의 자유를 확대시킴으로써 인권을 신장시키는 일, 교육 기회의 균등화를 확대시키는 일 등이 모두 불가결한 근대화의 요건들임은 더 말할 여지가 없다. 그리고 더욱 중요한 것은 이런 일들을 누가 주체가 되어 누구를 위해서 추진하느냐 하는, 앞에서 말한 역사 운영의 주체가 누구냐 하는 것이 문제이다.

정치적 민주주의야 이뤄졌건 말건, 사회보장제도야 있건 말건, 인권의 신장이나 사상의 자유나 교육의 균등화 등이야 있건 말건, 또 누구에 의해서 누구를 위해서 이루어졌건 상관없이 공장만 세워지고 철도만 부설되고 신작로가 닦아지기만 하면 근대화다, 선정(善政)이다 하는 언설이 일본제국주의가 패망한 지 50년밖에 지나지 않은 지금에 다시 나타나고 있다니 일본이란 나라를 다시 한번 고쳐 보게 한다.

왜 이런 일이 일어나고 있는가? 그 원인을 생각해보면 대체로 이런 것이 아닌가 한다. 제2차 세계대전 후 바로 성립되기 시작한 미·소 냉전체제가 그 첫째다. 한반도에서 일어난 6·25전쟁을 계기로 미국이 패전국 일본을 빨리 반소련·반공산주의 보루로 만들어 극동 지역의 반소련권을 튼튼히 하려 했고, 이를 위해 일본의 전쟁 책임을 일찍 면제해준 것이 그 둘째다. 특히 6·25전쟁을 통해 도탄에 빠졌던 일본 경제가 부흥한 것이 그 셋째다. 이 과정을 통해 일본은 한반도를 강압적으로 식민지배하고 아시아 지역을 무력 침략한 사실마저 잊어버리고, 일본의 한반도 지배가 선정(善政)이었다거나, 나아가서 그 근대화를 추진한 과정이었다고 주장하고 나서게 된 것이다.

이런 식민지 근대화론이라는 것이 일본에서만 유행하는 것이 아니다. 얼마 전부터는 국내 학계의 일각에서도 일제식민지시대의 1920년대는 산미증식 계획을 통해서, 1930년대는 병참기지화 정책을 통해서 경제발전이 이루어진 시기였다 하고, 이 식민지시대의 경제발전과 해방 후 1960년대의 경제발전이 연결되어 있다는 주장이 나오게 되었다. 다시 말하면 경제발전이라는 측면에서는 식민지시대와 해방 후의 시대가 전혀 단절 없이 연속되어 있다는 것이다.

일제식민지시대는 침략적 민족주의가 횡포를 부린 제국주의시대이다. 일본은 제 민족의 이익과 발전을 내세우면서 군사적 강압으로 한반도를 무단히 식민지로 만들었고 한민족을 노예 상태로 몰아넣었다. 그런데 시대가 지나면서 일본제국주의의 식민지가 되고 노예화되었던 한민족사회의 일각에서 일본의 식민지배는 한반도를 개발했고 근대화시켰다는 '학설'이 나오고, 그 개발과 근대화 때문에 해방 후의 한국 자본주의가 발달할 수 있었다고 주장하는 것이다.

제국주의의 식민지배 아래서도 근대화라는 것이 가능했고 그것이 또 역사적 의미를 가진다는 이같은 언설을 보면서 왜 문득 이완용의 '논리'가 생각나는지 모르겠다. 3·1운동이 폭발했을 때 이완용은 이른바 '대국민경고장'이라는 것을 발표해서 대략 다음과 같은 요지의 망언을 했다. "이 치열한 약육강식의 마당에서 우리 민족은 스스로 나라를 운영해 나갈 능력이 없고 일본에 의지해서만 살아갈 수 있다. 경거망동하지 말고 일본의 지배를 달게 받아야 한다."

세계가 좁아지고 또 이른바 초국적 자본이라는 것이 활개를 치면서 이제 적어도 경제 분야에서는 민족도 국경도 없어졌다고 말해지는가 하면, 우리 사회에서도 세계화라는 말이 널리 회자되고 있다. 세계화란 어떤 의미에서는 선진 자본주의국이 후진 지역에 침투하기 위해, 그 민족적 울타리를 허물기 위해 내어놓은 주장이라 할 수도 있다. OECD에 가입하고 세계화를 외치면 외칠수록 경제적으로는 특히 IMF 자금 등을 통해 미국이나 일본과 같은 선진 자본주의국에 더 깊숙이 예속되어가는 것은 아닌지 걱정스럽다. (1997년 12월)

일본군 '성노예' 문제의 역사학적 접근

'종군위안부'가 아닌 '성노예'

어떤 사실이나 사항이 가지는 역사적 성격을 한층 더 명백하게 하기 위해서는 우선 그 개념과 명칭을 사실에 더 가깝게, 그리고 객관적인 시각에서 설정하는 일이 요긴하다. 그런 뜻에서 보면 구일본군 주둔지에 설치된 '위안소'에서 군인들의 일방적 성적 충족의 대상이 되었던 여성을 지금까지 종군위안부로 부른 것은 잘못된 것 같다.

우선 '종군'이란 말의 의미를 분석적으로 볼 필요가 있다. 종군하는 사람에는 기자와 같이 자의적인 경우가 있을 수 있고, '위안부'와 같이 타의적인 경우가 있을 수 있다. 강제 종군도 종군이긴 하지만 자의성과 타의성의 구분 없이 일률적으로 종군으로 명명하는 것은 문제가 있다.

다음 '위안부'란 말은 더욱 잘못된 것 같다. 그것은 어디까지나 '위안소'에서의 야만적인 성행위를 통해 '위안'을 받는 일본 군인들의 입장에 서서 그들을 주체로 붙인 명칭이며, 그것에 동원된 여성들의 처지를 고려하여 붙인 명칭은 아니다. 그 여성들의 경우 군인들에게 '위안'을 제공하는 것은 전혀 본의가 아니었으며, 그곳에서의 성행위는 자신들에게는 위안이 아니라 고통 중의 고통이었기 때문이다.

역사적 사실에 대한 명명은 객관성과 과학성에 의해 이루어져야 함은 더 말할 나위가 없다. 그렇다면 '종군위안부'란 명칭을 무엇으로 바꾸는 것이 적절한가 생각해보자. 구일본군에 의해 일방적으로 성적 충족의 대상이 된 여성들의 대부분은 빈곤으로 인한 기만적 인신매매의 결과 '위안소'로 보내졌거나 권력에 의해 강제로 동원되어 보내졌다. 그들은 '위안소'에서 엄격한 감시 아래 집단수용되었고, 일본군 당국이나 그 위촉을 받은 경영자에게 노예처럼 예속되어 생활했다.

약간의 보수가 정해져 있었다 해도 대부분의 경우 도망과 이탈을 저지하기 위해 일본군 당국이나 '위안소' 경영자들이 보관했다가 일본제국주의가 패망한 후에는 거의 지급하지 않았고, 따라서 그들은 빈 몸으로 돌아올 수밖에 없었다. 기만적 인신매매나 강제동원으로 충당되어 보수도 자유도 없이 일본군 당국에 예속된 채 성적 희생을 강요당한 그들을 '종군위안부'로 부르는 것은 마땅치 않은 것 같다. 그것보다는 '성노예'로 명명할 때 그 역사적 성격이 한층 더 분명히 드러나는 것이라 생각된다.

한국 사학계와 '성노예' 문제

일본제국주의의 식민지배에서 벗어난 지 반세기가 되었고, 그 군대의 '성노예' 문제가 국내외적으로 크게 부각되고 있는 지금의 시점까지 한국의 역사학계가 이 문제에 대해 본격적인 연구를 추진하지 못하고 있는 점은 유감스러운 일이 아닐 수 없다.

식민지배에서 해방된 민족의 역사학에 주어지는 가장 시급한 과제는 그 민족해방운동사의 줄기를 세우고 가르침으로써 식민지배 기간에 추락한 민족적 자존심을 회복하는 일이라 할 수 있다. 그러나 한국의 경우 불행하게도 식민지 시기의 피식민주의 역사학이 8·15 후의 그 학계에 위치하지 못함으로써 민족해방운동사의 연구와 체계 수립은 새로운 세대의 역사학자가 양성될 때까지 기다릴 수밖에 없었다.

대체로 1960년대 초부터 민족해방운동사가 연구되기 시작했으나 민족분단이 가져다준 조건 때문에 그것은 우익전선 운동의 연구에 한정되었고, 1980년대에 와서야 비로소 좌익운동 전선이 공산주의운동사가 아니라 민족해방운동사의 일환으로 연구되기 시작했다. 다시 말하면 1960년대부터 1980년대에 걸치는 시기 한국 역사학계의 일제식민지시대사 연구는 좌우익 민족해방운동사의 연구와 체계 수립에 총력을 기울였고, 따라서 '피해의 역사'에 대한 연구는 뒤로 미루어질 수밖에 없었다.

이와 같은 '변명'이 가능하다면, '피해의 역사'에 대한 과학적이고 체계적인 연구는 지금부터의 과제라 할 수 있다. 일본군 '성노예' 문제와 노동력 강제동원 문제도 '피해의 역사' 중 일부이다. 그러나 그것은 '피해의 역사' 중에서도 워낙 비인도적이고 폭압적인 부분이며, 또 개인적 차원에서도 직접적이고도 처참한 피해였기 때문에 현재 생존한 사람만이라도 그들의 생전에 반드시 진상이 구명되고 정신적·물질적 보상이 따라야 한다는 필요성에서, 역사학적 연구 결과를 기다리기 전에 표출될 수밖에 없었다고 할 수 있다.

그동안 일본군 '성노예' 문제에 대한 종합적 연구는 없었다 해도, 한국과 특히 일본 쪽에서 부분적인 연구는 상당한 진전이 있었다. 그것을 다시 간추려보면 대체로 '성노예' 생활 자체의 실태 문제를 비롯하여 강제성 문제에 초점을 둔 '성노예'가 된 동기 문제, 책임 및 보상 문제와 관련한 '성노예'의 동원과 '위안소' 운영에서의 일본군 및 정부 당국의 관여 여부, 일본제국주의 패전 후의 그들의 귀환 과정 문제, 그리고 그들에 대한 일본 정부의 보상 문제 등을 들 수 있을 것이다.

　이들 문제 중에서도 관심의 초점은 강제동원 여부 문제에 있다고 할 수 있으며, 그 문제에 대한 역사학적 접근을 위해 우리의 생각을 정리해보려 하지만, 그것에 앞서 어느 나라의 학계보다 먼저 구일본군 '성노예' 문제를 본격적으로 그리고 정력적으로 연구하여 많은 성과를 내어놓은 '일본의 전쟁책임자료센터' 소속 연구자 여러분의 학자적 양심과 높은 연구열을 높이 평가해 마지않는다. 다만 그들의 양심적 연구 성과가 일본 당국의 정책방향에 미치는 영향이 상당히 제한적이라는 점이 안타깝다. 일본의 양심적 지식인의 활동이 하나의 장식품이 되지 않기를 바라는 마음 간절하다.

'성노예'가 된 동기 문제

　일본은 그 근대화 과정에서 '예창기해방령'(藝娼妓解放令, 1872)이 내려진 후에도 실제로 공창(公娼) 제도가 유지되었으며, 1930년대 이후 침략전쟁 때의 이른바 군 위안소도 그 연속선상에서 설치된 것이라 할 수 있다. 그러나 비교적 철저한 유교 윤리 중심 사회였던 조선의 경우 일제식민지시대 이전에는 공창제도 같은 것은 없었고, 개인영업의 색주가에 작부로 불리는 매음녀들이 있었으나 소수에 지나지 않았다. 서민의 경우 일반적으로 부부 이외의 성생활은 거의 이루어지지 않았고, 지배계급인 양반은 대개 첩을 두었다.

근대 일본 이외의 다른 나라에서도 그 군인의 본국 여성 및 점령 지역 여성에 대한 강간 행위를 방지할 목적으로 공식으로 위안소 같은 것을 설치한 예가 있는지는 확인하지 못했지만, 구일본군이 본국과 점령 지역에 군위안소를 설치한 것은 역시 공창제의 연장이라 할 수 있을 것이다. 그리고 일본이 군 공창제로서의 위안소를 설치하고 그 '성노예'를 일본인 공창녀나 윤락녀만으로는 부족하여 그 식민지인 조선의 여성으로 충당하려 했을 경우, 종래 극소수밖에 없었던 색주가의 매음녀만으로 충당하기에는 너무 부족했고 결국 일반 여성으로 충당할 수밖에 없었다.

지금까지 나타난 각종 문헌자료와 직접 일본군 위안부로 희생되었던 조선여성들의 증언을 토대로 일본군이 '성노예'를 확보한 경우들을 보면 다음과 같은 몇 가지를 들 수 있다. 첫째, 종래의 색주가 매음녀가 충당된 경우도 있었겠으나 이는 극히 소수였다. 둘째, 일반 여성을 상대로 공공연하게 작부를 모집을 한 경우도 있었으나 역시 많은 경우는 아니었다. 유교 윤리 중심 사회였던 조선의 경우 아무리 가난한 부모라 해도 딸을 공공연하게 작부로 파는 경우는 흔하지 않았다. 셋째, 가난한 집안의 소녀들을 상대로 일본 등지의 공장 여공으로 알선한다고 속여 선금을 주고 데려가 '성노예'로 충당하는 방법이 가장 널리 적용된 것이라 파악된다.

넷째, 침략전쟁이 막바지에 이르렀을 때는 농촌이나 도시의 소녀들을 강제로 납치하여 충당한 경우도 있었으나, 이 경우는 객관적 자료가 없고 '성노예'로 희생되었던 여성들의 진술 자료가 있을 뿐이다. 또 여자정신대령이 발동된 이후에는 근로정신대로 강제 동원되었다가 '성노예'로 충당되었다는 진술도 있으나, 객관적 자료는 아직 발견되지 않고 있는 것이 사실이다. 그러나 당시의 조선인들은 여자정신대로의 강제 동원을 '처녀 공출'이라 부르고, 그것이 곧 일본군의 '성노예'가 되는 일이라 인식한 경우가 많았다. 실제로 근로정신대로 강제동원되었다가 중노동과 기아 등을 견디지 못해 탈출했다가 실패하여 '성노예'로 강제 편입되었다는 진술도 있다.

'성노예' 동원과 사료 문제

일본군이 조선여성을 일본군의 '성노예'로 충당한 방법 중에서 초점이 되는 것은 역시 그 강제성 여부이다. 그럼에도 불구하고 '성노예'를 확보하는 임무를 띤 일본의 각 기관이나 그 요원들이 조선여성을 강제로 동원하거나 납치했다는 직접적이고 구체적인 문헌자료는 아직 발견되지 않고 있으며, 여자정신대로 강제동원된 조선여성을 바로 '성노예'로 충당했다는 직접적인 기록도 아직 발견되지 않고 있다. 현재까지 파악한 바로는 선금을 미끼로 조선 빈민의 딸들을 공장 여공으로 취업시킨다고 속여 일본군의 '성노예'로 넘긴 경우가 가장 일반적인 충원 방법이었다고 인정되고 있다.

이 문제에 대하여 일본의 내각관방내각 외정심의실(內閣官房內閣外政審議室)이 발표한 「소위 종군위안부 문제에 대하여」에서는 "위안부의 모집에 대해서는 군 당국의 요청을 받은 경영자의 의뢰에 의해 알선업자들이 이를 담당하는 경우가 많았으며, 그 경우 전쟁의 확대와 함께 그 인원 확보의 필요성이 높아졌고, 이런 상황 아래서 업자들이 감언으로 속이거나 위협하는 등 본인의 의향에 반하여 모집하는 경우가 많았다. 또 관헌 등이 직접 이에 가담하는 등의 경우도 보였다"고 했다.

일본정부의 공식 발표는 '성노예' 확보의 '주체'는 군 당국의 요청을 받은 '위안소' 경영자와 그 의뢰를 받은 알선업자이며, 그들이 '본인의 의향에 반하여 모집한 경우'를 인정하고 관헌이 이에 가담한 경우를 인정하면서도 '성노예' 확보의 방법은 어디까지나 '모집'임을 말하고 있는 것이다. 다시 말하면 일본정부는 아직 '성노예' 확보의 주체가 그 정부기관이나 군당국이었음과 그 방법이 강제동원 혹은 납치이었음을 명쾌하게 인정하지는 않고 있는 것이다. 그 근거는 그것을 인정할 만한 직접적이고 구체적인 문헌자료가 없다는 점에 두고 있다고 할 수 있다. 그러나 여기에는 몇 가지 고려되어야 할 문제가 있다.

첫째, 아무리 비인도적 집단인 구일본군이라 해도 '성노예' 확보를 위한 식민지 여성의 납치를 공공연한 문서로 지시했겠는가 하는 문제가 있다. 따라서 조선총독부의 행정문서가 남아 있고, 지금 그 본격적인 조사가 진행되고 있지만, 성과를 기대하기는 어렵다. 둘째, 설령 군 당국이나 경찰관서 등에서 그런 문서를 작성했다 해도, 패전 후 일본인들이 철수하면서 그대로 두고 갔겠는가 하는 문제가 있다.

구일본군의 조선군사령부 문서와 조선총독부의 기밀문서가 8·15 직후 며칠에 걸쳐 대량으로 소각된 사실이 그것을 뒷받침해주고 있다. 대한제국시기의 일본 공사관 문서와 같은 식민지시대 이전의 문서까지도 이때 소각하려 했으나, 조선인 직원의 기지로 소각을 면한 실례가 있다.

우리가 알다시피 관간선(官斡旋) 징용 등에 의한 노동력 강제동원에 대해서는 일본 정부 당국의 공식 문서들이 상당량 남아 있으며, 그 희생자들의 증언 채취도 비교적 광범위하게 이루어져 있다. 이제 그 자료들과 증언을 역사학적 방법에 의해 분석함으로써, 그 전모를 과학적으로 구명하는 작업이 남아 있다. 이에 비하면 '성노예' 문제의 경우 그 생활 실태를 밝힐 만한 자료들은 어느정도 수집되었는 데 비해, 그 강제동원을 증명할 만한 구체적인 자료는 희생자들의 진술이 대부분이다. 역시 객관적 자료의 발굴 수집이 절실히 요청되고 있다.

구일본군이나 경찰기관이 조선여성을 강제로 일본군의 '성노예'로 동원하기 위한 지시 문서를 작성했다면, 비록 구일본군의 조선군사령부 문서는 모두 소각되었다 해도 조선총독부나 그 지방 관서 문서의 어느 한 부분에라도 남아 있을 가능성이 없는 것은 아니다. 앞으로 '피해의 역사' 연구자들이 6·25전쟁의 전화를 입지 않은 지방 관서의 문서들을 광범위하게 그리고 면밀히 조사하여 찾아낼 가능성도 있을 것이다. 우리는 이 조사 계획을 이미 세워놓고 있다.

'성노예' 문제에 대한 역사학적 접근

조선여성의 구일본군 '성노예'로의 충당이 조선총독부와 군 당국에 의해 계획적으로 또 조직적으로 이루어졌음을 문헌자료를 통해 증명하려는 노력은 특히 '일본의 전쟁책임자료센터'에 의해 정력적으로 이루어졌다. 그 결과 조선총독부가 조선여성이 중국 등 일본군 점령 지역으로 '성노예'가 되어가는 상황을 구체적으로 파악하고 있었던 자료와 '위안소'를 일본군이 직접 경영한 사실을 증명할 만한 자료 등이 밝혀졌고 또 널리 보도되었다. 다만 강제동원을 직접적으로 구체적으로 증명할 만한 자료가 아직 발견되지 않았을 뿐이다.

그렇다면 강제동원을 증명해줄 만한 구체적인 자료만 수집되면 보상 문제 등 법률적인 문제만 남고 '성노예' 문제에 대한 역사학적 접근은 일단락되는 것인가 하는 문제가 있다. 결론부터 말하면 그렇지 않다. 그 뿐만 아니라 '성노예' 문제의 역사학적 접근은 이제부터라고 말할 수 있다. 일본군의 '성노예'들이 강제로 동원되었는가 그렇지 않은가 하는 문제도 중요하지만, 역사학적 측면에서는 그 많은 '성노예'가 어떤 역사적 조건에 의해 생산되었는가 하는 문제가 중요하기 때문이다.

'성노예'는 두말할 것 없이 일본제국주의의 조선에 대한 식민지배정책의 산물이다. 인신매매에 의해 '성노예'가 된 경우 그 인신매매가 이루어진 식민지시기의 사회·경제적 조건이 중요하며, 납치·협박·기만 등 강제적이고 사기적인 방법에 의해 '성노예'가 된 경우 그것을 가능하게 한 식민지시기의 통치체제적 조건이 중요하다. '성노예' 문제를 다루는 역사학적 방법론이 그 동원 방법이나 생활 실태를 밝히기 위해 그것을 증명해주는 단편적 자료를 찾아내어 발표하는 데 한정된다면, 오히려 '성노예' 문제의 역사성을 소홀히 하거나 왜소화할 우려가 있다.

유교적 전통이 깊은 조선의 농촌여성이 일본군의 '성노예'로 팔려 가게 된 것은 1920년대 농촌경제 파탄의 결과였다. 1910년대에 실시된 '토지조사사업'을 통해 조선을 그 식량 공급지로 편성한 일본은, 1920년대를 통해 미곡 증산을 강요했다가 1920년대 말기의 경제공황으로 조선 농촌을 파탄으로 몰아넣었다. 이제 몇 가지 구체적인 통계를 제시해보자.

1926년 9월 말 현재 전국의 빈궁 농호(農戶)는 전체 농가의 6.2%였으나, 1930년에는 춘궁 농가가 전체 농가의 47.2%나 되었으며, 1927년 봄의 경우 약 15만 명이 생활고로 이농했고, 이후 이농민은 급증해갔다. 1932년 1월부터 4개월간 전라북도의 이농민은 3만 3천 명이었고, 그것은 전년도 같은 시기의 이농민 9천 100명보다 38%가 증가한 것이었다. 전국의 걸인 수도 1927년의 4만 6천 300명에서 1931년에는 5만 4천 명으로 증가했다. 1926년에는 자살·아사·동사·빈곤·피살이 합쳐 2천 400여 명이었으나, 1935년에는 3천 550명으로 증가했다.

이같은 식민지 조선의 경제적 현실이 농촌 빈민들로 하여금 몇백 원의 선금과 외국 공장 취업이란 감언에 속아 그 딸들을 일본군의 '성노예'가 되게 했다. 그리고 1930년대 후반기 일본의 중일전쟁 도발과 1940년대 초 태평양전쟁 도발 이후 전선이 급격히 확대됨에 따라, '성노예'의 수요는 계속 증대되었고 조선 농촌이 그 중요한 공급원이 된 것이다.

납치당한 여성이나 강제 동원된 근로여자정신대원을 '성노예'로 충당한 직접적인 자료가 반드시 있어야만 그 진상이 밝혀지는 것은 아니다. 일본제국주의의 식민지배 아래서 파탄에 빠진 조선 농촌여성을 대상으로 하는 기만적 인신매매를 통해 일본군 '성노예'제가 유지된 사실만으로도 '성노예'제의 역사성은 설명될 수 있다.

1930년대 후반기 이후 침략전쟁의 수렁에 빠진 일본제국주의는 국가총동원령, 지원병령, 징병령, 징용령, 여자정신대령 등을 통해 전체 조선 민족의 전쟁 협력을 강요했다. 일본군 '성노예'의 충당 문제는 법령으로 정할 수 없었고, 어쩌면 공식문서로도 남길 수 없었을 것 같은 극히 비인도적인 부분의 하나이다. '성노예' 문제는 앞으로 1930년대 이후의 '피해의 역사' 중 일부로서, 객관적 연구를 거쳐 일본제국주의 식민정책의 성격을 밝히는 작업의 일환이 될 것이다. 또한 응분의 보상을 통해 '피해의 역사'와 '가해의 역사'를 청산하는 근거가 될 것이다.

'성노예' 문제의 역사성

태평양전쟁 당시 일본제국주의 군대가 점령한 지역, 즉 중국, 버마, 필리핀, 말레이시아 등지에 일본군을 위한 '위안소'가 설치되고, 거기에 점령 지역의 여성들이 '성노예'로 동원된 사실과, 비전투 지역 조선의 여성들이 기만적 인신매매 혹은 강제 납치에 의해 이들 일본군 점령 지역의 '성노예'로 동원된 것과는 그 역사적 성격이 다르다. 전자는 침략전쟁의 현장에서 일어난 일시적 현상이지만, 후자의 경우는 오랜 식민지배가 가져온 경제적 파탄과 식민지배정책의 강압에 의해 전투 지역이나 군사적 점령 지역이 아닌 후방의 식민지 여성들이 '성노예'로 동원된 것이다.

다시 말하면 조선여성의 일본군 '성노예'화는 흔히 전투 현장에서 피정복 민족 여성들이 당하는 일시적인 불행이 아니라, 비전투 지역인 조선에 대한 일본의 오랜 식민지배의 결과로 빚어진 일이었다. 일본의 조선에 대한 식민지배 자체가 역사적 사실로 기록되고 보상되어야 하는 것과 같이, 조선여성이 일본군의 '성노예'가 되었던 일 역시 경제적 자원 및 문화적 자원의 수탈, 노동력의 강제동원 등과 같이 식민지시대의 역사적 사실로서 기록되고 또 보상되어야 하는 것이다. 조선여성의 일본군 '성노예'화는 두 나라 군대가 맞붙어 전투를 한 결과로 빚어진 것이 아니라, 일본에 의한 일방적 식민지배의 결과였다는 점에서 다른 민족의 경우와는 차이가 있다.

일본제국주의의 조선에 대한 침략과 수탈의 사실(史實)은 반드시 일본의 2세 국민교육 과정에 포함하여 가르침으로써, 오히려 그들을 앞세대와 같은 침략주의자가 아닌 새로운 평화주의자로 교육하는 데 필요한 자료가 될 수 있을 것이다. '성노예' 문제를 포함한 강제동원 전반의 역사도 예외일 수는 없다. 이 점은 현대 일본의 민족적 자존심 및 국가적 명예, 그리고 평화주의를 표방하는 민족국가로서의 국제사회에 대한 의무 문제와도 바로 연결되어 있다.

세계 모든 국가사회의 기성세대는 그들의 2세를 평화주의자로 양성하여 세계평화에 이바지하게 해야 하는 인류사적·세계사적 의무를 지니고 있다. 일본의 경우 과거의 타민족에 대한 침략과 식민지화, '본인의 의사에 반한' '성노예'로의 강제동원 등을 정확하게 가르치고 또 보상하는 일이 오히려 2세 국민을 침략주의자가 아닌 평화주의자로 양성하는 가장 효과적인 방법의 하나가 될 것이다. 한편 한반도 주민의 '성노예' 문제에 대한 기억과 바른 이해는 이웃 민족과의 어두웠던 과거를 기억하는 일보다 제 민족사 실패에 대한 처절한 반성거리가 되는 데 옳은 의미가 있을 것이다. '성노예' 문제가 가지는 안팎의 미래지향적 역사성은 바로 이 점에 있다. (1994년 12월)

대한민국과 임정 정통성 문제

　금년은 대한민국임시정부가 중국 상해에서 성립된 지 80주년이 되는 해여서 많은 기념행사들이 있었고 성대한 학술대회도 있었다. 그 위에 금년은 또 임시정부의 상징처럼 된 백범 김구가 안두희의 흉탄에 쓰러진 지 50주년이 되는 해이기도 해서 여러가지로 임시정부 문제가 부각되고 있다.

　임시정부 문제가 부각되는 경우 역사적으로 좀더 분명히 짚고 넘어가야 하는 문제가 있다고 생각되는데, 그것은 대한민국의 정권들과 임정의 정통성 계승 문제가 아닌가 한다. 대한민국의 모든 정권들, 다시 말하면 38도선과 휴전선 이남에 성립된 정권들은, 그 헌법 전문에서 밝히거나 혹은 자칭하는 것처럼 모두 대한민국임시정부의 정통성을 이어받는다고 봐도 무방한가 하는 문제가 있다.

　우선 해방 후 최초로 성립된 이승만정권의 경우를 보자. 5·10 선거로 제헌국회가 개회된 후 어느 기자가 백범에게 "국회 개회식 때 이승만 박사가 대한민국임시정부 법통 계승을 언명하였는데, 이에 대한 주석의 견해는" 무엇인지 묻자, 백범은 "남북을 통일한 선거를 통하여 남북

통일정부를 수립하여야만 되며, 현재의 반 조각 정부로서는 계승할 근거가 없다"고 대답했다. 남한만의 단독선거를 거부한 백범이 단선으로 구성된 국회의 임정법통 계승을 명백히 부인한 것이다.

백범을 비롯한 임시정부 세력이 해방 후 조국에 세우려 한 나라는 한반도 전체에 걸치는 통일국가이지, 38도선을 경계로 그 한쪽만을 다스리는 분단국가는 절대 아니었다. 따라서 귀국 후 '해방공간'에서의 백범과 우사(尤史) 김규식을 중심으로 하는 임시정부 세력은 만난을 무릅쓰고 남북협상과 통일독립촉진회 활동 등을 통해서 통일민족국가 수립운동을 폈다. 그것은 지금 이 땅에 정착하고 있는 평화통일운동의 출발점이었다고 할 수 있다.

이렇게 보면 백범이 말한 것처럼 어느 경우를 막론하고 분단국가 정권은 임시정부의 정통성을 계승할 자격이 없고, 통일국가 정권만이 그것을 계승할 수 있다고 할 수밖에 없다. 그러나 분단시대의 남쪽에 성립된 정권들이 대한민국임시정부의 정통성 계승을 원한다면 길은 있다고 생각한다. 그것은 일시적·정략적 차원을 넘어서 민족문제를 평화적으로 해결하겠다는 철학을 가지고 진정한 의미의 평화통일 정책을 지속적으로 펴나가는 일이라고 할 수 있다.

이승만정권은 북진통일, 즉 무력통일을 지향한 정권이었으니 더 말할 것 없고, 그 이후에 성립된 정권들 중 어느 정권이 통일문제를 정략적으로만 이용했으며, 어느 정권이 민족문제의 평화적 해결을 위한 투철한 철학을 가지고 통일정책을 펴나갔는가 하는 문제는 앞으로의 역사가들이 어김없이 가려낼 것이다. 그리고 대한민국임시정부의 정통성 문제가 지금과 같이 계속 역사적 중요성을 가지는 한, 실질적 평화통일 정책을 가장 적극적으로 또 지속적으로 편 정권이 그것을 가장 강하게 계승하는 것으로 평가될 것이다.

그건 그렇고 남산에 우뚝 서 있는 백범의 동상을 보면 역사라는 것이 결국 올바른 방향으로 가고 마는구나, 역사는 정직한 것이구나 하고 새삼 느끼지 않을 수 없다. 생전에 남산에 높다랗게 서 있던 이승만의 동상은 4·19 민중에 의해 끌어내려졌고, 그 대신 공산주의자가 다 된 것처럼 오해받고 암살된 김구의 동상이 남산에 우람하게 서서 대한민국임시정부의 정통성을 상징하는 듯 평화로운 미소를 띠고 있는 것이다.

　같은 시대에 살았으면서도 김구는 분단된 조국을 평화적으로 통일해야 한다고 생각했고, 이승만은 북진통일만이 조국통일의 길이라고 생각했다. 역사의 발전 방향을 옳게 파악하고 살았던 사람과 그렇지 못했던 사람의 차이가 그 동상의 처지를 통해 극명하게 드러났다고 할 것이다.

(1999년 5월)

한국 국가테러리즘의 현대사적 의의

한국 국가테러리즘의 배경

해방 후 미군정시기에 형성되어 이승만정권기·박정희정권기를 통해 강화된 한국 국가테러리즘의 근원은 일본제국주의의 식민지배기에서 찾아져야 한다. 제국주의 일본이 중세시대까지는 오히려 선진문화의 전수지역이었던 한반도를 강제 점령하여 식민지배하게 되었을 때, 국가테러리즘적 강압 방법을 적용하지 않을 수 없었다. 일본은 한반도를 강점한 초기부터 의병투쟁과 애국계몽운동 등을 탄압하고, 식민통치체제를 확립하기 위해 흔히 무단통치라 부르는 국가테러리즘을 적용하지 않을 수 없었다. 그러나 그 국가테러리즘적 지배는 곧 3·1운동의 원인이 되었다.

3·1운동 이후의 1920년대에는 민족주의운동이 지속되는 한편 사회주의사상이 들어오고, 그 운동이 민족해방운동의 중요한 부분을 차지하게 되었다. 이 때문에 식민지 지배 권력의 탄압 대상이 더 확대되었으며, 특히 사회주의운동이 소련 및 코민테른과 연결되어 있어서 식민지

지배 권력의 그것에 대한 경계와 탄압은 계속 강화되지 않을 수 없었다. 3·1운동 후 일본제국주의는 소위 문화정치를 표방했으나, 실제는 역시 국가테러리즘적 책동에 의한 민족분열정책일 뿐이었다.

1930년대 이후 제국주의 일본이 중국대륙 침략에 나서면서 그 식민지 조선에 대한 국가테러리즘적 지배는 한층 더 강화되어갔다. 파쇼체제로 변한 일본의 국가테러리즘은 민족주의운동과 사회주의운동으로 확대된 조선인들의 민족해방운동을 저지하는 데 광분하였다. 그리고 침략전쟁의 확대로 인적·물적 궁핍 상태에 빠진 일본은 조선청년들을 침략전쟁에 동원하거나 전체 조선의 인적·물적 자산을 전쟁 자원으로 충당하는 데 국가테러리즘을 십분 적용했다.

1930년대 이후의 침략전쟁 시기에는 특히 조선인들의 사회주의운동이 끈질기게 계속되면서 식민지배체제를 위협했다. 일본의 국가테러리즘은 그 백색 테러적 성격을 강화하여 1936년에는 독일과 코민테른 활동에 대한 공동 대응과 소련에 대한 공동 견제를 목적으로 하는 반공 협정을 체결했다. 이후 일본 파시즘과 그 식민지 국가권력의 조선 사회주의운동에 대한 탄압은 참으로 가혹한 것이었다. 그리고 이 탄압에 동원된 하수인들의 대부분은 장기간의 식민지배 기간을 통해 통치권력이 계획적으로 양성한 경찰과 군부 계통의 조선인 하급 수사관들이었다. 조선의 해방이 완전 자력으로 또 혁명적으로 이루어졌을 경우, 이들 식민지 국가테러리즘의 하수인들은 당연히 숙청되어야 할 존재였다.

그러나 불행하게도 한반도의 해방은 미·소 양군의 38도선을 경계로 한 분할점령으로 오게 되었다. 38도선 이북 소련 점령 지역에서는 식민지시대에 민족주의 세력 및 사회주의 세력을 탄압한 부일세력에 대해 강력한 숙청을 가했기 때문에 그곳의 많은 부일세력이 이남으로 이주하게 되었다. 그러나 38도선 이남 지역을 점령하여 군정을 실시한 미국은 그곳의 우세한 좌익세력을 통제하고 친미 자본주의국가를 수립하기 위해, 38도선 이북에서 월남해 온 과거 부일세력의 상당한 부분을 오히려 민족주의 세력 및 사회주의 세력을 탄압하는 데 이용했다.

한반도지역에서의 국가테러리즘은 1910년대에는 제국주의 일본이 조선의 민족주의운동을 탄압하기 위해 성립되었고, 1920년대 이후에는 민족주의운동과 사회주의운동으로 형성된 민족해방운동을 탄압하는 역할을 다했으며, 한편으로 1930년대에는 조선의 인력과 물력을 침략전쟁 자원으로 동원하는 데 이용되었다. 그리고 일본제국주의가 패망한 후에도 미군정에 의해 여전히 한국의 민족주의 세력과 사회주의 세력을 탄압하고 부일세력 중심의 친미 자본주의국가를 수립하는 역할을 다했다는 점에 그 반역사적 특징이 있다.

한국 국가테러리즘의 역할

일제강점시기에 근원을 두고 있는 한국의 국가테러리즘은 해방 후의 시대적 상황에 따라 그 역할이 변화하고 있음을 볼 수 있다. 해방과 함께 실시된 1940년대 후반기 미군정시기의 한국 국가테러리즘은 첫째 일제강점시대의 국가테러리즘을 그대로 이어받아 반공주의를 표방하면서, 민족해방운동에 참여했던 민족주의 세력과 사회주의 세력의 정권 참여를 봉쇄하는 역할을 다했다. 미군정은 국내의 좌우익 통일전선에 의해 성립된 조선인민공화국을 승인하지 않았을 뿐만 아니라, 해외에서 돌아온 민족주의 세력 중심의 대한민국임시정부도 승인하지 않고 국내의 지주세력 및 부일세력을 중심으로 조직된 군정을 실시했다.

미군정시기의 국가테러리즘은 둘째 민족통일국가가 아닌 분단국가를 성립시키는 역할을 다했다. 해방 후의 한국 정계에서는 국내에서 활동했던 사회주의 세력과 주로 해외의 민족해방운동전선에서 돌아온 민족주의 세력 사이에 통일전선 결성을 통한 통일민족국가를 수립하려는 운동이 일어나고 있었다. 그러나 미군정은 반공주의에 기초하여 사회주의 세력을 적극적으로 탄압하는 한편, 1947년의 '트루먼 독트린' 이후 한반도 문제를 모스끄바3상회의 결정에 따라 해결하기로 했던 소련과의 약속을 어기고 소련의 반대에도 불구하고 한반도문제를 유엔으로 이관함으로써, 결국 남한만의 단독선거를 먼저 실시하여 분단국가가 성립되게 했다.

1948년에 성립되어 1950년대의 한국을 통치한 이승만정권 시기의 국가테러리즘은, 첫째 일제강점시기와 미군정시기 국가테러리즘의 노선을 계승하여 그보다 한층 더 강력한 극우 반공주의와 반북한주의를 수립하는 역할을 다했다. 이승만정권이 성립되기 이전까지만 해도 남한 사회에도 좌익세력이 어느정도 존속했고, 소위 중간파로 불린 민족주의 세력이 상당수 남아 있었다. 그리고 북한정권 및 그 주민에 대한 적대의식도 아직은 성립되지 않았었다.

그러나 이승만정권이 극우세력 중심의 강력한 반공주의 정책을 편 결과, 좌익세력은 말할 것 없고 중간파로 불린 민족주의 세력까지 철저하게 숙청되어갔다. 예를 들면 민족해방운동전선에서의 대표적 민족주의자 김구가 북한 정권과의 타협에 의한 통일민족국가 수립 노선을 견지한 이유로 암살되었다. 이후 6·25전쟁을 거치면서 평화통일론은 이적론으로 간주되었고, 반공주의·반북한주의가 한층 강화되면서 이 반공주의가 민족주의로 분식되어갔다.

이승만정권 시기의 국가테러리즘은 둘째로 일제강점시대의 부일세력에게 면죄부를 주는 역할을 했다. 35년간 일본제국주의의 강점에서 해방된 한국사회에 처음으로 성립된 정권은 민족해방운동 세력이 담당하는 것이 바람직했다. 그리고 그 정권이 당면한 중요한 역사적 과제 중의 하나는 일제강점시대의 부일세력을 철저히 숙청하여 민족적 주체성을 확립하는 일이었다. 그 때문에 민족해방운동 세력은 좌우익을 막론하고 부일세력 숙청 문제에 의견이 일치되어 있었다.

그러나 미군정에 뒤이어 부일세력을 기반으로 성립된 이승만정권은 의회가 제정한 부일세력 숙청법, 즉 반민족행위자 처벌법을 폐기하다시피 함으로써, 이후 한국사회의 정치·경제·군사 등 각 부문에 일제강점시대의 부일세력이 온존하게 했다. 그 때문에 4·19민중항쟁에 의해 이승만정권이 무너진 후에도 부일세력 중심의 장면정권이 성립될 수밖에 없었고, 장면정권이 실시한 약간의 민주주의적 조처에 불안을 느낀 박정희를 중심으로 하는 부일 군부세력이 군사정변을 일으켜 국가테러리즘을 다시 강화하는 결과를 가져 오게 했다.

반공을 국시로 하여 일으킨 정변에 '성공'함으로써 1960, 70년대의 한국을 통치한 박정희정권의 국가테러리즘은, 첫째 중앙정보부를 설치하여 가히 공포정치를 펴면서 한층 더 강화된 극우 반공주의·반북한주의를 기반으로 한 '군사문화'를 정치·경제·사회·문화의 각 부문에 고루 부식시킴으로써 한국사회 전반에 반민주주의적 독소가 깊이 뿌리를 내리게 했다. 박정희정권 시기의 국가테러리즘에 의해 정착되기 시작한 '군사문화'적 독소는 이후 전두환정권·노태우정권으로 이어지면서 만연되어갔고, 문민정권 아래서도 그 독소가 쉽게 해소되지 않고 있다.

박정희정권 시기의 국가테러리즘은 둘째로 1965년에 대다수 국민의 격심한 반대를 군사력으로 탄압하면서 미국의 강력한 '요구'에 의해 한일협정 체결을 강행함으로써, 태평양전쟁 패배로 물러났던 일본으로 하여금 특히 경제적으로 한반도에 재상륙하게 했다. 또 한편 한일협정

결과로 동아시아에서 한·미·일 3각구도가 견고하게 형성되어, 1960년
대 이후 중소분쟁으로 고립되어간 북한에 강력한 위협을 줌으로써 한
반도에서의 냉전체제가 첨예화하게 했다. 그것은 세계사에서 냉전체제
가 와해되어간 1980년대 후반기 이후의 상황에서도 한반도지역의 냉전
체제만은 여전히 존재토록 하는 결과를 가져왔다.

한국 국가테러리즘의 반역사성

어느 국가사회를 막론하고 국가테러리즘이 반역사적 역할을 다하게
마련이지만, 식민지시대와 민족분단의 시기를 겪은 한국사회의 경우
그것이 주는 폐해는 심각한 것이었다. 한국의 국가테러리즘은 첫째 무
엇보다도 민족분단의 주원인이 되었다는 점에서 그 반역사성을 극명하
게 드러내고 있다.

한국에서의 국가테러리즘은 앞에서도 말한 것과 같이 일제강점시대
의 국가권력에 의해 민족해방운동을 탄압하기 위해 처음 성립되었다.
따라서 그것이 탄압한 주대상은 당연히 민족해방운동을 주도한 민족
주의 세력과 사회주의 세력이었다. 이들 두 세력은 일제강점시대의 민
족해방운동을 주도하는 과정에서 해방 후 단일 민족국가를 건설하려는
목적을 가지고 있었고, 그것은 민족해방운동 전체 과정을 통해 통일전
선운동으로 나타났다.

따라서 이들 한국의 민족주의 세력과 사회주의 세력은 해방 후의 민
족국가 건설과정에서도 그 목적을 통일민족국가의 건설에 두었고, 그
때문에 일제강점시대 민족해방운동 과정에서의 통일전선운동은 해방
직후에도 계속되었다. 그러나 일제강점시대 국가테러리즘의 하수인이

었던 부일세력을 재등용하고, 민족주의 세력과 사회주의 세력에 대한 탄압정책을 그대로 계승한 미군정시기 한국의 국가테러리즘은, 통일민족국가 수립운동으로서의 통일전선운동을 파괴했다. 그리고 부일세력을 기반으로 하는 반민족주의·반사회주의적 분단국가를 성립시켰다. 미군정시기의 국가테러리즘이 분단국가 성립의 기초를 마련했다는 점에서 그 반역사성이 집약된 것이라 할 수 있다.

당연한 말이지만 한국 국가테러리즘의 반역사성은 둘째 그 성격과 지향이 반민족·반민주·반민중적이라는 점에 있다. 일제강점시대와 미군정시기는 말할 것 없고, 이승만 문민정권은 경찰을 포함한 그 행정 관료의 대부분과 사법계와 군사 요직의 대부분이 반민족세력으로 구성되었고, 박정희 군사정권은 그 위에 권력 핵심부의 대부분이 구일본군 내지 위만군(僞滿軍)출신 등의 반민족세력으로 채워져 있었다.

국가테러리즘이 조성한 정권이 반민주주의적 독재정권이 될 수밖에 없음은 오히려 당연한 일이겠으나, 그 지배권력의 핵심이 일본인이건 미국인이건 한국인이건, 그리고 문민이건 군인이건 상관없이 모두 민중적 지지가 결여된 협애한 극우 반공세력 중심의 독재정권이었다는 점에 일치했다. 한국의 국가테러리즘은 그 정책 노선이 반사회주의·반공주의이기만 하면, 또 그것을 표방하기만 하면 일관되게 유지될 수 있었다는 점에 그 특징이 있었던 것이다.

한국의 국가테러리즘의 반역사성은 세번째로 특히 반민족세력을 민족세력으로 분식하는 점에 있었다. 식민지시대와 민족분단시대를 겪은 한국사회의 경우 부일세력과 분단책동세력이 반민족세력임은 더 말할 나위가 없지만, 그것이 반공주의를 지향하는 한 국가테러리즘에 의해 민족주의 세력인 것처럼 분식되게 마련이었다. 일제강점시대와 해방 후의 미군정시기, 이승만정권기, 박정희정권기를 통해 반민족세력이 숙청을 피해 통치권력의 핵심부에 접근할 수 있었던 것은 그 국가테러리즘이 가진 반역사성 때문이었으며, 그것이야말로 한국의 현대사를 왜곡시킨 핵심적 요인이었다. (1997년 2월)

6·25에서 무엇을 배울 것인가

미국의 우리 동포사회에도 이미 알려졌으리라 생각되지만, 한국에서는 조선일보사가 고려대학교 교수이면서 대통령자문정책기획위원장인 최장집 교수의 저서를 두고 이른바 사상검증을 하겠다 하여 큰 논란이 벌어졌다. 사상검증을 하겠다는 이유를 한마디로 말하면, 최교수가 그 저서에서 6·25를 조국해방전쟁이라 했으니 그의 사상이 좌경했으며, 다른 사람도 아닌 대통령자문정책기획위원장의 사상이 그래서는 큰일이라는 것이다. 이 문제는 마침내 법원으로 가게 되었고, 결국 『월간조선』이란 잡지가 배포 금지되는 사태로까지 나아갔다.

『월간조선』이 배포 금지되자 조선일보사에서는 반발했고, 그 반발에 대해 배포 금지 결정을 내린 박성수라는 판사가 이렇게 해명했다. "재판부는 최교수가 '민족해방전쟁'이라는 용어를 사용한 바 없다고 하지 않았다. 최장집 교수가 한국전쟁의 성격을 민족해방전쟁으로 결론 내리지 않았다는 것일 뿐이다."

재판부를 믿고 우리 관점을 말해보면, 최교수 저서의 전체 문맥으로 보아 그가 6·25를 민족해방전쟁으로 보지 않는 것이 확실하며, 그 때문에 재판부는 책을 잘못 읽고 이 문제를 다룬 『월간조선』을 배포 금지시킨다는 것이라 할 수 있겠다.

한 사람의 믿을 만한 학자가 내용 있는 저서 한 권을 내는 데는 깊고 오랜 고민과 그야말로 뼈를 깎는 노력이 따르게 마련이다. 특별한 목적이 없는 경우라 해도 그 부분에 전문지식이 없는, 그리고 언제나 시간에 쫓기게 마련인 언론 쪽에서 한두 번 읽고 평한다면 무리가 따르게 마련이라 할 수 있겠다.

더구나 이 글에서도 한국동란이니 한국전쟁이니 하는 종래의 명칭을 쓰지 않고 6·25전쟁으로 말하는 것처럼 이 전쟁의 성격은 쉽게 말하기 어렵다. 북한의 처지에서 보면 이승만정권의 행정부·경찰·군부·사법부 등에 과거의 친일세력이 그대로 남아 있어서 그야말로 해방되지 못한 지역으로 보였고, 그 때문에 6·25전쟁을 민족해방전쟁으로 부른다고 할 수도 있겠다.

그러나 남한의 처지에서 보면 친일세력이 온존했다는 문제는 제쳐두고, 6·25전쟁은 북쪽 정권이 한반도 전체를 공산체제로 만들기 위해 일으킨 침략전쟁으로 보일 수밖에 없기도 했다. 북한에서도 6·25전쟁은 남쪽의 북침에서 발단된 침략전쟁이지만, 그것이 민족해방전쟁으로 발전되었다고 보는 것이라 하겠다.

6·25전쟁을 사변이라 보건 동란이라 보건 민족해방전쟁이라 보건, 그것이 남한에서는 남침으로, 북한에서는 북침으로 발단되었다고 보아 왔고, 따라서 그것은 침략전쟁으로 인식되어온 것이 사실이다. 6·25전쟁을 침략전쟁으로 보는 한 침략자에 대한 적개심과 복수심이 뒤따르게 마련이다. 남북을 합쳐 약 250만 명이 목숨을 잃었고, 그밖에도 이루 말할 수 없는 희생을 냈으니, 침략자에 대한 적개심이 커질 수밖에 없다.

역사는 변하게 마련이며 역사가 변하는 중요한 원동력의 하나는 역사인식의 변화라 할 수 있다. 6·25전쟁으로부터 어언 반세기가 되어간다. 6·25전쟁을 보는 역사인식도 변해야 하지 않을까 한다. 더구나 지금은 한반도 통일이 무력통일은 물론 흡수통일도 불가능하다는 쪽으로 가고 있다. 무력통일·흡수통일이 아닌 남북 '대등' 통일이 지향되고 있는 시대의 6·25전쟁관은 어떻게 변해야 할까?

6·25전쟁을 침략전쟁으로만 볼 것이 아니라 통일전쟁이었다고 봐야 하지 않을까 한다. 침략전쟁이었다면 남침의 경우 그 침략군을 38도선 이북까지 쫓으면 되었지 한국군이 백두산이나 압록강까지 북진할 이유는 없을 것이다. 반대로 만약 북침이었다면 그 북침군을 역시 38도선 이남으로 물리치면 되었지 인민군이 부산까지 남진할 이유가 없을 것이다. 백두산에 태극기를 꽂으려 하고 부산까지 해방시키려 한 것은 그것이 통일을 목적으로 한 전쟁이었기 때문이다.

6·25전쟁을 침략전쟁이라 보면 침략한 쪽에 대한 적개심과 복수심만 더하게 되지만, 그것이 통일전쟁이었다고 보면 3년간의 치열한 전쟁을 치르고도 왜 통일이 안 되었는가 하는 문제가 떠오르게 될 것이다. 처음 북쪽에서 통일할 뻔했을 때 유엔군이 참전해서 안 되었고, 다음 남쪽에서 통일할 뻔했을 때 중공군이 참전해서는 안 되었음은, 다름아닌 한반도의 지정학적 위치 때문이라는 것을 알게 될 것이며, 전쟁의 방법으로는 통일될 수 없었다는 해답이 나오게 될 것이다. 그래야 한반도에서의 평화통일·'대등' 통일론이 정착하게 될 것이다.

다시 한번 말하지만 역사를 보는 눈은 항상 변하게 마련이다. 6·25전쟁을 보는 눈이 변해야 평화통일을 달성할 수 있다. 역사를 고정관념에 얽매여 보는 일이야말로 좁게는 민족의 역사를, 넓게는 인류의 역사를 그르치는 가장 중요한 원인이 될 것이다. (1998년 12월)

대를 이어 동족상잔할 것인가

　북쪽 경비선이 며칠을 두고 경계선을 넘나든다 하더니 기어이 총격전이 벌어졌고, 남북 양쪽을 합쳐 백 명 이상의 사상자가 났다고 한다. 비록 짧은 시간의 총격전이었다 해도 그 결과가 앞으로 어떻게 번져갈지 걱정되지 않을 수 없다. 세계대전으로 불리는 큰 전쟁들도 극히 사소한 일에서 발단된 역사를 우리는 알고 있지 않은가. 전쟁치고 처참하지 않은 전쟁이 있을까만, 동족상잔이야말로 처절하고도 비참하기 짝이 없는 전쟁이다.

　남북을 막론하고 한반도에 사는 사람들 중 6·25전쟁을 겪은 사람은 한마디로 말해서 불행한 사람들이다. 그들은 동족의 다른 한쪽을 적으로 삼아 총부리를 겨누고 싸운 사람들이다. 그뿐만이 아니다. 그 전쟁이 끝난 지 반세기가 지난 후까지도 남쪽 사람들에게는 아직 북쪽은 적이요 전쟁 때 도와준 미국은 혈맹의 우방으로 인식되어 있다. 반세기가 된 지금까지 그들 대부분은 동족의 한쪽을 적으로 간주하는 민족인식 및 역사인식에 갇혀 있는 것이다. 동족상잔이란 그렇게 무서운 것이다.

　6·25전쟁을 겪은 세대의 불행은 그것에서 끝나지 않는다. 전쟁이 끝

난 지 50년이 된 지금까지도 전쟁을 경험하지 않은 그들의 아들 딸 손자 손녀들에게 자기와 같이 북쪽을 적으로, 그리고 미국을 혈맹의 우방으로 인식할 것을 강요하고 있는 것이다. 그들은 그렇게 강요하지 않고는, 자손들의 민족인식 및 역사인식에서 그것을 확인하지 않고는 불안해서 견딜 수 없는 것이다. 동족상잔의 상처란 그렇게 깊은 것이다.

그런데 민족분단 과정에 하등 책임이 없을 뿐만 아니라 6·25 동족상잔 때 태어나지도 않았던 남북의 젊은이들이 군인, 그것도 징집 의무병이 되어 남북 기성세대들의 불행한 적대 인식 및 대결에 따라 서로 총격전을 벌였고 순식간에 백 명 이상의 사상자를 내었다. 그리고 언제 또 더 큰 총격전이 벌어지고 그것이 전쟁으로 확대될지 예측할 수 없는 상황이다. 처절하고 부끄러운 민족상잔이 대를 이어가고 있는 것이다.

6·25 동족상잔이 끝난 지 반세기가 되면서 남쪽 4천만 인구 중 그 전쟁을 직접 경험하지 않은 사람들이 훨씬 많아졌고, 세월이 약이 되어 북쪽을 적이 아닌 동족으로 인식하고 미국을 혈맹의 우방이라기보다 하나의 타국일 뿐이라고 인식하는 젊은 인구가 훨씬 많아졌다. 그것이 21세기를 내다보면서 전쟁통일도 흡수통일도 아닌 평화통일을 전망하게 된 가장 중요한 원인이기도 했다.

그런데 지금 남쪽의 그 젊은이들이 북쪽 젊은이들과 총부리를 맞대고 싸워서 잠깐 동안에 아까운 사상자가 났고, 미국의 핵잠수함 등이 이 땅에 증파된다고 한다. 6·25 동족상잔이 50년이 지난 지금 이 땅에 남북 젊은이들이 서로 총질을 해서 피를 흘리고, 미국이 또 혈맹의 우방자리를 더 굳혀가고 있는 것이다.

그렇게 된다면 언제쯤에나 남쪽 젊은이들에게 북쪽 젊은이가 도로 동족이 되고 미국이 혈맹의 우방이 아닌 타국이 될 것인지, 그리하여 언제쯤에나 다시 전쟁통일도 흡수통일도 아닌 진정한 의미의 평화통일이 전망될 수 있을 것인지 아득한 일이 아닐 수 없다.

흰옷 입고 평화를 사랑하는 사람들이 대대로 살았다는 이 한반도가 어쩌다가 남의 힘까지 빌리면서 대를 이어 동족상잔하는 한심하고도 창피한 땅이 되었는지 알 수 없다. 6·25 동족상잔을 경험했기 때문에 민족의 다른 한쪽이 적으로만 보이는 민족인식 및 역사인식이 청산되지 못하고 후대에게 그대로 이어지는 한, 대를 이어 동족상잔하는 비극에서 결코 벗어날 수 없을 것이다. 이번 총격전에 희생된 젊은이들은 남북 기성세대의 동족상잔적 역사인식의 희생물이다. 삼가 명복을 빈다. (1999년 6월)

4·19를 어떻게 볼 것인가

1960년에 일어난 4·19는 그동안 '의거' '혁명' '미완의 혁명' 등으로 불리다가 지금에는 '혁명'으로 많이 불리고 있는 것 같다. 그러나 아직 역사학계가 그 명칭을 정착시키기 위한 목적성 있는 학술회의 같은 것은 가진 적이 없지 않나 한다.

역사적으로 보면 혁명이란, 기존 정권이 바뀌는 정치혁명이 있어야 함은 물론, 지배계급까지 바뀌는 사회혁명을 수반해야 한다고 할 수 있다. 혁명 후 그 주체세력이 정권을 쥐고 혁명과업을 수행했을 때야 비로소 옳은 의미의 혁명이 완성되는 것이다. 그러나 4·19는 정권은 바꾸었지만, 그 주체세력이 직접 정권을 쥐고 혁명 과업을 수행하지는 못했다.

4·19의 주체세력은 대학생을 중심으로 하는 지식인들과 이에 호응한 일반 시민들이라고 할 수 있는데, 이들은 이승만 독재정권을 무너뜨리는 데는 성공했으나 그후 정권을 쥐지는 못했다. 정권은 이승만정권에 의해 임명된 허정 과도정부에게로 넘어갔다가, 야당이었을 뿐 4·19 주체세력이 아니었던 민주당에게 선거를 통해서 넘어갔다. 그랬다가 그 정권은 곧 5·16군사쿠데타로 무너지고 말았다.

이승만 독재정권을 무너뜨린 4·19 주체세력이 정권을 쥐고 혁명과업을 추진해갔다면 무엇을 했을까 하고 생각해보면 크게 두 가지를 지적할 수 있지 않을까 한다. 그 하나는 이승만 독재정권에 의해 저해된 민주주의, 구체적으로 말해서 정치적·경제적·사회적·문화적 민주주의 정책을 크게 확장시켰을 것이다. 그리고 다른 하나는 역시 이승만정권의 북진 통일정책에 의해 이적론(利敵論)으로까지 취급된 평화통일정책을 적극적으로 펴나가는 일이었을 것이다.

4·19 결과 정권을 쥔 민주당의 장면정권도 의회 기능을 강화함으로써 정치적 민주주의를 어느정도 확대시켜갔고, 경제적 민주주의 면에서도 이승만정권 시기의 재벌 중심 경제체제를 약화시키고 중소기업 중심의 경제체제를 수립해가려는 쪽으로 정책을 펴기 시작했다. 그리고 사회적·문화적 민주주의 부분도 혼란이라는 말을 들을 만큼 크게 진전되었다. 1년도 못 가서 5·16군사쿠데타가 일어나자 모든 부문에서 민주주의가 크게 후퇴하게 되었지만.

4·19 주체세력의 정권 장악을 가정했을 때보다야 물론 못하겠지만, 장면정권도 민주주의 발전 면에서는 어느정도 긍정적인 역할을 했다고 할 수 있으나, 또 하나의 '혁명' 과업, 즉 무력통일론을 분쇄하고 평화통일정책을 펴나가는 일에서는 보수세력 장면정권은 의식 면에서나 정책 시행 면에서 4·19 주체세력보다 크게 뒤져 있었다.

이승만정권은 6·25를 전후해서는 북진통일론이었다가 전쟁 후 제네바회담에서는 참전국들이 권유하는 유엔 감시하 남북한 총선거안을 거부하고, 북한 지역은 유엔 감시하에 선거하고 남한은 남한 헌법 절차에 따라 선거하자는 안을 주장했다. 결국 회담이 결렬된 후에는 다시 유엔 감시하의 북한만의 총선거안이 되었다.

4·19 결과 성립된 장면정권은 어떤 통일안을 제시할까 고심하다가

결국 "유엔 감시하 남북 총선거를 통한 평화적 자유 민주 통일안"을 내어놓았다. 유엔 감시하에 남북 총선거를 실시하되 남한체제를 전체 국토에 확장시키는 통일이 되어야 한다는 것이었다. 이 안은 4·19 주역들의 통일안과는 차이가 큰 것이었다.

4·19 이후 정치활동이 가능하게 된 혁신정치 세력은 즉각적 남북협상, 민족통일건국최고위원회 구성, 통일 협의를 위한 남북 대표자 회담 개최 등을 주장했고, 4·19의 주역 대학생들도 남북 서신 왕래, 인사 교류, 남북간 학술토론대회 개최, 남북 기자 교류, 판문점에서의 남북 학생 회담 개최 등을 제안했다. 통일문제에서 유엔의 역할을 배제하고 남북 당국과 민간이 직접 교섭하고 회담할 것을 주장하고 나선 것이다. 이보다 10년 뒤 7·4공동성명에서 나올 주체적·평화적 통일 방안이 이때 이미 4·19 주역들에 의해 주장된 것이라 하겠다.

이같은 4·19 주역들의 평화통일안은 남한의 보수세력과 불과 7년 전까지 북쪽과 전쟁을 했던 남한 군부 및 미국에는 크게 위협이 되었다. 그것이 곧 박정희 중심 군부세력의 쿠데타를 '성공'하게 했고, 쿠데타 세력은 집권하자마자 '4·19 공간'에서 활성화했던 평화통일운동을 '간접 침략'으로 규정하고 엄청난 숙청의 철퇴를 가했다.

이후 군부정권 30년간 정치·경제·사회·문화 면의 민주주의는 크게 후퇴하여 위축되고 평화통일운동도 계속 탄압되었다. 1990년대에 들어와서야 모든 부문에서의 민주주의가 전진하고 전쟁통일은 물론 흡수통일이 아닌 옳은 의미의 평화통일정책이 포용정책이라는 이름으로 정착되어가고 있다.

1960년대 초엽에 4·19 주체세력들이 주장한 정치·경제·사회·문화적 민주주의의 급진적 확장과 평화통일정책의 실시는 혁명정권에 의해서만 실시될 수 있는 가위 혁명적인 것이었다. 그러나 4·19 주체세력들이 정권을 쥐지 못함으로써 그 혁명정책은 실시될 수 없었고, 비혁명적 민주당 장면정권에 의해 '혼란'으로 되게 했다. 그리고 그 '혼란'은 군사쿠데타의 구실이 되게 했다.

1990년대에 들어와서야 민주주의 발전과 평화통일정책이 선거에 의해 정권을 쥔 민주세력에 의해 혁명적이 아닌 방법으로 서서히 실시되게 되었다. 4·19가 혁명이었고 우리 민족의 역사적 조건이 그 혁명을 그대로 정착시킬 수 있었다면, 일제강점시대를 통해 침체한 우리 역사가 30년은 앞당겨질 수 있었을 것이다. 그러나 '4·19 공간적 상황'이 그대로 정착될 수 없었으며, 그 때문에 4·19는 혁명이 못 되었다. 민주주의를 확대하고 평화통일을 앞당기려는 4·19'운동'이었다고 할 수 있을 것이다. (1999년 6월)

조봉암의 재평가를 위하여

　죽산 조봉암이 처형당한 지 꼭 40년 만에 그를 재평가하려는 노력들이 나타나고 있다. 냉전체제나 분단체제에 의해 희생된 활동가나 사상가의 대부분이 그러하지만, 그들에 대한 재평가는 그 억울한 희생에 대한 신원 차원이 아니다. 그것에 앞서 그들의 활동이나 사상에 대한 객관적이고도 철저한 재구성이 앞서고 그것이 오늘에 가지는 의미를 추구해내는 순서로 되어야 할 것임은 더 말할 나위가 없다.

　조봉암은 3·1운동에 참가한 것이 민족해방운동전선에 서게 되는 계기가 되지만, 곧 그는 사회주의 노선에 서게 되었으며, 해외전선에서 활동할 때는 사회주의 국제당 코민테른과 관계가 깊었다. 국제당 노선이 민족부르주아지와의 통일전선을 지향했기 때문이기도 하지만, 그는 1920년대 후반기의 민족유일당에도 적극적으로 참가하게 되는데, 이 운동에의 적극적 참가와 해방 후 그의 활동과 어떤 연관이 있는가 하는 문제는 구명될 만하다.

　일제강점시대의 민족해방운동전선에서는 우익전선에서조차 민족해방은 곧 혁명이었으므로, 좌익전선에 비혁명노선으로서의 사회민주주의 노선이 성립되기는 어려웠다. 그러나 해방이 되면서 좌익전선에도 혁명노선과 함께 비혁명적 노선이 성립된다고 할 수 있는데, 조봉암은 박헌영 중심 세력과의 결별을 통해 비혁명적 노선, 즉 민주사회주의 노선으로 옮겨가는 것이 아닌가 한다.

「친애하는 박헌영 동무에게」에서 그는 민주주의민족전선이 공산당원 중심으로 나아가지 말고, 명실공히 통일전선체가 되어야 한다는 주장을 하고 있음을 볼 수 있다. 앞으로 더 연구되어야 하겠지만 조선공산당 중앙은 통일전선체를 공산당이 장악하고 급진적·혁명적 방법에 의해 통일민족국가 건설을 이루려는 방향으로 나아간 데 반해, 조봉암 등 일부 사회주의 세력은 비공산당원의 역할을 인정하는 명실공히 통일전선 노선을 지키는 처지에서 통일민족국가를 건설하려 한 것이 아닌가 한다.

사실 38도선이 획정되어 그 남북을 미·소 양군이 분할 점령하고 있으며 민족해방운동 세력에 우익도 있고 좌익도 있는 '해방공간'의 상황에서 분단국가가 아닌 남북통일국가를 건설하려 할 경우, 공산당이 주도하는 통일전선 노선으로 통일민족국가를 건설하기란 현실적으로 어려운 실정이었다. 혁명적인 방법에 의해서만 그것이 가능했고, 조선공산당과 그것이 확대 개편된 남조선노동당은 그 방법을 지향했다고 할 수 있다. 그러나 미군이 38도선 이남을 점령하고 군정을 펴고 있는 한, 공산당이나 노동당의 혁명적 방법에 의한 남북통일국가 수립은 현실적으로 무망했다.

조봉암이 온건 좌익 노선 혹은 좌우합작 노선을 지향한 것은 해방 후 그가 이미 사회민주주의 노선을 택한 결과인지도 모른다. 그러나 설령 그렇지 않다 해도 38도선을 경계로 미소 양국이 분할 점령하고 있는 현실적 조건 아래서, 조선공산당 주도의 통일국가도, 한국민주당 등 우익 세력 주도의 통일국가도 모두 건설되기 어려운 것이 사실이었다. 남북통일국가 건설을 지향하는 한 극좌 노선과 극우 노선을 모두 배제한 온건좌익 노선 및 온건우익 중심의 좌우합작 노선을 택할 수밖에 없었다. 그렇지만 온건좌익 노선 및 좌우합작 노선의 어느 경우도 현실화하지 못하고, 결국 남북 분단국가들이 성립하게 되었다. 남북 분단국가 성립이 불가피하게 되었을 때 남북통일국가 건설을 지향하던 정치세력이 취할 수 있는 길이 몇 가지 있었다. 김구·김규식 등과 같이 남북 어느 분단국가에도 참가하지 않는 길과 남북 중 어느 한쪽에 참가하는 길이었다. 조선공산당 중앙의 박헌영은 북쪽 정부 참가를 택했고, 조봉암은 남쪽 정부 참가를 택했다. 조봉암이 공산당 중앙과 결별하는 과정에 대한 진실이 더 밝혀져야 분단정권에 참가하는 과정에 대한 진실도 더 밝혀질 수 있을 것이다.

'해방공간'에서 온건 좌익적·사회민주주의적 노선을 택하면서 남북통일국가 건설을 지향한 조봉암이, 어떤 생각과 계획을 가지고 극우 노선 이승만정권에 참가하게 되었는가 하는 점에 대한 연구가 더 진행되어야 할 것이다. 그가 언제부터 온건 좌익, 즉 사회민주주의적 사상으로 전환하게 되었는가, 평화통일론자였던 그가 북진통일을 지향하는 이승만정권에 참가하게 된 것은 일종의 전술적 차원의 처신이었는가, 이승만정권에 참가할 때와 1950년대 후반기에 진보당을 창당할 때와의 그 사상적 기반에 변화나 기복이 있는 것인가 하는 문제들이 정밀하게 추구될 필요가 있을 것이다.

6·25전쟁을 겪고 난 후 조봉암의 평화통일론은 되살아나거나 더 강화된다고 볼 수 있다. 비록 '전향'은 했다 해도 사회주의운동권 출신으로서 제2대 대통령선거에 출마하여 '의외'의 지지를 받음으로써, 남한 안에 아직도 상당한 진보세력 및 평화통일론 세력이 실존함을 확인함

으로써, 진보정치 세력의 규합에 의한 평화통일 가능성을 생각할 수 있게 되었으며, 이 때문에 진보당 창당을 계획했고 또 제3대 대통령 선거에 출마하게 되었다고 하겠다.

아직도 반공주의가 극성을 부리던 남한에서 사회주의운동가 출신으로서 평화통일을 주장하면서 대통령선거에 출마하여 2위로 낙선했다는 사실은, 이승만의 노쇠와 함께 분단 고수 보수세력들의 위기의식을 조장하게 되었고, 그것이 그가 목숨을 잃게 되는 중요한 원인이 되었다고 할 수 있다.

그러나 조봉암의 진보당 창당은 남한에서 6·25전쟁 후 뿌리를 뽑히다시피 한 사회민주주의 세력을 재집결하는 계기가 되었고, 역시 6·25전쟁으로 사실상 이론적으로 취급된 평화통일론을 다시 공론화하는 계기가 되었으며, 그것이 4·19 후 평화통일운동을 폭발하게 했고, 이후 1970, 80년대의 평화통일운동으로 연결되었다. 그리하여 1990년대 이후 평화통일론이 정착하는 원천이 되었다고 할 수 있다.

결론적으로 말해서 '해방공간'에서 조봉암이 박헌영 중심의 조선공산당과 결별하고 이승만정권에 참가하게 되는 정치적·사상적 배경이 더 천착되어야 하며, 이승만정권 아래서 진보정당을 창당하고 평화통일론을 펴게 되는 정치적·사상적 기반이 더 구명되어야 할 것이다. 그리고 그가 1950년대 후반기에 제시한 평화통일론이, 자본주의체제와 사회주의체제를 넘어선 새로운 체제의 창출과 평화통일을 지향하고 있는 지금의 우리 민족사회에 어떤 의미를 주고 있는가 하는 문제도 논의되어야 할 것이다. (1999년 6월)

박정희정권을 역사적으로 어떻게 볼 것인가

가장 복제하고 싶은 대통령이라니

21세기를 눈앞에 둔 인류사회는 수많은 문제들을 안고 있지만, 인간 복제도 엄청난 윤리적 파장을 몰고올 심각한 문제의 하나로 떠오르고 있다. 인간을 복제한다는 일 자체가 가당찮은 일이라 생각하지만, 우리 사회의 경우 최근 어느 호사가의 조사에 의하면 대통령이 된 사람들 중 박정희 전대통령이 복제하고 싶은 인물 1위를 차지했고, 또 복제하고 싶지 않은 인물 1위가 김영삼 대통령으로 나타났다는 글을 읽은 적이 있다.

군인 출신으로 18년간이나 독재정치를 하다가 은밀한 술자리에서 중앙정보부장에게 암살당한 박정희 전대통령은 죽은 지 불과 또 18년 만에 가장 복제하고 싶은 대통령이 되었는가 하면, 야당지도자로서 박정희정권 때부터 군사독재정권에 맞서서 민주화운동을 한 '공적'으로 군사정권 30년 후 처음으로 문민정권을 성립시킨 김영삼 대통령은, 임기를 불과 1년 남긴 시점에서 한보사태 등 엄청난 실정(失政)을 함으로써 가장 복제하고 싶지 않은 대통령이 되었다고 한다. 사람의 일이란 참으로 알 수 없는 것이고 인심이 아침저녁으로 변한다는 말이 실감난다고 하겠다.

해방 후 공화주의시대 반세기 동안 대통령을 지낸 사람이 현직까지 합쳐 7명인데, 그중 이승만 대통령은 국민의 저항으로 쫓겨났고, 윤보선·최규하 두 대통령은 자의건 타의건 스스로 자리에서 물러나는 상황이 되었다. 박정희 대통령은 현직에서 암살당했고, 전두환·노태우 두 대통령은 퇴임 후 징역을 살고 있다. 그 위에 김영삼 현직 대통령은 국민들이 가장 복제하고 싶지 않은 대통령, 다시 말하면 두 번 다시 나오지 않기를 바라는 대통령이 되었다니 우리 국민의 대통령 복도 어지간히 없는 셈이다.

그런 대통령들 중에서 누가 복제하고 싶은 사람이 되건 또 누가 그렇지 않건 관심을 가질 것은 못 된다 하고 예사롭게 넘겨버릴 수도 있다. 그러나 생각을 조금 달리해보면, 군사정권 30년 후 대망리에 성립된 문민시대에 군사독재정권의 '원조'라 할 수 있을 박정희 전대통령에 대한 일종의 '신드롬'이 생겨나고 있다는 사실은 결코 예사롭게 넘겨버릴 수 없는 일이 아닌가 한다. 더구나 최근에는 그를 빗대놓고 '찬양'하는 장편소설까지 나와서 읽히고 있다니, 이러다가는 박정희 찬양론이 본격화되지 말라는 법도 없지 않겠는가.

돌이켜보면 박정희정권의 '유신'체제 아래서 그 매서운 독재에 진저리치고 종신집권이 되리라 우려하던 대부분의 보통사람들은 10·26의 돌발 사태를 들었을 때, 차마 박수까지는 칠 수 없었다 해도, "결국 그렇게 끝났구나" 하고 안도의 한숨을 쉬면서 새로운 민주화시대를 기대했던 것이 사실이다. 기대했던 새로운 시대가 전두환 소장 등 이른바 신군부에 의해 박정희정권의 재판(再版)이 될 상황이 되었을 때, 저 처절한 광주의 5·18이 터졌음을 우리는 아직도 생생히 기억하고 있다.

아무리 문민정권이 기대에 어긋나는 정치를 한다 해도 그가 암살된 지 불과 20년이 채 안 되어 박정희 '신드롬'이 생겨나고 있다면, 우리 사회의 역사 건망증도 중증 상태라 진단하지 않을 수 없다. 역사 건망증이 심한 민족사회는 역사 실패를 거듭하게 마련이다. 도대체 박정희란 어떤 사람이었으며 어떤 정치를 하다가 암살되었는가, 다시 한번 일깨워서 역사 건망증을 치유할 필요를 느낀다.

박정희는 누구이며, 그 정권은 어떻게 성립되었는가

불행했던 일제강점시대의 조선사람으로서 제국주의 일본의 군인이 되어 그 침략전쟁을 도운 사람들은 대략 네 가지 유형으로 나눌 수 있다. 첫째는 일본제국주의의 육군사관학교나 그 괴뢰 만주국 군관학교를 졸업하고, 일본군 및 괴뢰 만주군의 장교가 된 사람들이다. 둘째는 강점시대 말기에 이른바 지원병으로 가서 그 하사관이나 병졸이 된 사람들이고, 셋째는 역시 강점시대 말기에 학병으로 끌려가서 간부후보생이 되거나 병졸이 된 사람들이다. 넷째는 일본제국주의가 패망하기 직전에 강제 징집되어 그 병졸이 된 사람들이다.

이 가운데 학병이나 징병도 목숨을 걸고 피한 사람들이 있었으나, 대체로는 부득이 끌려갔다고 할 수 있다. 지원병의 경우 철없이 우쭐거리며 제 발로 간 경우가 없는 것은 아니나, 가난한 농촌 청년들이 '살 길'을 찾아서 나간 경우가 많았다. 일본의 육군사관학교에 간 사람들의 경우 대한제국시대에 유학 갔다가 한일 '합방'으로 그대로 일본군에 편입된 사람들이 있고, 그밖에는 모두 제 뜻으로 간 사람들이다. 만주 괴뢰 군관학교 출신도 전적으로 제 뜻으로 간 것은 마찬가지이다.

많이 알려진 일이지만 다시 상기해보면, 박정희 전대통령은 일본제국주의가 조선사람을 모두 일본인으로 만들기 위해, 그 교육의 제일선에 세운 초등교원 양성기관이었던 사범학교를 졸업한 후, 자의로 만주 괴뢰 군관학교에 입학했다. 그리고 군관학교 졸업생 중 성적이 우수하고 일본제국주의에 대한 충성심이 강한 사람만이 갈 수 있는 일본 육군사관학교에 유학한 후, 괴뢰 만주군 육군 중위로 근무하다가 해방을 맞았다.

해방 후 귀국한 그는 국방경비대사관학교를 졸업하고 육군 소령으로 근무하던 중, 군대 내의 좌익 조직에 상당히 중요하게 가담했다가, 여순 반란사건 후의 숙군(肅軍) 과정에서 다른 많은 사람들과 함께 사형을 선고받게 되었다. 그러나 그는 "군대 내 좌익 조직 조사에 적극 협력함으로써", 또 "군의 공산당 비밀조직을 소상히 불어 숙군작업을 손쉽게 진행할 수 있게" 함으로써 유일하게 살아남았다.

이 일은 국방부 정보국장으로서 숙군작업을 총지휘했던 백선엽 예비역 대장과, 1946년부터 35년간 한국에 있으면서 국방경비대 창설 요원에서 시작하여 주한미군사령관 특별고문 등을 지낸 미 육군대위 출신 하우스만 등이 증언하고 있다. 하우스만은 특히 "한국군 내부의 거의 모든 적색 조직을 샅샅이 폭로한 것은 확실히 그의 목숨을 건질 만한 가치가 있는 것이었다"고 덧붙였다.

그는 권력에 대단히 집착한 군인이었던 것 같아서 이후 군사쿠데타를 세 번이나 기도하여 결국 성공하게 된다. 첫번째 기도는 이승만정권의 첫 임기가 끝나게 되었을 때, 미국의 대한(對韓) 정책에서 벗어나면서까지 집권 연장을 위해 '부산 정치 파동'을 일으킨 시점이었다. 이때 박정희를 포함한 한국 군부의 일부가 주한미군의 지원을 받아 이승만정권을 무너뜨리기 위한 쿠데타를 기도했으나 결행하지는 못했다.

두번째는 이승만정권 말기 그 독재와 폭정 때문에 국민의 지지도가 급격히 떨어지고 학생과 청년층 중심의 진보세력이 급성장하는 사실을 미국이 우려하게 되었을 때였다. 또다시 박정희를 중심으로 하는 한국 군부의 일각에서 쿠데타 계획이 있었으나, 4·19의 폭발과 이승만의 하야로 유보되었다. 그러다가 세번째로 장면정권 성립 후 야기된 정치적·사회적 혼란이 1961년으로 들어서면서 다소 가라앉고 어느정도 안정을 되찾아갈 무렵, 박정희 소장을 중심으로 한 군부세력이 서둘러서 쿠데타를 일으켜 집권하게 되었다.

하우스만은 회고록에서 5·16이 일어나기 45일 전, 즉 1961년 3월 1일자로 한국군 내에 쿠데타 계획이 있음을 그의 상부에 보고했다고 밝혔다. 그리고 당시 주한유엔군사령관이던 매카서도 적어도 한 차례 이상 장도영 육군 참모총장에게 군 내부의 쿠데타 기도에 주의하라고 경고했다. 이뿐만이 아니다. 쿠데타가 일어난 2일 후인 5월 18일에는 박정희가 직접 하우스만의 집에 가서, 그와 함께 "광범위한 군사혁명 과업들을 얘기했다"고 했다.

결국 일본제국주의의 괴뢰 만주군 장교 출신으로서 군대 내 좌익조직에 깊숙이 가담했다가 "한국군 내부의 거의 모든 적색 조직을 샅샅이 폭로하여" 목숨을 건진 경력을 가진 박정희 소장 중심 군사쿠데타가, 역설적이게도 미국 쪽의 묵인과 방관과 '협조' 아래 민주적으로 성립된 합법정부를 뒤엎고 성공할 수 있었다. 그리고 그 때문에 이후 한국은 길고도 어두운 군사독재시대로 들어가게 되었다. 수녀원에 3일간이나 숨어 있다가 나와서 정권을 군인들에게 넘겨준 민주당 정권 국무총리 장면은, 외부와의 연결을 일절 끊고 숨어 있었던 이유를 질문받고 뒷날 그 진실을 밝히겠다고 했으나 결국 밝히지 못하고 죽었다.

박정희 군사정권은 어떤 정치를 했는가

복잡한 경력을 가진 박정희 소장을 중심으로 한 군사쿠데타를 미국이 미리 알고도 묵인·방관·'협조'하게 된 이유가 무엇일까 하고 생각해보면, 그 가장 중요한 이유는 4·19와 장면정권 성립 후 급격히 번져나간 민간 평화통일운동의 활성화에 있었다고 할 수 있다. 불과 7년 전까지 북쪽 군대와 전쟁을 한 한국 군부와 미국이 한국 민중의 평화통일운동 확산에 불안을 느꼈던 것이다.

그 때문에 박정희 세력은 쿠데타 '공약'의 첫머리에서 "반공을 국시의 제일로"했고, 쿠데타에 성공하자마자 평화통일론을 다시 이적론(利敵論)으로 몰아 대규모 탄압을 가했다. 그리고 그 통치기간 전체를 통해서 평화통일론과 민주화론을 모두 이적론으로 둔갑시켜 엄청난 희생을 강요했음은 더 말할 나위가 없다. 박정권시대에도 7·4공동성명에서와 같이 정부 당국이 평화통일론을 거론하기도 했다. 그러나 그것이 '유신'을 하기 위한 핑계였음은 이미 알려진 일이다.

미국이 군사쿠데타를 묵인·방관·'협조'한 덕택에 성립된 박정희 정권은 미국의 요구에 영합하여 한일협정을 맺고 베트남 파병을 했다. 한일협정은 경제건설 자금이 필요했음을 들어 부득이한 일이었다고 말할 수도 있겠으나, 졸속한 협정 체결로 인한 부작용은 너무도 크고 중요하다. 협정 체결 후에도 일본이 계속 독도영유권을 주장하는 일도 그중의 하나이지만, 그보다 더 중요한 일은 일본제국주의가 35년간 한반도를 강제 점령한 사실이 협정문에서 완전히 빠지고, 그 때문에 배상조약이 되지 못한 사실이다.

이 문제는 앞으로 북한과 일본의 국교정상화 조약 체결 과정에서도 선례가 될 위험성이 있지만, 장차 한반도가 통일되고 일본과의 조약이 단일화할 경우에도 역시 일본제국주의가 한반도를 침략하고 강점한 역사적 사실이 은폐될 가능성이 크다는 문제를 안고 있다. 이 경우 20세기 전반기 한일 간의 역사적 진실은 영원히 왜곡될 것이다. 이것이 어찌 얼마간의 경제개발 자금과 바꿀 일이겠는가.

베트남전쟁 희생자들에게는 대단히 안타까운 일이지만 통일된 베트남과 국교를 맺으면서 참전에 대한 유감을 표시한 사실을 보면, 베트남 파병의 역사적 의미도 반공전선 확대라는 명분이 그다지 서지 않게 되었다. 오히려 베트남 민족의 통일을 방해한 일이 되었다고 할 수밖에 없을 것이다. 그리고 파병이 우리의 경제건설에 도움이 되었다고 말하면 또 용병이니 하는 말이 나오지 않을 수 없게도 되었다.

박정희 대통령의 영구집권 계획으로서의 3선개헌이나 '유신'체제로의 전환이 반역사적 사실이었음은 길게 설명할 필요가 없을 것이다. 변칙적 3선개헌 후의 선거과정에서 야당의 김대중 후보는 박정권이 총통제를 실시하리라 예언했다. 이에 대해 박정희 후보는 당선만 시켜주면 다시는 더 출마하지 않겠다고 눈물로 호소했고, 국민들은 그 말을 믿고 재당선시켰다. 그러나 그는 3선이 되자마자 '유신'체제로의 전환을 구상했고, 남북대화를 평계로 '유신'을 단행한 후 통일주체국민회의의 간접선거로 6년 임기 대통령이 되고 영구집권의 길을 열었다.

이런 폭정에 저항하는 '유신'헌법 개정 운동이 일어나자 그는 헌법에 대한 부정·반대·비방 행위와 개정·폐지를 주장하는 일, 개정이나 폐지를 발의·제안·청원하는 행위 일체를 금지하는 긴급조치를 발동하는 전대미문의 정치적 폭거를 감행했다. 그러나 결국 부마항쟁과 YH 여성 노동자 농성 사건 등을 겪고 당시 중앙정보부 부장 김재규에게 암살됐다.

박정희정권 18년간을 통해 가장 두드러진 업적으로 흔히 경제건설을 든다. 박정희 '신드롬'도 설마 그의 독재정치를 흠모해서 생긴 것은 아니겠고, 대부분 '성공적인' 경제건설에서 온 것이 아닌가 한다. 그의 집권기간에 수출 신장률이 연평균 40.7% 증가했다. 구체적으로는 1960년에 약 3300만 달러에 불과했던 수출액이 1977년에는 100억 달러를 넘었다. 그밖에 외자 저축 증가율이 연평균 20%나 되었으며, 경제성장률이 연평균 8.9%나 되었다. 이같은 경제성장은 1966년에서 1970년 사이에 59개 개발도상국 중 경제성장률 1위, 수출신장률 1위, 제조업 고용증가율 2위를 차지하여 국제적으로 모범적 성장국으로 인정받았다.

그러나 역사적 관점에서 보면 그 성과도 결코 박정희 대통령 개인의 것일 수 없다. 우리 민족은 중세시대까지 아시아 지역에서는 중국을 제외하고는 문화 수준이 가장 높은 민족이었다. 서양식 근대화에 한 걸음 앞선 일본의 침략으로 그 식민지가 되었으나, 해방과 함께 중세시대의 문화적 기반을 바탕으로 높은 교육열을 발휘하여 경제개발을 담당할 만한 많은 인재를 양성했다. 1960년대로 오면서 6·25의 피해를 딛고 한 단계 높은 경제건설을 추진할 준비가 되어가고 있었다.

그 때문에 4·19 후의 민주당은 7·29 총선거의 공약으로 부정축재 회수, 특혜와 독점의 배제, 국민소득의 공정한 분배, 실업자 구제, 농어촌 부흥, 중소기업 육성, 금융의 대중화 등을 내세웠다. 선거 결과 성립된 장면정권도 총투자액 400억 원 규모의 '국토건설사업'을 계획하는 한편, '중소기업 육성을 위한 종합대책'을 마련하고 경제개발 계획을 세워 자립경제 수립의 기초를 마련하려 했다. 그러나 극심한 정쟁 때문에 미처 착수하지 못하다가 5·16으로 무산되고 말았다.

박정희정권에 의해 '성공적'으로 이루어진 경제개발은 결코 집권자 개인의 능력이나 추진력에 의한 것이 아니다. 1950년대 전쟁의 시기를 겪고 1960년대 우리 사회에 되살아나고 있었던 건설 의욕과 그 가능성에 박정희라는 개인의 추진력 등이 합쳐져서 이루어진 것이라 할 수 있다. 1960년대의 경제개발은 특정인 박정희가 아닌 다른 지휘자에 의해서라도 추진될 수 있는 일이었다.

우리 사회가 가지고 있는 의욕과 능력이, 일본제국주의 교육을 받은 그 괴뢰 만주군 출신으로서 일본과의 유착에 의한 경제건설에만 몰두했던 박정희라는 군인 출신 지휘자에 의해 급진적으로 또는 졸속적으로 개발되고 이끌려짐으로써, 점진적 자립경제 수립의 길이 아닌 급격한 외채 경제체제 수립의 길로, 또 민주당정권이 의도했던 중소기업 중심 체제가 아닌 재벌경제 중심 체제로 나아갔다고 할 수 있다.

재벌 중심 경제체제로 간 결과 정경유착이 고질화되어 박정희 대통령의 후계자들인 전두환·노태우 등 두 전직 대통령의 천문학적 '비자금'을 낳게 했고, 문민 김영삼정권에 와서도 그 후유증 때문에 국가경제 전체가 흔들리게 되었다. 우리 경제가 언제쯤에나 재벌 중심의 경제체제에서 벗어날 수 있을지 예상하기 어렵지만, 문민정권까지를 마구 뒤흔든 재벌경제체제와 독재권력 결합의 산물인 정경유착의 '원조'가 바로 박정희 전대통령이었음을 부인하지 못한다.

박정희정권을 역사적으로는 어떻게 볼 것인가

하나의 정권에 대한 역사적 평가는 결코 어느 한 부분만으로 이루어질 수는 없고, 그 정권의 정치·경제·사회·문화적 업적을 종합해서 평가하게 마련이다. 1950년대 전쟁의 시대를 지나 1960년대의 재건 의욕이 높아진 사회적 분위기를 업은 박정희정권이 이후 20년간 어떤 정치를 했는가를 따져봐야 한다.

정치적으로는 유례가 드문 독재체제였음을 부인할 수 없으며, 사회적으로는 권력 및 경제력의 격심한 편중으로 엄청난 불평등과 갈등을 낳아 전태일 등 노동자의 전에 없던 분신자살 사건 등이 있었는가 하면, 문화적으로는 각 분야의 깊숙한 곳까지 군사문화의 획일성·경직성·졸속성·조악성 등이 스며들어 지금도 그것을 씻어내기 어렵다. 다만 경제 부분에서 유일하게 일정한 성공이 있었다고 하지만, 그것도 재벌 중심 체제에서 오는 부(富)의 편중 현상 등 많은 문제점을 안고 있어서 지금도 그 폐해가 계속 드러나고 있다.

박정희정권에 대한 평가를 이렇게 해놓고 보면, 그때는 경제건설과 절대빈곤에서 당장 벗어나기 위해 그렇게 할 수밖에 없지 않았는가 하고 변명해주고 싶은 마음이 생길 법하다. 그런 것을 역사이해에서의 '상황주의'라 할 수 있는데, 역사적으로 부정적인 사실일지라도 그때의 상황으로서는 그럴 수밖에 없었다고 해버리면, 역사적 진실이니 가치니 하는 것이 인정되지 않게 된다. 역사적으로 옳고 그른 것의 구분이 없어지면, 이완용도 그때 상황으로서는 어쩔 수 없었고 이광수도 어쩔 수 없었다는 식의 역사인식이 되고 말 것이며, 역사에서 배울 것이 없어지게 마련이다. 왜냐하면 역사는 귀걸이 코걸이가 되고 말 테니까.

그러나 모든 개인의 생활에 목표와 이상이 있는 것처럼 민족사회나 인류사회 전체도 일정한 이상과 나아갈 방향을 가지고 있으며, 그것을 향해 그 구성원들이 부지런히 움직이고 있다. 역사적 이상과 목표가 없고, 옳고 그른 것의 구분이 없다면, 민족사회나 인류사회 전체가 취생몽사한다 해도 과언이 아닐 것이다. 그러나 민족사회나 인류사회는 결코 취생몽사하는 것이 아니며, 어떤 이상을 위해 그리고 가치있는 것을 향해 부단히 전진하고 있는 것이다.

민족사회와 인류사회 전체의 발전을 위해 인간의 역사가 끊임없이 걸어왔고 또 가고 있는 방향을 우리 생각대로 간추려 말해보라 하면 이렇다. 정치적으로는 모든 사람이 권력의 속박에서 해방되는 길, 경제적으로는 생산력이 발전하면서도 그것에서 얻어진 재부(財富)가 부단히 균점(均霑)되는 길, 사회적으로는 만민평등을 지향하는 길, 문화·사상적으로는 사람만이 가진 고귀한 속성으로서 생각하고 말하는 자유가 계속 확대되는 길이었다고 할 수 있다. 이 길에는 굴곡도 있고 난관도 있지만, 가치있는 삶을 추구하는 대다수 사람들의 의지에 의해 결국 열리게 마련이었다.

박정희정권 18년간의 통치를 되돌아보면, 정치적으로는 국민 개개인에 대한 권력의 속박이 어느 때보다도 더 강화된 시기였다. 경제적으로 생산력은 일단 향상되었으나, 그것으로 얻어진 재부가 일부 재벌 중심 세력에게 극도로 편중되어 빈부 격차가 극심해진 시기였다. 사회적으로는 권력과 재력의 편중 때문에 군부와 재벌 중심의 특권계급이라 할 만한 것이 생길 만큼 만민평등에 역행한 시기였다. 사상·문화적으로도 전에 없던 중앙정보부를 두고 이른바 안보논리를 앞세워 사람들의 생각하고 말하는 자유를 극도로 제한한 시기였다. 결론적으로 말해서 지금 일부에서 일어나고 있는 박정희 '신드롬'은 역사 건망증이 원인인 반역사적 현상임이 분명하다. (1997년 5월)

'민추협' 15년의 불행

　1980년대의 '암흑기'를 살면서 민주주의를 생각해본 사람이면 '민추협'으로 더 알려진 민주화추진협의회를 기억할 것이다. 민주화추진협의회는 한 줄기 빛이었고 희망이었고 우리들 자존심의 회복이었다. 민주주의가 질식 상태에 빠졌던 전두환정권의 폭정 아래서 5·18광주민중항쟁 4주년이 되는 날에 출범했으니 지금부터 15년 전의 일이다. 지금에 와서 불행이란 말을 붙여 그 15년의 역사를 되돌아보는 것은 아픈 부분을 들추어내기 위해서가 아니라 민주세력을 위한 교훈으로 삼기 위해서이다.

　'민추협'을 결성한 목적은 민주세력이 대동단결하여 군정을 종식시키자는 데 있었다고 할 수 있다. '민추협'의 정치권 내 세력은 이른바 동교동계와 상도동계의 양대 인맥으로 이루어졌으며, 민주세력의 단결이란 곧 이 양대 인맥의 단결을 말하는 것이었다. 그리고 그것이 주효해서 1987년 6월투쟁이 일어났으며, 그 성과로 대통령 직선제를 받아낼 수 있었다. 그러나 그해 실시된 대통령선거에서 민주세력의 후보단일화는 실패했고, 그 결과 직선제로 노태우 군사정권이 성립되었다. '민추협'의 첫번째 불행이었다고 하겠다.

1988년 총선 결과 여소야대 국회가 되었고, 이 때문에 노태우정권은 같은 군사정권이면서도 '5공 청산'이란 것을 하지 않을 수 없었으며, 전두환 전대통령을 백담사로 귀양 보내지 않을 수 없었다. 그러나 '민추협' 세력 중 상도동계가 12·12 신군부세력인 전두환·노태우 중심 정당 및 5·16 구군부세력 김종필 중심 정당과 합쳐 새로운 정당을 만들고 노태우 군사정권 아래서의 여당이 되었으니 '민추협'의 두번째 불행이었다.

그후 '민추협'의 상도동계는 우여곡절 끝에 정권을 쥐고 문민정부를 자칭했다. 그러나 군사정권을 뒤엎거나 선거로 맞서서 이긴 것이 아니라 그것과의 타협에 의해 성립된 문민정권이었다. 김영삼 문민정권 5년간의 정치적 업적 여부는 그만두고라도, '민추협' 세력이 이제 상도동계의 여당과 동교동계의 야당으로 '완전히' 나누어지게 되었으니 그 세 번째 불행이었다고 하겠다.

1997년 대통령선거 결과 상도동계의 문민정부에 이어서 어렵게 동교동계 국민의 정부가 성립되었다. 선거에 이겨서 성립되기는 했으나 단독으로 이기지는 못하고, 5·16 구군부 핵심세력이 이끄는 충청도 세력과 연합함으로써 성립될 수 있었다. 투쟁 대상이었던 군사정권 세력들과 상도동계가 같이 합당을 했건 동교동계와 같이 연합을 했건 두 번이나 정권을 성립시켰다는 점에서, '민추협'은 역시 대단한 정치적 저력을 가진 단체였다고 할 수도 있겠다.

그러나 '민추협' 동교동계 중심 국민의 정부가 성립한 지 1년 반이 되는 지금 5·16 구군부 세력은 정권 핵심부에 건재한 채, 제가 무너뜨린 내각책임제를 다시 하자면서 국민의 정부를 압박하고 있다. 그런가 하면 국민의 정부는 또 5·16군사쿠데타 정권의 역사성을 인정하지 않으면 안되게 되었고, 12·12군사쿠데타 후 5·18광주민중항쟁을 피로 탄압하여 정권을 잡았던 신군부세력은 지금 국민의 정부가 묵인 내지 원조한다는 풍문 속에서 정치 현역으로 복귀하려는 움직임을 보이고 있다.

그뿐만이 아니다. '민추협' 발족 15주년을 기념하는 날 상도동계 김영삼 전대통령은 민주세력의 재단결을 말하기는 고사하고, 동교동계 김대중 대통령의 국민의 정부가 4·19 전 이승만정권과 같은 독재정권이라고 비판했다. 이는 분명 '민추협'의 네번째 불행이라 하고도 남을 것이다. '민추협'이 걸어온 길은 흔히 권력 획득만이 최고 목적이라는 '정치판'에서는 예사로운 일일지도 모르겠다. 그러나 역사의 눈으로 보면 크게 비판받아야 할 불행한 일이 아닐 수 없다. (1999년 5월)

·

민주의열투쟁의 역사적 위치와 명예회복 문제

민주의열투쟁의 배경은 항일의열투쟁

일제강점시대의 민족해방운동 노선에는 이른바 실력양성 운동이나 외교독립론 등이 있었지만, 무력적 강압으로 빼앗긴 주권을 되찾는 최선의 방법은 무엇보다도 무력투쟁, 즉 독립전쟁 방법이었다.

그러나 해방구를 못 가진 완전 식민지 상태에서는 독립군을 양성할 공간을 국내에서 가지기 어려웠고, 이웃 중국 지역을 해방구로 삼아 독립군을 양성했으나, 세계의 제국주의 강대국 대열에 선 일본의 군사력과 싸워 독립을 쟁취할 만한 독립군을 양성하기란 거의 불가능한 일이었다.

독립전쟁론이 거의 불가능한 상황이 되었다 하여 민족해방운동을 포기할 수는 없었다. 여기에 독립전쟁적·무력투쟁적 민족해방운동의 일환으로 등장한 투쟁 방법이, 일제강점 이전 안중근의 이또오 히로부미 저격 및 이재명의 이완용 저격을 본딴 의열투쟁이었다.

일제강점 이전의 갑오농민전쟁 및 의병전쟁 방법을 계승한 것이 3·1운동 후의 청산리전투 및 봉오동전투에서 보는 독립전쟁 방법이었다면, 안중근을 계승한 의열투쟁은 김원봉 중심의 의열단 투쟁 및 김구 중심의 한인애국단 투쟁 등이었다.

일제강점시대를 통해 윤봉길·이봉창·김지섭·김상옥·나석주 등의 활동으로 이어진 의열투쟁은, 적의 군사력이 절대적으로 강대한 반면 우리의 군사력 투쟁이 거의 불가능했던 일제강점시대 상황에서, 민족적 정기를 유지하고 저항력을 유지하는 데 결정적인 역할을 했다.

일제강점시대의 의열투쟁이 개인 차원의 투쟁이었다 하여 그 방법을 반대하는 경우는 거의 없었으며, 그 효과를 의심하는 경우도 없었다. 비록 개인 차원의 투쟁이지만 의열투쟁이 민족사회에 미치는 영향은 매우 컸다.

일제강점시대 의열투쟁의 전사들이 해방 후 역사적 보상을 기대하면서 목숨을 버린 것은 물론 아니었다. 그러나 해방 후 민족사는 당연히 그들의 역사적 공적을 높이 평가했고, 일본제국주의의 법률에 의해 살인범·파괴범·방화범 등으로 규정되었던 그들의 명예를 회복했으며, 그 후손들에 대해 일정한 물질적 보상도 곁들여졌다. 너무도 당연한 일이었다.

해방 후에도 의열투쟁이 계속된 이유

식민지배에서 해방된 민족사회에 최초로 성립되는 정권은 대체로 민족해방운동 세력에게서 나오게 마련이며, 이로써 정권의 정당성 및 정통성이 수립되게 마련이다. 그러나 한국의 경우 미군정을 거쳐 성립된 이승만정권은 일제강점시대의 반민족적 세력을 숙청하지 못했을 뿐만 아니라, 오히려 그것을 기반으로 하여 성립됨으로써 역사적 정통성이 약한 정권이 될 수밖에 없었다.

정통성이 약한 정권은 곧 국민들의 지지를 잃게 마련이며, 국민들의 지지를 잃고도 억지로 유지하려 할 경우에는 독재체제로 갈 수밖에 없었다. 그러나 국민들은 값진 희생을 치르면서라도 그 독재체제를 용납하지 않았다. 경찰의 공식 발표만으로도 186명이 목숨을 바친 4·19가 그것을 실증해주고 있다. 잘못 들어선 역사를 바로 세운 4·19 희생자들이 그 역사적 정당성을 인정받고 명예가 회복되고 국가유공자로서 보상을 받으며, 그 묘지가 국립묘지로 되는 것은 너무도 당연한 일이었다.

이승만정권이 식민지배에서 해방된 민족사회에 처음으로 성립된 정권이면서도 역사적 정통성을 상실했을 때, 그것을 무너뜨린 4·19는 독재세력과 반민족세력을 숙청하고 정권 담당 세력을 철저히 교체하는 혁명이어야 했다. 그러나 이승만정권이 무너진 후 4·19 주체세력이 정권을 수립하지 못하고, 역시 친일세력이 포함된 야당 정권이 성립됨으로써 4·19는 혁명이 되지 못했다.

그 때문에 4·19 주체세력은 4·19가 혁명이 되게 하는 길을 평화통일을 추진하는 데서 찾으려 했으나, 그것에 위협을 느낀 군부를 중심으로 하는 세력이 쿠데타를 일으키는 결과를 가져왔다. 군국주의 일본군 장교출신 군인을 중심으로 하는 군사쿠데타 세력의 통치가 독재체제로 간 것은 당연한 일이었으며, 여기에 저항하는 의열활동이 다시 계속된 것도 너무나 당연한 일이었다.

'유신'체제로까지 이어진 박정희정권 근 20년간을 통해서 엄청난 희생이 치러졌고, 그 결과가 10·26사건으로 나타났다. 10·26사건을 겪고도 다시 군사독재정권이 후속되려 하자, 그것을 저지하기 위한 거대한 민중의 저항으로 5·18광주민중항쟁이 일어났고, 5·18광주민중항쟁은 진압군의 발표만으로도 148명이 목숨을 잃었다.

이같은 희생을 치르고도 이후 전두환·노태우 정권 등 두 차례의 군사정권이 계속되었지만, '광주사태'는 결국 광주민주화운동 내지 광주민중항쟁으로 되어 그 올바른 역사적 위치를 회복하게 되었고, 그 희생자들도 명예가 회복되어가고 있다. 그러나 박정희정권에서 노태우정권으로 이어진 30년간의 군사독재정권 기간을 통한 희생은 광주민중항쟁 희생자에 한정되지 않았다.

특히 박정희정권이 '유신'체제로 간 기간과 광주민중항쟁을 탄압하고 성립된 전두환정권 기간, 그리고 그 후속 정권으로서의 노태우정권 시기에는, 혹은 '유신'체제에 반대하면서, 혹은 전두환정권의 폭정에 대항하여, 혹은 노태우 군사정권을 청산하기 위해, 개인적으로 분사하거나 가혹한 고문에 희생되거나, 시위 현장에서 최루탄 등에 맞아 희생되거나, 또 원인을 알 수 없는 의문사를 한 경우가 많았다.

군사정권시대가 끝나고 민주적 정권이 성립되면서 4·19 희생자와 5·18 희생자들이 모두 그 명예가 회복되고 국립묘지에 안장되고 국가가 그 희생에 대해 일정하게 보상한 데 비해, 그 수가 300명이 넘는 이들 민주열사들은 그들의 역사적 정당성이 공식으로 인정되지 않았고, 따라서 그 역사적 위치가 확정되지 못하고 있다.

국민정부와 의열투쟁 명예회복 문제

박정희정권에서 노태우정권까지로 이어지는 30여 년간의 군사독재 시대에는 부마항쟁과 광주민중항쟁, 그리고 1987년 6월항쟁과 같은 대규모 민중항쟁이 일어났으며, 이들 항쟁이 박정희 군사정권을 종식시키거나 전두환 군사정권의 성립을 저지하려 했거나, 또 그 연장 기도를 저지하기도 했다.

그러나 군사독재정권의 가혹한 탄압 아래서 이들 대규모 민중저항이 계속 일어날 수 있었던 것은 아니며, 이들 대규모 민중저항이 일어나기까지에는 수많은 개인 차원의 의열투쟁이 계속되었고, 이같은 개인 차원 의열투쟁이 계속 공백을 메워줄 수 있었기 때문에 대규모 민중항쟁이 일어날 수 있었다.

이 개인 차원의 의열투쟁은 첫째 윤봉길·이봉창·나석주 등 일제강점시대 개인 차원 항일 열사들과 그 역사적 역할이 본질적으로 다르지 않으며, 둘째 이승만 독재정권에 저항했던 4·19 희생자나 전두환 군사독재정권의 재등장에 대항했던 5·18 희생자와도 그 역사적 역할이 전혀 다르지 않다는 점이 중요하다.

다만 그들이 희생된 경위가 다를 뿐이다. 4·19 희생자나 5·18 희생자들은 시위와 '전투'의 현장에서 희생되었지만, 개인 차원의 민주열사들은 시위현장에서 희생된 경우도 있지만 혹은 고문실에서 희생되거나 희생된 장소가 분명치 않은 의문사의 경우도 있다. 사인이 분명하지 않은 경우는 더 조사해야 하겠지만, 사인이 분명한 경우는 그 역사성이 4·19 희생자나 5·18 희생자와 전혀 다를 바 없다.

일제강점시대의 경우 가령 한국광복군과 같은 집단적 항일투쟁에 가담한 공로자나 윤봉길·이봉창과 같은 개인 차원의 공로자에 대한 유공자 포상에는 공적의 경중에 따르는 차별은 있을지언정, 집단적 저항과 개인 차원의 항쟁 사이에 차이는 없었다. 해방 후 민주열사의 경우도 4·19나 5·18과 같은 집단적 희생과 개인 차원의 희생 사이에 차별을 둘 이유는 전혀 없을 것이다.

민주화를 위해 희생된 열사들에 대한 명예회복 사업이나 보상 사업은 당연히 민주적 정권일수록 더 적극성을 띠게 마련이다. 군사정권 이후의 민간정권은 김영삼 문민정권에 이어 김대중 국민정권이 두 번째로 수립되었다.

그중 김영삼정권은 군사정권과의 타협에 의해 성립된 정권이면서도 국민적 여망을 거부하지 못해서 '역사 바로 세우기'를 내세우고, 군사정권의 집권자들을 일단 단죄하여 감옥으로 보내는 한편, 광주민중항쟁의 역사적 위상을 한층 바로 세웠다.

그러나 군사독재정권 아래서 희생된 민주열사들에 대한 정당한 평가 및 명예회복 문제에는 전혀 진전이 없었다. 역사적·민주주의적 정통성이 강한 정권일수록 양심수 및 민주열사에 대한 정책이 강화되게 마련이라 생각해보면, 양심수 정책이 거의 답보 상태였고 개인 차원 의열투쟁에 대한 명예회복 조처가 없었던 점은, 김영삼 문민정권의 민주정권으로서의 한계성이 극명하게 드러난 부분이라고 할 수 있을 것이다.

김대중정권 역시 독자적으로는 성립될 수 없었다. 5·16 세력 일부와의 연합에 의해 성립되었다는 역사적 제약성을 가지고 있으며, 그 위에 지금은 이른바 외환 대란 뒤처리에 여념이 없다. 그러나 5·16 세력 일부와의 연합정권임에도 불구하고 김대중정권이 짊어진 역사적 과제의 중요한 부분은, 역시 정치·경제·사회·문화적 민주주의의 획기적 발전과 평화적 통일에의 적극적 접근이라고 할 수 있다.

그중 민주주의의 획기적인 발전 문제 속에는 민주열사들의 명예회복 문제도 대단히 중요한 문제의 하나로 포함되어 있다. 김영삼정권이 군사정권 집권자들을 사법처리하고 광주민중항쟁의 역사적 정당성을 회복한 후에 성립된 김대중정권으로서는, 이제 개인 차원에서 활동한 민주열사들의 명예회복과 보상사업, 그리고 양심수 석방의 과감한 확대를 통해서 김영삼정권과의 또 하나의 중요한 차별성을 확보할 수 있을 것이다. (1998년 5월)

중·고등학교 국사교과서 문제를 다시 생각한다

박정희 유신정권이 저질러놓은 문화·교육 분야에서의 횡포는 일일이 다 들 수 없을 만큼 많지만, 중·고등학교 국사교과서의 국정화·단일화 문제도 그중의 하나였다. 1970년대로 들어서면서 종신 집권을 꾀한 박정희정권은 이른바 국적 있는 교육을 표방하면서 각급학교에서의 반공교육과 도의교육을 강조하는 한편, 1973년부터 중·고등학교 국사교과서를 국정화한 것이다.

교과서 국정화의 실무를 맡은 문교부 편수관이 와서 국정교과서의 한 부분을 집필하라는 요청이 있었을 때, 내가 집필할 수 없음은 말할 것도 없고 우리 역사학계의 누구도 국정교과서를 집필할 사람은 없을 것이며, 그 때문에 교과서 국정화는 결국 실패할 것이라고 '장담'했던 기억이 지금도 생생하다. 그러나 어리석은 '장담'과는 달리 국정교과서는 만들어졌고, 역사계 학회의 공식 반대 한마디 없이 지금까지 20년 이상 그대로 사용되고 있다.

박정희 유신정권이 무너진 후 한때 각 부문에서 '유신 청산' 운동이 일어났으나, 국사학계의 어느 부문에서도 국정교과서 철폐운동은 일어

나지 않았다. 이후 전두환 군사정권이 성립됨으로써 국사교과서 국정
화 정책은 그대로 계속되었고, 노태우 군사정권 아래서도 마찬가지였
다. 박정희, 전두환, 노태우 정권으로 이어진 군사정권은 그 성격이 본
질적으로 같았고, 따라서 국사교과서 국정화 정책이 청산될 만한 조건
이 되지 않았다고 할 수 있겠다.

김영삼정권은 군사정권의 태(胎) 안에서 나왔으면서도 문민정권임을
강조하기 위해, 5·16과 '유신'체제, 그리고 이른바 12·12사태의 반역사
성을 다시 한번 확인했다. 그러나 김영삼 문민정권이 성립된 지 1년이
되어가는 이 시점까지 유신 잔재로서의 국정 국사교과서가 그대로 쓰
이고 있을 뿐만 아니라, 학계의 어느 한 모퉁이에서도 그 부당성을 지적
하고 시정하려는 적극적인 움직임은 아직 나타나지 않고 있다.

혹시 국정 국사교과서의 편찬을 주관해온 정부 쪽의 역사 담당 기관
에서 교과서 국정화 정책을 바꾸려는 의도가 있고, 이 때문에 학계가 그
것을 참을성있게 기다리고 있는지는 모르겠다. 설령 그렇다 해도 최소
한의 제 입장을 가진 학계라면 늦게나마 군사정권의 강권으로 교과서
가 국정화된 사실의 부당성을 지적하고, 그것을 막지 못하고 동조 내지
방관했던 학계의 책임을 표명하는 정도의 '양심'의 표현은 있어야 하지
않을까 한다.

문민시대를 맞아 중·고등학교 국사교과서의 국정화 정책이 시정되
어, 검인정 정책 같은 것으로 바뀔 조짐이 있다 해도 학계가 기다리고
있을 수만은 없는 일이다. 그것을 조금이라도 앞당기기 위한 노력이 필
요하며, 한편 30여 년간의 군사 통치시기를 통해 왜곡 인식된 부분이 많
은 국사교육을 바로잡기 위한 노력이 본격적으로 일어날 필요가 있는
것이다. 다시 말하면 군사정권적 역사인식에 의한 국사교육을 문민정권
적 인식의 교육으로, 무력통일 내지 흡수통일 지향 국사교육을 평화통

일 및 대등 통일 지향 국사교육으로 바꾸어야 할 필요가 절실한 것이다.

구체적인 예를 들면 평화통일 지향의 역사교육은 '8·15 공간'의 통일 민족국가 수립운동으로서의 좌우합작운동이나 김구, 김규식 중심의 남북연석회의, 그리고 1970, 80년대의 민간 통일운동 등이 가진 역사성을 제대로 평가하고 교육해야 할 것이다. 그뿐만 아니라 1948년 정부 수립 이후 북한 지역의 역사도 '불법 집단의 행적'이 아니라, 우리 현대사의 한 부분으로 인식되고 가르쳐져야 할 것이다.

역사교육의 이런 방향 전환이 정부의 정책 변화에 따라 하루아침에 이루어지는 것은 아니다. 역사학계 자체의 인식 변화가 뒷받침될 때 비로소 가능한 일임은 더 말할 나위가 없다. 아무리 세상의 변화에 민감할 수 있다 해도 5·16을 혁명으로 찬양하거나 정당화하는 교과서를 썼던 역사인식이 하루아침에 그것을 '쿠데타적 사건'으로 고쳐 쓰기는 어려울 것이다. 바른 역사교육을 위한 학계의 반성과 노력이 절실히 요청되고 있다. (1993년 3월)

전두환·노태우 씨를 증언한다

역사가는 사료에 근거해서 역사를 쓰게 마련이지만 사료를 없애거나 조작하는 집권자들도 있어서 후세 사가들이 잘못 알게 되는 경우가 있을 수 있다. 그럴 때를 대비해서 같은 시대를 산 역사학 연구자가 스스로 느낀 일을 증언해두는 것은 참으로 중요하다. 특히 전두환, 노태우 두 전직 대통령의 경우 후세 사가를 위해 그들과 동시대를 산 연구자의 증언이 꼭 필요하다고 생각한다.

증언자의 고등학교 동창 중에 그들의 육사 동기생이 있으니, 이 증언은 같은 시대를 산 비슷한 연배의 증언이 되겠다. 그들은 1951년 후반기에 4년제 정규 육사 1기로 입학했다. 6·25전쟁이 한창이어서 전선에서는 매일 수많은 젊은이가 죽어가는 참혹한 때였지만, 전시 학생증을 가진 대학생과 함께 정규 육사생도 재학중 4년간은 국가로부터 목숨을 보장받는 특전을 입었다. 그들이 임관되었을 때 전쟁은 이미 끝났다.

최초의 정규 육사 졸업생인 그들이 10·26과 12·12와 5·18을 통해 정권을 쥐게 되는 과정에는 아직 제대로 밝혀지지 않아서 동시대 역사학 연구자가 증언할 수 없는 많은 의문점들이 있다. 그들의 집권 과정이 후

세 사가들의 정력적 연구대상이 될 것임에 틀림없지만, 지금 증언하고 싶은 부분은 그들이 대통령직에서 물러난 이후의 일이다.

노태우정권 때 전두환씨는 집을 포함한 전 재산을 국가에 헌납하겠다고 국민 앞에 약속을 하고 절에 들어갔다. 김영삼정권 때 전두환, 노태우 씨가 각기 2천억 원이 넘게 부정 축재한 사실이 드러났고, 결국 전씨는 종신징역, 노씨는 17년형을 받았다. 그러나 그들은 곧 풀려났으며 노씨의 경우 미처 감추지 못한 부정축재금 몇백억 원인가를 환수당하게 되었으나, 전씨는 집과 재산을 헌납하지 않고 축재금은 감춘 지 오래되어 환수하기 어렵게 되었다. 여기까지는 신문기사 등 증거 자료가 많지만, 다음 부분이 자료에 없는 증언이 될 것이다.

김영삼정권 말기의 환난으로 김대중정부 들어서 전국민이 금가락지까지 헌납했지만, 영예로운 정규 육사 졸업생으로서 부하들 앞에서 국가와 민족과 정의를 말하며 장군이 되고 또 대통령이 되었을 그들이 '세탁'해서 숨겨둔 돈의 일부라도 헌납했다는 말을 못 들었다. 전직 대통령이라 남모르게 헌금했는지 모르지만, 몰래 내기보다 국난을 기회삼아 검찰에 적발된 부정축재금을 솔직히 사과하고 내어놓는 것이 떳떳했을 것이다.

그들이 하도 시침을 떼고 있어서 후세 사가들은 혹 돈을 감추어두지 않았는데 검찰이 잘못 알고 환수 운운한 것이 아닌가 하고 의심할 수 있을지 모르겠다. 명예가 목숨보다 귀하다고 배웠을 정규 육사 졸업생으로 대통령까지 지낸 그들이 설마 부정축재를 하고 그 돈을 '세탁'까지 해서 감추어두었겠는가, 설령 한때의 잘못된 생각으로 '세탁'해 감추었다 해도 검찰에게 적발되었다면 강제 환수 이전에 스스로 내어놓는 것이 정규 육사 졸업생이요, 대통령을 지낸 사람들의 도리라고 생각되기 때문이다.

후세 사가들이여, 감추어둔 것이 없는데 검찰이 잘못 조사해서 그렇다면, 그들은 정규 육사 졸업생의 명예를 지키기 위해서라도 당연히 재심 청구를 하거나 하다못해 신문 지상에 해명 광고라도 내어야 할 것이다. 그러나 그들은 환수금을 내지도 재심을 청구하지도 해명 성명을 내지도 않았다. 동시대를 사는 비슷한 연배의 이 증언자는 그들이 그러고도 무슨 마음으로 부처 앞에 합장을 하는지, 앞으로도 국가와 민족을 운운할 것인지 그 속마음을 정말 알 수 없다. (1999년 6월)

1980년대의 역사적 회고와 전망

1980년대 출발점의 역사적 위상

박정희정권이 지배한 1960년대와 1970년대는 같은 정권의 연장이지만, 그것을 좀더 세분하면 1960년대의 군사독재 시기와 1970년대의 그 변형으로서의 유신독재 시기로 나눌 수 있으며, 그후의 1980년대도 절대 연대상으로는 장단의 차가 있지만 그 전반기의 전두환정권 시기와 후반기의 노태우정권 시기로 구분할 수 있다.

1980년대를 앞선 1970년대의 한국사는 박정희정권의 이른바 유신체제가 지배했다. 유신체제의 등장으로 그의 영구집권을 내다보는 경우도 있었지만, 그러나 그것은 어느 모로 보아도 한 정권의 말기적 체제임이 확실했다. 정치적으로는 박정권의 독재체제가 한계점에 다다른 것이었고, 사회·경제적으로도 노동운동에 대한 가혹한 탄압 위에 지속된 이른바 성장경제체제의 유지 또한 한계점에 이른 것이었다.

따라서 1970년대 마지막 해인 1979년에는 유신체제의 모순이 절정에 다다랐다. 누적된 노동자들의 불만이 YH사건으로 폭발했고, 민주세력 및 야당에 대한 탄압이 집약되어 야당 당수의 의원직 박탈 사건으로 나타났다. 그리고 이 두 가지 사태의 종합적 결과로서 부마민중항쟁이 일어났다.

부마민중항쟁은 1970년대를 지배한 유신체제를 민중항쟁으로 끝막음할 수 있는 출발점을 이룬 것이었지만, 그것을 두려워한 안팎의 힘의 작용에 의해 권력 내부의 암살사건으로 박정희정권은 무너졌고, 그것은 1980년대를 전두환정권, 노태우정권으로 이어지게 하는 결과를 가져왔다.

돌이켜보면 1960년대로 들어서면서 폭발한 4·19를 좌절시키면서 성립된 박정희정권이 1960년대와 1970년대를 통해 경제개발을 명분으로 군사독재체제를 강화해갔지만, 이런 조건 아래서도 민주화운동, 통일운동, 노동운동을 기반으로 하는 진보세력, 민중민족운동 세력은 계속 양적으로 확대되고 질적으로 심화되어갔다.

박정희정권이 통치한 1960, 70년대의 20년간을 통해 보수야당 세력의 저항력이 꾸준히 강화되기도 했지만, 한편으로 정치·경제의 민주화와 진정한 의미의 평화적 민족통일을 지향하는 진보적 지식인층, 경제성장 과정에서 양산된 노동자층을 바탕으로 한 노동운동 세력, 자본주의 경제의 확대 배경에서 희생된 농촌 실정을 배경으로 한 농민운동 세력이 꾸준히 성장함으로써 이들 세력을 중심으로 한 민중민족주의를 표방하는 진보적 정치세력이 그 기반을 굳혀가기도 했다.

박정희 유신정권 시기에는 보수야당 세력과 이들 민중민족주의를 표방하는 진보적 세력 사이에 일종의 반독재 연합전선이 이루어져 있었고 그것이 부마항쟁 등으로 나타남으로써 박정권이 위기에 빠졌으나, 그것이 더 진전될 것을 두려워한 세력의 작용으로 박정권은 권력 내부의 암투로 무너지는 결과가 되었다.

박정권이 무너졌을 때 민주화운동, 노동운동 세력을 중심으로 하는 민중민족운동 세력은 아직 정치세력화되어 있지는 않았고, 다음의 정권은 박정권의 후계 세력, 이른바 유신 잔존 세력과 보수야당 세력 중에서 성립될 형세였다. 그러나 박정권의 후계 세력은 정권을 재창출할 수 없을 만큼 반역사적 세력으로 낙인찍혔고, 보수야당 세력은 고질적인 분열작용을 다시 일으킬 조짐을 보임으로써 정권 창출 능력을 미처 발휘하지 못하고 있었다.

이런 과정에서 전두환을 중심으로 하는 군부의 일부가 12·12를 통해 다시 군부독재정권의 수립에 나서게 되었고, 이에 저항하는 5·18광주 민중항쟁을 무력으로 진압하여 정권 장악에 일단 성공하게 되었다.

다시 말하면 1970년대에서 1980년대로 넘어서는 과정은 박정희 유신정권 자체는 이미 한계점에 이르렀지만, 분단체제 성립 이래의 가혹한 탄압의 연속 때문에, 노동운동 세력과 진보적 지식인을 기반으로 하는 진보세력과 민중민족운동 세력은 아직 정치세력화하여 정권을 창출할 만한 단계에 이르지 못했다. 더욱이 5·16으로 일단 무너졌던 보수야당의 정권이 재창출되어 군사독재체제를 청산할 것이 기대되었으나, 보수야당 자체의 전열 불비와 일부 군부의 쿠데타 및 그것에 대한 외세의 뒷받침으로 군부독재체제의 재등장을 결과하게 된 것이다.

1980년대 전반기의 역사적 위치

박정희정권이 무너진 후 새로운 군부세력이 집권하는 과정에서 일어난 광주항쟁은, 그것을 부마항쟁의 연장선상이라 볼 때, 이후 1980년대의 역사 전개에 일정한 방향을 제시한 것으로 볼 수 있다.

부마항쟁이 박정희 유신정권에 저항한 보수야당과 민중민족운동 세력의 연합전선적인 성격의 산물이었다면, 광주항쟁도 같은 성격으로 볼 수 있으며, 그것은 또 1980년대 전반기 전두환정권에 대한 반군부독재운동을 1970년대 운동과 같은 성격으로 전개되게 하는 조건이 되었다고 할 수 있다.

　그러나 1970년대의 반군부독재운동과 1980년대 전반기의 그것이 모두 보수야당과 민중민족운동 세력의 연합전선적인 성격으로 진행되었다 해도, 두 시기의 반군부독재운동 사이에는 상당한 차이가 있었음도 또한 지적될 수 있다.

　우선 1980년대 전반기의 반군부독재운동을 통해 보수야당의 정치적 위치도 일정하게 강화되었지만, 한편으로 노동운동의 발전과 함께 그것을 기반으로 하는 진보적 정치세력으로서의 민중민족운동 세력이 양적으로 또 질적으로 급격히 성장했다는 사실을 지적할 수 있다.

　8·15 이후 분단체제의 혹심한 탄압 아래서도 진보적 정치세력의 일정한 부침(浮沈)이 있었지만, 그것은 노동운동을 기반으로 하거나 그 속에서 부상된 세력이 아니라 그것과는 일정하게 유리(遊離)된 진보적 지식인을 기반으로 한 것에 한정되었다.

　그러나 박정희정권 시기부터 일부의 지식인이 스스로 노동자 및 농민이 되어 노동운동을 조직하고 지도하기 시작했고, 1980년대로 넘어오면서 그 세력은 밖으로 보수야당과의 연대를 유지하면서 양적으로 확대되고 또 안으로는 준엄한 이론적 연마를 통해 질적 첨예화를 이루어갔다.

　1980년대의 반군부독재운동이 1970년대의 그것과 또 하나 달라진 점은, 외세 문제에 대한 시각, 특히 대미국 문제에 대한 시각이 한층 더 예리해졌다는 점이다. 1960,70년대를 통해 박정희정권이 독재체제를 무너지게 하는 요인의 하나가 되었지만, 그것이 하나의 거울이 되어 전두환정권과 미국과의 유착 관계가 심화되었고, 그것은 또 1980년대 반군부독재운동 세력, 그중에서도 특히 민중민족운동 세력의 미국을 보는 눈을 한층 더 날카롭게 한 것이다.

이와 같은 1980년대 전반기 전두환정권기의 보수야당과 민중민족운동 세력의 연합전선에 의한 반군부독재운동은, 전두환 정권 말기에 와서 부마항쟁, 광주항쟁의 연장선상으로서의 1987년 6월민주화운동으로 나타났고, 그것은 전두환정권 연장 책동을 분쇄하고 이른바 6·29선언을 받아낼 수 있었다. 여기에 또 한번 군부독재정권의 종식을 가져올 수 있는 계기가 마련된 것이다.

특히 보수야당과 민중민족운동 세력의 연합전선이 쟁취한 6·29선언 이후 바로 대규모의 노동운동이 전개됨으로써 그 가능성은 더 높아진 것 같았다. 그러나 이 노동운동은 정치투쟁으로 발전하지 못한 채 보수야당의 예의 분열작용이 다시 나타남으로써 전두환 군사독재정권의 태(胎) 내에서 나온 노태우정권이 1980년대의 후반기를 지배하게 되었다.

요컨대 1980년대 전반기의 전두환정권은 군부독재정권의 연장이었고, 이 시기의 반군부독재운동은 보수야당과 민중민족운동 세력의 연합전선적 성격으로 진행되었지만 후자의 역량이 계속 확대·강화되는 과정이었다. 그러나 그것은 전두환정권을 종식시키는 기반을 확고히 하는 데까지 나아가지 못했을 뿐 아니라, 연합전선 대상으로서의 보수야당 정권을 성립시키는 데도 실패했다.

1980년대 후반기의 변화와 전망

1987년의 6월민주화운동이 대통령 직선제를 쟁취함으로써 보수야당 정권이 성립될 수 있는 가장 유리한 조건이 일단 진보세력, 민중민족운동 세력의 상당한 부분이 그 분열에 휩쓸리게 된 결과, 1980년대 전반기를 지배한 군사독재정권의 태 속에서 나온 노태우정권이 직선제를 거친만큼 정당성을 지니며 성립되었다. 그리고 이 사실은 1980년대 후반기의 역사적 위상에 일정한 변화를 가져오게 하는 요인이 되기도 했다.

첫째, 6월민주화운동을 겪으면서 성립된 노태우정권은 6월민주화운동의 요구를 감안하면서 민주화를 내세운 일정한 유화정책을 쓰지 않을 수 없었으며, 제 정권의 정당성을 강화하기 위한 방법으로 어느정도나마 전두환정권과의 탯줄을 끊는 조처를 취하지 않을 수 없었다. 이른바 5공 청산을 정권 성립 및 유지의 명분으로 일정하게 내세우지 않을 수 없었던 것이다.

둘째, 일반적으로 강력한 도전을 받고도 유지될 수 있는 지배권력이 채택하는 유화정책이 도전 세력의 분열을 목적한 경우가 많지만, 노태우정권의 일정한 유화정책은 다른 한편으로 전두환정권기에 유지되었던 보수야당과 민중민족운동 세력과의 연합전선을 깨뜨리는 목적도 가진 것이었다. 보수야당과의 일정한 타협을 기도하는 한편, 전가의 보도를 휘둘러 진보세력을 좌경용공 세력으로 규정하며 탄압을 가한 것이다.

셋째, 노태우정권의 일정한 유화정책에 보수야당이 동조함으로써 연합전선의 한 부분을 잃은 진보세력, 민중민족운동 세력이 보수야당과의 연합전선 유지에 더 연연하지 않고, 독자적으로 본격적인 정치세력화를 기도하게 된 것도 1980년대 후반기 역사 변화의 중요한 한 부분이

기도 하다.

　지난날 분단체제 아래서도 몇 개의 진보정당이 성립되었다가 번번이 많은 희생만을 낸 채 파괴되었지만, 1980년대 후반기 진보세력의 정치세력화는 그것과 몇 가지 다른 점을 가지고 있다. 첫째, 종래 명멸했던 진보정당이 노동운동에 뿌리를 내리지 못한 일부 진보적 정치인을 중심으로 한 것이었던 데 비해, 1970년대와 1980년대를 통해 형성된 이 민중민족운동 세력은 어느정도 노동운동에 뿌리를 내리고 있으며, 그 지도부가 단순한 진보적 정치인이 아니라 노동운동 및 민주화운동의 지도부로서 노동운동의 발전 그 자체에서 진보정당 성립의 필요성을 찾고 있다는 점이다.

　둘째, 1980년대 이후에는 역사의 진전에 따른 내외적 조건의 변화에 의해 지배권력 측에서도 진보정당의 존재를 필요로 하게 되었다는 점이 지난날의 진보정당이 처했던 조건과는 다르다. 밖으로는 동유럽 지역과의 관계 진전, 이른바 북방정책의 추진 문제 등에서 진보정당의 존재가 요청되게 되었고, 안으로도 급격히 성장한 민중민족운동 세력을 이른바 운동권으로만 둘 수 없는 상황이 된 것이다.

　1980년대 후반기에 나타난 이들 변화, 즉 보수야당과 민중민족운동 세력의 연합전선 와해와 그 대응책으로서의 후자의 정치세력화는 이후에도 계속 추진될 것으로 전망되고, 그 결과 보수정치 세력들의 또다른 이합집산이 노태우정권의 임기와 연관하여 나타나고, 그것은 또 이후 역사에서의 이른바 보혁 양립 현상을 더 선명히 하려 하겠지만, 민중민주세력의 정치세력화가 그 재정적 기반을 어디에서 구할 것인가 하는 점이 현안의 문제가 될 것이다.

　정치세력화를 지향하고 있는 민중민족운동 세력은 그 재정적 기반을 노동운동에서 구할 수밖에 없을 것이지만, 지금과 같이 노동운동의 정치운동화가 금지되고 있는 조건에서는 진보세력의 정치세력화가 실제로 불가능할 것이기 때문이다.

한편 민중민족운동 세력의 일부는 1980년대 후반기의 역사적 단계를 정치세력화의 단계로 보지 않고, 정치세력화 자체를 보수정권 지배의 연장에 협조하는 제도권에의 편입으로 보는 시각이 있다. 민중민족운동으로서의 민주화운동, 민족통일운동, 노동운동 등이 아직 정치권 안에 한정될 수 없는 조건이라는 논리가 뒷받침되고 있는 것이다.

요컨대 1980년대 후반기에는 지배권력 측의 민주화를 내세운 일정한 유화정책의 결과로 1980년대 전반기까지 유지되었던 보수야당과 진보적 민중민족운동 세력과의 연합전선이 와해되고 후자의 정치세력화가 추진되는 한편, 민중민족운동의 제도정치권으로의 진입을 반대하는 경우도 있지만, 집권세력의 유화정책이 가지는 이와 같은 변화는 1980년대를 넘어 1990년대로 이어질 것이며, 특히 민중민족운동 세력의 정치세력화 시도가 하나의 큰 실험이 될 것이다. (1989년 11월)

김영삼정권에 대한 역사적 평가를 위하여

김영삼정권의 역사적 과제가 무엇인가

김영삼정권이 성립된 지 어느덧 4년이 지났고 이제 그 임기를 1년 남겨두게 되었다. 1년 후면 김정권도 어쩔 수 없이 역사 속으로 들어가게 마련이다. 따라서 앞으로 1년은 김영삼정권이 어떤 모습으로 역사 속으로 들어갈 것인가를 결정하는 마무리 기간이 된다고 할 수 있겠다. 군사정권 30년 만에 성립된 김정권에 대한 역사적 평가를 위해 나머지 1년 동안에 해야 할 가장 중요한 마무리 작업이 무엇이어야 하는가를 생각해볼 필요가 있을 것 같다.

김영삼정권에 주어진 역사적 과제를 우리 나름대로 요약해보면, 첫째는 군사정권 시기를 통해 왜곡된 역사를 바로잡고, 만연한 부정부패를 척결하며 크게 제약된 민주주의를 발전시키는 일이었고, 둘째는 6·25전쟁과 군사문화 체제에 의해 악화된 대북 인식을 풀어나감으로써 민족문제·통일문제를 해결해가는 일이었다고 할 수 있다. 그러나 이 두 가지 역사적 과제를 풀어나가는 일이 김영삼정권으로서는 결코 쉬운 일이 아니었다. 왜냐하면 김정권은 그 성립 조건에서 이미 이 과제들을 풀어나가기에 벅찬 측면을 가지고 있었던 것이다.

김영삼씨 자신이 30년간의 군사정권 아래서 민주화운동을 계속해온 야당정치인 출신이었다는 점에서 그 정권에 거는 전체 국민의 기대는 대단히 큰 것이었다. 그러나 김정권은 또 어쩔 수 없는 몇 가지 제약성을 가지고 성립되었다. 그 하나는 긴 군사정권 기간을 통해 간단없이 추진된 민주화운동의 일각에 위치했던 정치세력을 중심으로 하여 성립된 정권이면서도, 군사정권을 뒤엎고 세워진 것이 아니라 그것과의 타협 속에서 성립되었다는 점이었다. 따라서 군사정권과의 타협적 요인을 얼마나 청산할 수 있겠는가 하는 문제가 있었다.

또 하나는 김영삼정권은 분명히 1990년대에 성립된 정권이지만, 김영삼씨 개인은 동족상잔의 6·25전쟁 시기라 할 수 있는 1950년대부터 정치생활을 해온 '구정치인'이기도 했고, 특히 1960년대 이후의 군사독재 기간을 통해 그것에 동조했던 정치세력을 일부 동반자로 하여 정권이 성립되었다는 점이었다. 김영삼씨 개인이 1950년대부터의 정치인이라는 사실은 분단민족사회 정치인의 일원인 그가 1990년대의 대통령이면서도 1950년대적 민족인식 내지 대북 인식이 아직 남아 있을 가능성이 있었고, 군사독재정권에 동조했던 정치세력을 일부 동반자로 삼게되었다는 점은 문민정권이 세워가야 할 군사정권과의 차별성을 흐리게할 우려가 있는 일이었다.

문민정권으로서의 김정권이 비록 군사정권을 뒤엎고 성립된 정권은 아니라 해도, 그것에 주어진 역사적 과제는 당연히 12·12반란과 5·18항쟁 문제를 처리하여 군사정권의 반역사성을 청산하는 일이었고, 그것을 통해서 문민 김영삼정권의 역사적 정당성 내지 정통성이 수립되는 것이었다. 그러나 우리가 알다시피 그런 역사적 과제와 정통성 수립

문제에 '민감하지 못했던' 김정권은 당초 12·12에서 5·18에 걸치는 전두환정권의 성립 과정을 말로만 쿠데타적 과정으로 정의하면서, 그것을 실정법으로 다스리려 하지 않고 역사의 심판에 맡기자는 식으로 일단 넘어가려 했다.

그러나 특별법을 제정해서라도 12·12와 5·18 과정을 실정법으로 다스려야 한다는 대학교수를 비롯한 광범위한 국민적 요구와, 총선거를 앞둔 시점에서의 이른바 5·6공 세력의 '준동'을 막아야 할 정치적 필요성과, 그것과 동시에 이루어진 노태우·전두환 등 두 전직 대통령의 천문학적 액수의 부정축재 폭로 등에 의해 결국 '5·6공 재판'이 진행되지 않을 수 없게 되었다. 지금 1심을 마치고 2심이 진행중이며, 김정권의 남은 1년 임기 동안에 재판이 끝나게 될 전망이다. 재판도 끝나기 전에 벌써 사면이 운운되고 있지만, 최종 판결과 그 집행 여부에 군사정권과의 타협 속에서 성립된 문민 김영삼정권의 역사적 정당성 내지 정통성 수립 문제가 달려 있다고 할 수 있다.

김정권은 통일문제에는 불운한 정권인가

문민 김영삼정권에 주어진 또 하나의 민족사적 과제는 당연히 군사정권 30년을 통해 일진일퇴를 거듭해온 남북문제·민족문제를 획기적으로 진전시켜 통일의 길에 한 걸음 다가가는 일이었다. 더구나 앞선 노태우정권이 군사정권이면서도 민족문제·통일문제 해결에는 어느정도의 진전이 있었고, 그 임기말에는 역사적인 「남북합의서」를 체결할 수 있었으며, 그 점은 문민 김영삼정권에는 좋은 자산이 되고 있었다. 그 자산을 바탕으로 김영삼정권은 성립되자마자 문민정권답게 획기적인 남북 정상회담에 합의했다. 「남북합의서」의 교환에 뒤이은 정상회담 합의로 문민 김영삼정권은 민족문제 해결에서도 그 앞길이 탄탄대로인 것처럼 보였고, 국민들이 이를 환영했음은 말할 나위가 없다.

그러나 김정권이나 나아가서 민족사 전체에 대단히 불행한 일이 벌어졌다. 회담을 얼마 앞두지 않은 시점에 북쪽 정상이 갑자기 죽었고, 따라서 이 분단 반세기를 통해 획기적이며 따라서 역사적인 회담이 무산된 것이다. 그뿐만 아니라 그에 대한 조문문제를 두고 엄청난 회오리 바람이 불고 말았다. 죽지 않았으면 당연히 남쪽 대통령과 악수하고 무릎을 마주 대고 앉아 민족문제·통일문제를 의논했을 북쪽 정상이 죽고 나자, 일부의 국민 여론에 의해 하루아침에 '6·25 원흉'으로 되돌아가 버린 것이다.

역사에는 어떤 경우도 가정이 전혀 있을 수 없다. 그런 것을 충분히 알면서도 그후의 남북문제 추이가 너무 안타까워 한번 가정해보기로 하자. 만약 김영삼정권이 문민정권으로서의 떳떳한 정당성을 바탕으로 하여 불행했던 민족상잔의 과거 역사에 얽매이지 않고, 민족문제·통일문제를 전향적으로 풀어나가려는 정책을 확실히 하고, 과거에 얽매인 국민 일부의 여론을 다독거리면서 북쪽 정상의 죽음에 조용히 조문함으로써 그것을 오히려 능동적이고 긍정적인 쪽으로 응용할 수 있었다면, 아마 지금쯤은 「남북합의서」의 실행이 일정하게 진전되었을 뿐만 아니라 남북문제·민족문제의 해결에도 상당한 성과가 있었을 것이라 예상할 수 있다.

그러나 불행하게도 김영삼정권은 조문문제로 빚어진 회오리바람에 함께 휘말려들었고, 그 위에 핵문제까지 겹침으로써 상당한 기간 전혀 돌파구를 찾을 수 없었다. 쌀 원조 문제를 계기로 하나의 문이 열리는 듯했으나 그것마저 오히려 역작용을 함으로써 아무런 성과도 얻지 못했다. 미국의 주도에 의해 핵문제가 해결의 실마리를 찾게 되고, 남쪽 자본의 나진·선봉 개발 참여 문제를 두고 줄다리기를 하면서도, 남북문제가 한때 전향적인 방향으로 돌아선 듯이 보이기도 했다.

그러나 또 한번 불행한 사건이 일어나고 말았으니 잠수함 사건의 돌발이 그것이다. 크게 성난 김영삼정권이 북한정권의 직접 사과를 교섭 재개 조건으로 내놓았고, 북한정권이 직접 사과를 쉽게 할 것 같지 않자, 남북문제는 어쩔 수 없는 벽에 부딪히게 되었다. APEC회의에서의 한·미간 조율로 직접 사과가 아닌 4자회담에서의 사과안으로 일단 수정되었고, 따라서 약간의 여유가 생긴 것처럼 되었다. 그러나 북한정권이 4자회담을 수용할 것인가 하는 문제 자체가 불확실한 상황이라 사과 문제는 그 다음의 문제가 아닐 수 없다.

6·25전쟁을 통해 북쪽과 직접 총부리를 맞대고 싸운 당사자들이거나 그 후속이었던 직업 군인을 중심으로 성립된 정권이 30년 동안이나 유지된 후에 처음으로 성립된 문민정권에, 국민들은 남북문제를 획기적으로 해결할 수 있으리라 기대할 만했고, 성립 당초의 김영삼정권은 남북 정상회담에 합의함으로써 그 기대에 부응하는 듯했다. 그러나 불운하게도 불가항력적인 원인에 의해 정상회담이 무산되고 그후의 역풍에 효과적으로 대응하지 못한 결과, 임기를 불과 1년 남겨놓은 지금의 시점까지 미국이 주도하는 4자회담 성사에 기대를 걸거나, 북한이 잠수함 사건을 사과해 오기를 기다리거나, 아니면 북한이 스스로 무너지기를 기다리는 수밖에 없게 된 상황이다.

이대로 남은 1년을 보내고 임기를 마치는 경우 문민 김영삼정권은 앞으로 우리 민족사 위에서 적어도 민족문제 해결에서는 7·7공동선언을 내어놓고 「남북합의서」를 교환했던 노태우 군사정권보다 그 업적이 뒤졌다는 평가를 받지 않을 수 없게 되었다. 상대방 정상의 급작스러운 죽음이란 불가항력적인 일이 실패의 중요한 원인이 된 김정권으로서는 불운하고 '애석한' 일이 아닐 수 없겠지만, 그렇다고 해서 역사적 평가가 그 불운함이나 '애석함'까지를 감안해주는 것은 결코 아니다. 그렇다면 남은 1년 동안이라도 남북문제·통일문제에서 역사에 남을 만큼의 업적을 세우는 일이 중요하다. 우리는 그것을 위해 무엇을 해야 할 것인가 생각해볼 만하다.

통일방안을 확실히 하는 일이 선결 문제다

좀 우회적인 방법론이 될지 모르지만, 무엇보다도 정권 당국자들과 사회지도층의 대북 인식을 바꾸는 일이 중요하다고 생각한다. 다시 말하면 6·25전쟁의 시기 1950년대식 대북 적대 인식을 불식하는 일이 시급하다는 말이다. 6·25전쟁은 군인만이 싸운 것이 아니라 남북 두 분단국가의 국민 전체가 싸운 전쟁이었으며, 그 때문에 민족이 완전히 양분되어 서로 적대한 것이 사실이었다. 그러나 민족의 평화적 통일을 이루기 위해서는 남북 쌍방의 7천 만 민족구성원 전체가 두 분단국가 국민의 처지를 넘어서서, 전체 민족의 처지로 돌아가 함께 적대의식을 불식하는 것이 바람직하다.

그러나 그것이 안 되면 한쪽만이라도 대국적 견지에서 먼저 적대의식을 버리고, 다른 한쪽이 그것을 따르지 않을 수 없게 하는 일이 바람직하다. 6·25전쟁의 시기를 살아왔고 계속 적대의식으로 단련된 기성세대로서는 어려운 일이지만, 민족문제를 평화적으로 풀어가기 위해서는 어쩔 수 없는 선결 문제임을 특히 6·25의 시대를 혹은 정치인으로 혹은 사회지도층으로 산 기성세대들이 깊이 인식하는 일이 요긴하다.

다음으로는 정치지도자들과 기성세대의 통일방안이 확실해지는 일이 중요하다. 물론 남북 쌍방에서 평화통일을 표방한 지 오래되었고, 특히 1991년의 「남북합의서」는 그 평화통일이 독일식 흡수통일이 아니라, 남북 대등통일임도 분명히 했다. 그러나 정치·군사·외교·경제 등 모든 부문에서 유리하고 우세한 쪽에서는 은근히 흡수통일을 기대하고 기다리는 경우가 많은 것도 사실이며, 그것이 여러가지로 고단한 다른 한쪽을 초조하게 만드는 것 또한 사실이다. 그러나 진정한 의미의 평화통일은 곧 타협통일과 대등통일을 말하며, 타협에는 일정한 양보가 불가결하다. 그리고 양보는 형세가 유리한 쪽에서 먼저 더 많이 하는 것이 바람직하다.

새삼스러운 말이지만, 형세가 유리한 쪽 정치지도자 및 기성세대 지도층의 일부가 그 유리함을 배경으로 은근히 흡수통일을 기대한다면, 그것은 진정한 의미의 평화통일을 지향하는 것이 아니다. 그것은 무력통일처럼 민족의 다른 한쪽을 병탄(倂呑) 내지 정복하는 일일 수밖에 없다. 소수의 '탈북자'도 제대로 건사하지 못하는 처지에 2천 만 명 이상의 북쪽 주민 전체를 갑자기 떠맡아야 하는 흡수통일을 바라는 일 자체가 현명하지 못하다. 더구나 상잔(相殘)을 경험한 민족으로서는 실제로 정복과 다르지 않은 흡수통일의 후유증이 너무 크고 오래갈 것임은 물론, 경제적 부담도 너무 커서 일본과 같은 나라의 달갑지 않은 경제적 개입 없이는 뒷수습을 제대로 하기가 어려울 것이라는 우려도 있다.

김영삼정권이 그 임기를 1년 남겨두고 그것에 주어진 역사적 과제의 하나로서의 남북문제·통일문제를 해결해나가기 위해서는 무엇보다도 그 통일정책을 확실히 하는 일이 선결되어야 하지 않을까 한다. 다시 말하면 북쪽이 하루아침에 무너지기를 기다리는 통일방안이 아니라, 시일이 오래 걸리더라도 「남북합의서」에서 합의한 것과 같이 일정한 기간과 단계를 두고 흡수통일이나 한쪽의 우위 통일이 아닌 남북 대등통일을 해야 한다는 옳은 의미의 평화통일 방안을 그 지도층이 확실하게 수립하는 일이 중요하다는 말이다.

구체적으로 무엇을 어떻게 할 것인가

우리의 생각을 「남북합의서」가 교환된 시점으로 다시 되돌려보자. 흡수통일을 목적하지 않는다면 사실 우리 민족의 통일방안은 「남북합의서」 교환에서 이미 합의되었다. 남북정권이 서로 상대방 정권의 존재를 인정하면서 화해하고 침략하지 않으며, 교류하고 협력하면서 서서히 통일해가겠다는 방안에 합의한 것이다. 이 「합의서」에서는 무력통일이나 혁명통일은 말할 것 없고, 흡수통일도 남북정권이 모두 부인하고 남북 두 정권이 서로 협력하여 대등한 통일을 할 것에 합의한 것이다. 그리고 남쪽에 문민정권이 서면서 이 「합의서」 내용을 실천하기 위해 남북 정상회담이 합의되었다가, 한쪽 정상의 급서로 무산되고 조문문제로 일이 뒤틀리기 시작한 것이다.

이렇게 되돌아보고 나면 김영삼정권으로서는 그것에 주어진 역사적 과제를 다하기 위해 남북문제를 가능하다면 조문문제 이전, 즉 남북 정상회담이 합의되었던 시점으로 되돌려놓는 것이 바람직할 것이다. 정상회담합의도 남북정권 사이에 있었던 일이고, 조문문제도 남북정권 사이의 문제였다. 그러나 조문문제가 뒤틀리면서 뒤이어 핵문제가 갑자기 부각되었고, 핵문제가 남북문제의 중심이 되면서 그 '주도권'이 미국 쪽으로 넘어갔다고 할 수 있다. 그후 경수로 설치 합의로 핵문제가 어느정도 해결되어가면서 역시 미국 주도의 4자회담안이 결국 통일문제 진전을 위한 핵심 문제로 되어버렸다. 남북정권 사이의 화해·불가침·교류·협력을 합의한 사실은 뒷전으로 밀려나고 말았다.

북쪽 정권이 4자회담을 수용할 것인가 하는 문제도 있지만, 설령 수용한다 해도 김영삼정권이 요구한 대로 북쪽 정권이 4자회담 자리에서 잠수함사건에 대해 사과하지 않는 한, 문민 김정권은 노태우 군사정권이 북쪽 정권을 상대로 어렵게 교환한 화해·불가침·교류·협력 「합의서」의 실행에 한 걸음도 나아가지 못하고 그 임기를 끝내게 되는 불운한 정권이 될 수밖에 없을 것 같다. 또 북쪽 정권이 설령 4자회담을 수용한다 해도 그 회담에서는 어떤 일이 있어도 미국과 북쪽 정권이 주역이 되고, 김영삼정권은 중국과 함께 '조역'이 되지 않게 해야 한다는 부담도 있다.

조문문제로 대단히 틀어진 북쪽 정권이 잠수함사건으로 대단히 틀어진 김영삼정권과의 대화나 화해를 포기하고 다음 정권의 성립을 기다릴 것인지, 아니면 김정권을 위해서는 다행하게도 북쪽 정권이 사과하고 4자회담을 수용할 것인지, 이 글을 쓰는 순간까지 전혀 예측하기 어렵다. 그러나 김정권으로서는 자신에게 주어진 민족문제·통일문제에 대한 역사적 과제를 포기하지 않는 한, 그 남은 임기 동안에 북쪽 정권과의 대화를 트고 남북문제·통일문제에 획기적 진전을 가져오게 하는 일이 바람직한 것은 더 말할 나위가 없다.

김영삼정권으로서는 임기 1년을 남긴 지금부터라도 여러가지로 어려움에 빠져 초조해진 북쪽 정권과, 네가 그러하니까 나도 그러할 수밖에 하는 식의 같은 수준에서 맞설 것이 아니라, 20배가 넘는다는 국력을 바탕으로 대국적 처지가 되어 먼저 지도층의 대북 적대인식을 바꾸고, 「남북합의서」에서 약속한 대등통일 방안을 확실히 하여 남북관계를 조문문제 이전으로 돌려놓도록 노력하는 일이 중요한 것이 아닌가 한다.

얽힌 문제를 순조롭게 푸는 첩경은 형편이 나은 쪽이 너그러워지고 대범해지는 일일 것이다.

군사정권 30년 후에 성립된 문민 김영삼정권이 임기 1년을 앞둔 시점에서 '5·6공 재판'을 제대로 마무리짓는다면, 제 정권의 역사적 정당성을 높이는 일에 상당한 성공을 거둘 것이다. 그러나 남북문제·통일문제를 풀어나가야 하는 또 하나의 역사적 과제에 대해서는 그 해법을 쉽게 찾지 못하고 있는 것 같다. 이대로 임기를 끝내게 되는 경우 안타깝게도 김정권에 대한 역사적 평가는 반감되고 말 것이다. 그 해법을 찾는 길은 아무래도 지도층부터 대북인식을 바꾸고 관대해지는 데서 시작되어야 하지 않을까 한다. (1996년 12월)

현대정치와 지역감정

어느 민족사회를 막론하고 교통과 통신이 발달하지 못했던 중세시대에는 정치적 지역성과 문화적 지방색이 강하게 남아 있게 마련이었다. 그러나 근대사회로 오면서 국민국가가 성립되면, 정치적 지역성에서 배태된 지역감정은 애국·애족심으로 상승·해소되고, 문화적 지방색도 어느정도 통일되게 마련이다. 정치적 지역성 내지 지역 감정은 해소되는 한편, 문화적 지방색은 그대로 유지·보존됨으로써 민족문화 전체의 다양성을 높이려 하고 그것이 바람직한 것으로 인정되기도 한다.

우리 민족의 경우 근대 국민국가를 성립시키는 과정에서 일본제국주의에 강점당했고, 일제강점자들은 효과적인 식민통치를 위해 '분열시켜 통치하는' 방법을 쓰려고 했다. 그러나 우리 민족사회는 종족적 차이나 종교적 차이 등을 통해 '분열시켜 통치하는' 방법을 적용하기는 적합하지 않았고, 대신 주로 지역감정과 계급적 차이 등을 부각하여 '분열시켜 통치하는' 방법을 썼는데, 어느정도 효과가 있었다.

해방 후 좌우익 정치세력 사이의 이데올로기적 대립이 크게 부각됨으로써 지역감정을 정치적으로 이용할 상황은 못 되었다. 그러나 5·16

이후 역사적 정통성과 정치적 정당성이 전혀 없는 군사정권이 권력을 계속 유지하기 위해 지역감정을 크게 조작해서 이용했고, 전두환정권이 성립되는 과정에서 폭발한 5·18을 진압하는 과정에서 지역감정의 정치적 악용은 절정에 이르렀다.

아주 상식적으로 말해서 근대사회의 정치세력들은 정당을 조직하고 정강·정책을 내세워 그것이 국민들의 지지를 많이 받게 되었을 때 선거를 통해 집권할 수 있다. 그 과정에서 지역감정 같은 것이 이용될 이유는 없는 것이다. 그렇게 보면 지역감정이란 것은 역사적 정통성과 정치적 정당성이 없거나 있다 해도 대단히 약한 정치세력이 억지로 권력을 장악하거나 유지하기 위해 이용하는 것이라 해도 좋을 것이다. 뒤집어 말하면 정통성과 정당성이 높은, 즉 민주적 정치세력은 지역감정에 호소하거나 이용할 이유도 필요도 없는 것이다.

현대사회의 정치권에서 지역감정을 부추기는 세력이 있다면, 그것은 역사적 정통성 및 정치적 정당성이 약하거나, 정강·정책의 우수성을 통해서 정권을 획득할 가능성이 없음을 스스로 아는 정치세력이라 할 수밖에 없다. 언제나 시대에 뒤떨어진 정치세력은 있게 마련이며, 그들이 살아남기 위해 지역감정 같은 것을 이용하는 것은 어쩔 수 없는 일이다. 다만 국민들이 그들 정치세력의 낙후성이나 반시대성을 제대로 아는 일이 중요하다.

우리 정도의 문화민족사회에서 역사적 정통성 및 정치적 정당성이 아주 없거나 취약한 군사정권이 30년 동안이나 계속된 것은 정말 수치스러운 일이었다. 그러나 그것을 청산하기 위한 민주화투쟁이 줄기차게 계속되어 결국 종식시키고 만 것은 당연하면서도 또한 자랑거리라 하지 않을 수 없다.

그런데 지금 문민에 의한 민주주의 정치를 표방하면서 지역감정에 호소하는 '정치'를 다시 하려 한다면, 그것은 우리 국민의 정치문화 수준을 제대로 모르는 작태라 말할 수밖에 없다. (1999년 1월)

이민사회 모국문화 보전의 중요성

이민사회의 두 가지 존재 형태

제2차 세계대전 이후 20세기 후반기의 세계는 제3차 세계대전과 같은 세계적 규모의 전쟁이 없었던 토대 위에, 통신·교통수단이 크게 발달하고, 이른바 초국적 자본이 발달함에 따라 노동력이 대규모로 이동하는 한편 이민이 활성화됨으로써 모국을 떠나 타국에 정착해 사는 인구가 지난 어느 시대보다 많아지게 되었다. 그리고 이같은 현상은 앞으로 핵무기 사용이 불가피해질 제3차 세계대전과 같은 대규모 전면 전쟁이 폭발하지 않는 한, 21세기로 넘어가면서 더욱 진전될 전망이다.

하나의 인간 집단이 모국이 아닌 타국에 정착하고 세대를 이어 살아가는 경우, 그 생활문화 면에서의 앞길을 크게 두 가지로 전망할 수 있지 않을까 한다. 그 하나는 가능한 한 빨리 모국 생활에서 밴 문화적 특성을 잊어버리고, 현지의 생활문화에 적극적으로 적응·동화함으로써 생활문화상의 차이에서 오는 현지민과의 차별성 및 갈등을 없애가는 길이다. 이 경우 이민한 전체 인구가 계속 현지민사회에 동화되어버림으로써 결국 이민사회라는 것 자체가 성립되거나 유지될 수 없을 것이다. 따라서 이민사회의 모국문화 보전 필요성이나 그것이 가지는 의미 같은 것이 논의될 여지조차 없어지게 마련이다.

또 하나는 타국에서나마 같은 민족끼리 현지민과는 구별되는 하나의 생활공동체로서의 이민사회를 형성하고, 그 속에서 모국문화를 고스란히 유지하면서 살아가는 길이다. 이 경우 현지민 사회와 단절된 이민사회는 적어도 문화적으로는 모국사회와 크게 다르지 않게 될 수 있을 것이다. 그러나 그것은 20세기 전반기까지의 제국주의시대에 식민지에 건설된 식민 본국민 사회와 사실상 다를 바 없을 것이다. 현지민 사회의 일각에 고립적으로 성립된 하나의 '식민지'와 다름없다는 말이다. 따라서 현지민 사회가 자국 내에 성립된 '식민지'와 다를 바 없는 타국민 사회, 즉 이민사회를 그대로 용납하느냐 하는 문제가 따르게 마련이다.

타국에 성립된 이민사회가 현지민 사회에 완전히 동화되지 않고 문화적 독자성을 유지하기 위해서는, 그것이 문화식민지의 개척·유지와는 또다른 역사적 의미를 가질 수 있어야 할 것이다. 다시 말하면 이민사회의 모국문화 보전이 배타주의·고립주의·'식민주의'적 방향이 아니라 평화주의적이며, 현지민 사회는 물론 인류사회 전체의 발전을 위해 이바지하는 길이 되어야 한다는 것이다. 그럴 때만 이민사회가 문화적으로 현지민 사회에 동화되지 않고 모국문화를 보전하는 당위성 같은 것이 성립될 수 있을 것이다.

미국에서 한국어가 SAT의 선택 과목으로 채택된 것을 기념하면서, 우리의 해외동포사회에서 모국어 및 모국문화의 특성과 그 독자성이 유지되는 일이 왜 배타적·고립적·'식민주의'적 상황이 되지 않고, 교포 사회의 발전은 물론 현지민 사회의 발전과 나아가서 세계평화에 이바지하며, 또 인류사회 전체의 문화 발전에 공헌하는 일이 되는가를 역사적 관점에서 생각해보고자 한다.

21세기 세계평화의 전개 방향

이민사회에서 평화적으로 모국문화가 보전되어야 할 이유가 설명되기 위해서는 먼저 제국주의·침략주의가 난무했던 20세기적 역사인식이 극복되어야 할 것이다. 우리는 지금 20세기 말의 끝자락에 서 있지만, 평화주의자의 처지에서 되돌아보면, 20세기는 민족주의를 바탕으로 한 제국주의가 극성을 부림으로써 두 번의 세계대전을 겪은 불행한 세기였다.

제1차 세계대전 중 러시아에서 사회주의혁명이 성공함으로써 민족국가·제국주의 국가에 대신해서 거대한 소연방을 탄생시켰고, 이 때문에 20세기는 자본주의시대가 사회주의시대로 이행하는 시발점이 되리라 전망하는 이론들이 많았다. 그러나 소연방의 성립에서 시작된 국가사회주의체제는 불과 70여 년 만에 현실적으로 붕괴해가고 있으며, 그것은 또 21세기 인류사 전체의 발전방향을 전망하기가 대단히 어려움을 말해주고 있다.

20세기를 넘기는 시점에서 동유럽권이 변하고 소연방이 해체되면서, 국가와 국가, 민족사회와 민족사회 사이의 관계는 한마디로 혼돈이라 할 만큼 대단히 복잡하게 전개되고 있는 것이 사실이다. 21세기 세계사 전개의 전주곡이라고도 할 수 있을 이같은 혼돈 속에서 소연방이 붕괴된 뒷자리에는 배타적이고 이기주의적인 '구식' 민족주의가 되살아나서 민족 간의 유혈분쟁이 재연되고 있다. 그런가 하면 반대로 EU, NAFTA, ASEAN 등의 성립과 같이, 근대사회 이후 높아지기만 했던 민족국가 사이의 벽을 일정하게 낮추면서 지역공동체를 발전시켜가는 부분도 있다.

인류역사 발전의 궁극적인 목적은 지구 전체를 하나의 평화공동체로 만들어가는 데 있다. 따라서 21세기 인류사가 배타적이고 이기주의적인 '구식' 민족주의를 강화해가는 길보다 지역공동체를 발전시켜가는 방향으로 더 나아가는 것이 우리가 말하는 인류역사 발전의 궁극적 목적에 더 부합하는 것이라 할 수 있다. '구식' 민족주의가 되살아나거나 지역공동체가 형성되는 등의 두 가지 현상에만 한정해놓고 보면, 21세기 세계사는—배타적이고 이기주의적인 '구식' 민족주의가 되살아나서 다시 민족분쟁이 야기되는 상황이 아주 없어지는 것은 아니겠지만—그보다는 한층 더 평화적인 길이라 할 수 있을 지역공동체를 발전시켜가는 방향으로 더 나아가는 것이 바람직하다고 할 수 있으며 또 그렇게 전망할 만도 하다.

20세기 후반기의 세계사는 지역공동체를 형성해가는 한편, 이른바 초국적 자본을 발전시키기도 했다. 지역공동체의 형성이 설령 세계를 하나의 평화공동체로 만들어가는 과정이라 해도, 경쟁과 독점과 획일화의 속성을 버리기 어려운 초국적 자본의 활동이 그 원동력이 되는 것은 바람직하지 못하다. 평화주의적이고 공존공생적이며, 문화의 다양성이 인정되고 보장되는 인간애 및 인간주의가 공동체 형성의 기초가 되어야 한다는 점이 중요하다. 세계가 하나의 평화공동체를 이루어가면서도, 특히 문화적으로 획일화된 공동체가 아니라 각 민족사회 및 지역사회의 문화적 특성과 다양성이 유지되고 보장되는 공동체로 되는 것이 바람직하다는 말이다.

국가사회주의체제가 붕괴됨으로써 21세기의 세계문화를 자본주의가 전일적으로 지배해갈 가능성이 높아진 것이 사실이다. 그러나 초국적 자본의 지배에 의한 획일적 대량생산이 인류문화 전체를 지금의 선진자본주의형으로 획일화시켜가는 경우, 세계문화의 발전은 곧 한계에 부딪히게 될 것이다. 다양성이 결여되고 획일화된 세계문화는 곧 그 상승 발전의 방향을 상실할 것이기 때문이다. 비사회주의권 아시아문화가 유럽식 자본주의문화에 거의 동화된 후 사회주의권 아시아문화가 동화되고, 다시 이슬람문화·아프리카문화가 역시 유럽식 자본주의문화에 동화된다면, 다양성과 비교성을 상실하고 획일화된 세계문화가 그 발전요인을 어디에서 구할 수 있을 것인지 우려하지 않을 수 없다.

교통·통신이 발달하고 지구 단위의 거주·이동의 자유가 확대되고 인류사회의 평화주의적 노력이 향상되면 될수록, 세계는 급속히 하나의 평화공동체로 되어갈 것이다. 그리고 세계가 하나의 평화공동체로 되어가면 갈수록 전체 인류문화의 더 높은 단계로의 발전을 위해 민족문화 및 지역문화의 특성과 다양성 유지가 더욱 절실하게 요구될 것이다. 흔히 말하는 세계화라는 것이 전체 세계를 한 가지 빛깔의 꽃으로만 가득 채워진 단색의 꽃밭을 만들자는 것이 아니라, 빛깔과 모양과 향기가 각기 다른 형형색색의 꽃들이 모여 조화롭게 어우러진 아름다운 꽃밭을 만들자는 것이다. 여기에 이민사회가 그 모국문화를 유지·발전시켜야 할 필요성과 당위성이 있는 것이라 할 수 있다.

이민사회 모국문화 보전의 중요성

이민사회가 식민사회와 다른 점은 무엇보다도 그 성립 자체가 침략적인 방법이 아니라 평화적인 방법이라는 점을 들 수 있다. 식민지시대에는 소수 식민 본국민 사회가 다수 식민지 현지민 사회를 정치적으로 지배하는 경우가 일반적이었던 데 반해, 이민사회는 정치적으로 일단 현지민 사회의 통치체제 속에 포함되게 마련이다. 그러나 민주주의와 자치 제도의 발달에 따라 이민사회도 당연히 현지민 사회 권력구조의 일각을 이루어야 하지만, 그것은 어디까지나 평화적 정치관계 속에서 이루어지게 마련이다.

이민사회가 식민사회와 또다른 점은 식민사회가 현지민 사회에 대해 약탈적이었던 데 반해, 이민사회는 현지민 사회에 기여적이어야 한다는 점이다. 이민이 허용되는 이유가 대체로 경제적 기여 문제에 치중되게 마련이지만, 이 경우 놓치고 있는 부분이 문화적 기여 문제이다. 침략주의 시대에는 일반적으로 식민지 지배 당국자들이 식민지사회가 가진 문화적 고유성을 파괴하고, 강제로 식민본국문화에 동화시켜 문화적 획일성을 강요함으로써 식민통치의 기반을 굳히려 하는 경우가 많았다. 그러나 평화적으로 이민사회가 성립되는 시대에는 이민사회가 가지고 있는 모국문화의 특성을 현지민 사회가 유지·장려시킴으로써 현지민 사회 문화 자체의 다양한 발전에 기여할 수 있게 하는 일이 중요하다.

인류문화가 획일성이 아닌 다양성 속에서만 그 발전방향을 찾을 수 있다고 말했지만, 세계가 지역공동체를 형성해가고 있는 상황에서 하나의 지역공동체 속에 여러 민족문화가 다양하게 공존하면서 서로의 발전을 위해 기여할 수 있어야 하는 것과 같이, 다민족국가의 경우 하나의 국가사회 속에도 여러 민족문화가 공존하면서 문화적 다양성을 유지함으로써 그 국가사회 전체의 문화적 발전을 기하는 것이 바람직하다. 그뿐만 아니라 단일 민족국가의 경우도 세계사가 식민지 개척에 혈안이던 침략주의 시대를 극복한 지금, 될 수 있으면 자국 안에 이민사회의 성립을 허용함으로써 폐쇄와 배타가 아닌 개방과 공존을 통한 세계

평화의 실현에 기여하고 또 민족문화의 다양성을 창출해낼 수 있는 길이 바람직하다.

20세기는 세계를 지구촌으로 부를 만큼 크게 좁혀놓았다. 국경을 초월한 인간의 거주·이동의 자유가 급격히 확대되어가고 있으며, 그 길만이 지구촌의 가난한 남촌과 부유한 북촌 사이의 격차를 없애고 지구 전체를 평화롭고 평등한 하나의 공동체로 만들어가는 첩경이라 할 수 있다. 그러나 국경을 초월한 거주·이동 자유의 확대로 형성된 이민사회가 문화적으로 배타적 특정 구역을 형성하는 것은, 세계평화의 발전을 위해 바람직하지 못하다. 그러나 그렇다고 하여 이민사회가 그 문화적 독자성을 유지하지 못하고 현지민 사회에 동화·흡수되는 것 역시 바람직하지 못하다.

어느 하나의 민족사회나 국가사회 속에 평화적으로 형성된 타민족의 이민사회가 그 모국문화를 보전하지 못하고 현지민 사회에 동화·흡수될 경우, 현지민 사회에 문화적 다양성·활력성·창조성 등을 제공하지 못함으로써 이민은 단순한 인간 이동, 노동력 이동의 확대에 한정될 뿐이며 이민을 통한 문화적 교류·발전은 무망하게 될 것이다. 이민사회가 모국문화를 유지하는 일은 현지민 사회 속에 문화식민지를 구축하는 일이 아니라, 그것에 새롭고 특이한 문화 요소를 제공함으로써 그 문화의 다양성과 활력성을 제고하는 길이 되어야 하는 것이다.

모국문화 자체의 주체성 확립도가 낮은 민족의 소수 이민인 경우 그 이민들이 모국문화를 유지하지 못하고 현지민 사회의 문화에 동화될 수밖에 없었으며, 그 경우 주체성을 가진 이민사회 자체가 성립되기 어려웠다. 그러나 모국문화의 주체성과 창조성이 어느정도 확립된 사람들의 대량 이민인 경우 사정은 달라지게 마련이다.

설령 이민 1세들은 생소한 현지민 사회에 적응하기 위해 모국문화의 보전보다 현지민 사회 문화의 습득에 열중하게 마련이라 해도, 2세대, 3세대가 되면 이민사회의 모국문화 보전이 현지민 사회와 이민사회 모두를 위해 건설적인 일임을 깨닫게 될 것이다. 그리고 모국문화의 보전이 현지민 사회와의 접촉·교섭 과정에서 민족적·개인적 자존심을 확립하는 길임을 알게 될 것이다. 이런 점에서 한국민족의 경우 그 근대문화의 주체성이 확립되기 전에 이루어진 20세기 초엽의 미국 및 시카고 이민과 20세기 후반기의 미국 및 남미 지역 이민과는 큰 차이가 있다.

현지민 사회가 침략주의 지향 사회가 아니고 평화주의 지향 사회인 경우, 평화적으로 형성된 이민사회가 가진 그 모국문화의 자국 내에서의 존재가치를 충분히 인정하고, 그것을 말살·동화시키려는 것이 아니라 보전하고 발전시키기 위해 노력하게 될 것이다. 그리하여 자국문화의 다양한 발전을 위해 유용하게 할 것이다. 하나의 국가사회가 타국민 및 타민족에 대해 이민을 허용한 당초의 목적은 설령 자국 이익의 추구에 한정되었다 해도, 이민사회가 형성되고 그 문화적 특성이 유지되는 것을 허용하고 그 모국문화가 보전되는 것을 장려할 수 있을 때, 비로소 옳은 의미의 평화주의 국가로 인정될 수 있을 것이다.

반면 이민사회의 경우도 이민 자체가—아직은 각 국가조직에 의해 많은 제약을 받고 있지만—인간 기본권으로서의 전체 지구 단위의 거주·이동 자유권에 근거를 둔 것이며, 따라서 이민사회의 형성 역시 그 기본권 확보의 연장선상에 있다고 인식하는 일이 중요하다. 이같은 인식이 확립되면 이민사회에서의 모국문화의 보전 자체가 극히 자연스럽고 당연한 일이 될 것이다. 그리고 그것이 현지민 사회의 발전과 나아가서 인류사회 전체의 다양하고 평화로운 발전에 이바지하는 길임을 스스로 인식하게 될 것이다.

요컨대 침략적으로 형성된 식민사회가 아니고 평화적으로 형성된 이민사회의 경우라 해도 그 모국문화가 현지민 사회 문화에 동화되는 것이 바람직하다고 생각한다면, 이민사회에서의 모국문화 보전이 운운될 이유가 없다. 반대로 이민사회가 가진 모국문화와 현지민 사회 문화와의 관계가 폐쇄적이고 고립적인 것일 수밖에 없다면, 그 이민사회는 현지민 사회에 자리잡은 하나의 '문화식민지'로 될 수밖에 없을 것이다. 따라서 현지민 사회가 그 존재를 용납하기는 어려울 것이다.

이민사회에 모국문화가 보전되는 것은 이민사회 자체의 발전은 물론 현지민 사회의 문화발전에 기여한다는 점에서 많아져야 한다. 따라서 이민사회가 가진 모국문화가 현지민 사회 문화에 이바지할 수 있을 만큼 주체성과 특성을 갖추고 있어야 하며, 현지민 사회문화와의 평화적 교류가 이루어질 수 있어야 함은 당연하다. 한편 현지민 사회가 이민사회의 모국문화 보전이 가지는 문화사적·세계사적 의의를 이해하는 일이 또한 중요하다.

이민사회의 모국 발전에의 공헌

이민사회가 그 모국문화를 보전하여 이민사회의 문화적 주체성을 유지함으로써 현지민 사회의 문화적 발전에 공헌하는 일도 중요하지만, 한편 이민사회가 모국문화를 보전하는 일 자체가 모국과의 관계 설정에서 어떤 의미를 가져야 하는가 하는 문제도 중요하다. 거듭 말하지만 이민사회가 모국문화를 보전하는 일이 타국에다 모국의 문화식민지를 건설하는 일이 되어서는 안 되기 때문이다.

이민사회가 모국문화를 보전한다 해도 그 모국문화라는 것이 모국 현지의 문화와 꼭 같을 수는 없다. 이민사회가 보전하는 모국문화는 사실은 모국문화와 현지민 사회 문화가 절충된 하나의 새로운 형태의 문화가 될 가능성이 크다. 그리고 인류문화 전체가 다양성을 가질수록 바람직하다는 견지에서 보면, 모국문화와 꼭 같지 않으면서도 현지민 사회 문화와도 다른 독특한 이민사회 문화가 형성되는 사실 자체가 세계 문화의 다양한 발전을 위해 바람직한 일이기도 하다.

현지민 사회에 뿌리내린 모국문화의 연장선상으로서의 이민사회 문화, 그러면서도 모국문화와도 일정한 차이가 있고 현지민 사회 문화와는 다른 이민사회 문화가 현지민 사회에 기여할 수 있는 길은 그 문화의 다양성을 더해주는 일이라 했다. 마찬가지로 이민사회 문화가 모국문화에 기여하는 길도 일정하게 현지민 사회 문화의 영향을 받음으로써 순수 모국문화와 다른, 다시 말하면 이민사회에 보전되고 또 그만큼 세계화된 모국문화를 역수입하여 모국문화의 다양한 발전에 이바지하는 일이라 할 수 있다. 이민사회 문화는 그 자체가 일정한 독자성을 가지면서 한편으로 현지민 사회 문화와 모국문화 사이의 가교적 역할을 다할 수 있을 때 그 진가를 발휘하는 것이라 할 수 있다.

한편 한민족 해외동포사회의 경우는, 그 모국이 남북으로 분단된 상태이면서 남북 두 분단국가 권력이 모두 베트남식 무력통일이나 독일식 흡수통일에 찬성하지 않고, 남북 두 정부와 두 체제를 상당 기간 존속시키면서 서서히 통일하는 방안을 채택하고 있다. 또 남북 두 정부가 그 통일 추진 과정에서 해외동포들의 역할을 상당히 인정하고 있다. 이런 경우 해외동포사회가 모국의 통일문제와 관련하여 주체적이고도 객관적인 제3자적 처지에서 통일문제를 중재하는 역할을 담당할 만하다.

모국이 분단되어 있는 경우 대체로 그 권력들의 작용에 의해 해외동포 사회도 분단되게 마련이며, 한민족의 재일동포사회가 그 전형적인 예가 될 수 있다. 그리고 재일동포사회가 분단되어 있는 한―비록 과거

식민지로 되었던 역사적 유산이 청산된다 해도 — 민단 쪽이건 총련 쪽
이건 모두 일본사회로부터 외국인으로서의 정당한 대우를 받기 어렵다
는 사실은 해방 후 반세기가 넘도록 재일동포사회가 경험한 일이다. 모
국이 분단되어 있을수록 해외동포사회는 그 분단 책동을 극복하고 객
관적 처지를 확보함으로써 모국의 통일과정에 이바지할 수 있는 일이
중요하다. 그것은 동포사회가 모국문화 및 정치적 상황과 연관을 가지
면서도 자체의 주체성을 가지는 일이 될 수 있는 길이다. (1996년 8월)

1999년도 대학 신입생 여러분

1900년대의 마지막 해에 대학에 입학하게 된 여러분들을 진심으로 축하해 마지않습니다. 내 개인의 경우 작년 이맘때는 교단에서 현직 교수의 자격으로 여러분의 입학을 축하했습니다만, 금년에는 이렇게 학교 밖에서 글을 통해서 축하할 수밖에 없게 되었습니다. 금년 2월 말에 30여 년간의 대학선생 생활을 끝내고 정년퇴직하게 되었기 때문입니다. 그렇지만 여러분의 입학을 축하하는 마음과 당부하고 싶은 말은 전과 다를 수 없습니다.

지금은 대학진학률이 상당히 높아졌지만, 그래도 아직 여러분들은 대학에 가고 싶어하는 많은 사람들 중의 극히 한 부분에 지나지 않습니다. 대학에 가고 싶으면서도 여러가지 사정으로 가지 못하는 사람들이 여러분들같이 대학에 들어간 사람보다 훨씬 더 많습니다. 그런 의미에서 여러분들은 선택받은 사람들이라 할 수밖에 없습니다.

여러분들은 스스로 피나는 노력을 다해서 대학에 들어간 승자들입니다. 대학생이 된 여러분들은 이제 고등학생 때나 재수생 때 바친 그 노력과 고통에 대한 보상 같은 것을 받을 자격이 충분합니다. 수험 준비로부터의 해방감에 취해서 전같이 숨어서가 아니라 떳떳하게 술도 마실 수 있고 담배도 피울 수 있고 물론 사랑도 할 수 있습니다. 그리고 1970, 80년대에 대학을 다닌 선배들의 경우와 달라서 당장 반독재운동에 뛰어들어야 할 상황도 아닙니다.

그렇다고 해서 지금의 우리 대학들이 열심히 공부하지 않으면 대학생의 위치를 유지할 수 없도록 제도적으로 강화되어 있는 상황도 아닙니다. 지금의 우리 대학은 대부분의 경우 일단 들어가기만 하면 웬만큼 놀아도 시험기간 며칠만 열심히 공부하면 대학생의 위치를 무난히 유지할 수 있게 되어 있습니다. IMF 관리 체제 후 상당히 어려워졌습니다만, 경제가 차차 회복될 테니까 졸업할 무렵에 가서 조금 열심히 취직 공부를 하면 또 웬만한 직장을 얻을 수 있을 것입니다.

만약 여러분들이 남보다 나은 직장을 얻기 위해서 그리고 다소 조건이 좋은 배필을 구하기 위해 대학에 들어왔다면, 여러분 정도의 두뇌와 노력이라면 대학생활은 적당히 즐기며 보내기만 해도 대학에 들어온 목적은 달성할 수 있을 것입니다. 대학에 들어온 주된 목적이 좋은 직장과 좋은 배필을 얻기 위해서라면 대학에 입학한 것만으로도 여러분은 이미 그 목적을 어느정도 달성했다고 볼 수 있는 것입니다.

1960년대의 군사독재정권 아래서부터 대학의 역사선생 노릇을 하면서, 세상은 반드시 변하게 마련이라는 신념 하나로 살아온 셈입니다만, 나는 특히 1970, 80년대 대학생과 1990년대의 대학생 사이에 여러가지 면에서 큰 차이가 있음을 실감합니다. 군사독재체제가 무너지고 1900년대를 마감하는 시점에 대학생이 된 여러분들에게 얼마나 실감나게 들릴지 모르지만 지난 이야기를 좀 해보려 합니다.

1970, 80년대에 대학을 다닌 여러분들의 선배들은 당시의 우리 사회에 깊이 내린 군사독재의 뿌리를 뽑아내고 민주주의를 심기 위해 투쟁

했고, 많은 사람이 기꺼이 감옥행을 택했습니다. 그 결과 1990년대로 들어오면서 어느정도 민주화가 이루어졌고, 그 때문에 여러분들은 최루탄 가스를 마시지 않고도 대학을 다닐 수 있게 되었습니다.

1970, 80년대에 최루탄 가스를 마시고 감옥을 가면서 대학을 다닌 여러분의 선배들이 1990년대 이후에 대학을 다닐 후배들이 대학생활을 적당히 하고도 좋은 직장과 좋은 배필을 만날 수 있게 해주기 위해 그런 희생을 했을까요? 그렇지는 않다고 생각합니다. 물론 1990년대 이후에는 문민정부니 국민정부니 하는 민주정권들이 들어서서 대학생들이 반독재 투쟁을 할 상황은 아닙니다. 그러나 그렇다고 해서 대학을 다니는 목적이 개인의 안일이나 출세에만 있는 것은 아니라고 생각합니다.

도덕교과서에 나오는 말같이 들릴지 모르지만, 나보고 말하라 하면 스스로의 인생을 한층 더 의미있게 살기 위해, 선택받은 사람으로서 이 사회에 대한 책임을 다하기 위해, 좁게는 민족사회를 넓게는 인류사회 전체를 위해 한층 더 유익한 역할을 다하기 위해 그 어려운 관문을 뚫고 대학에 들어온 것입니다. 좋은 직장과 좋은 배필을 얻기 위한 정도라면 대학에 들어오기 위해 바친 여러분들의 노력이 너무 값싼 것이 되어버리지 않을까 두렵습니다.

1990년대의 대학생 여러분은 2000년대의 대학생들과 함께 21세기의 우리 민족사회와 인류사회를 담당해갈 선택된 인간들입니다. 여러분들에게는 전쟁으로 얼룩졌던 20세기보다 한층 더 평화로운 21세기를 만들어가야 할 인류사적 과제가 있고, 민족사적으로는 식민지배와 분단과 상잔으로 채워졌던 불행했던 20세기 역사를 청산하고, 민족의 평화로운 통일과 발전을 이루어내야 할 무겁고도 영예로운 책임이 지워져 있는 것입니다.

특히 분단된 조국을 평화적으로 통일해야 할 책무는 여러분들에게 지워진 피할 수 없는 운명과 같은 것이라 할 수 있습니다. 우리는 부모를 선택해서 태어날 수 없는 것처럼 조국도 선택해서 태어날 수 없습니다. 이민을 가서 국적을 달리해도 조국에 대한 애정과 관심은 버리기 어렵습니다. 일단 한반도에 태어난 이상, 그중에서도 대학교육을 받고 선택된 인간이 된 이상 민족의 평화적 통일을 위해 이바지해야 할 운명 같은 책무를 지지 않을 수 없는 것이라 생각합니다.

좋은 직장과 배필을 얻기 위해 대학에 들어왔을 뿐이라고 생각하면서 대학생활을 할 수도 있습니다. 그러나 그런 사소한 목적에 한정되기에는 여러분들의 명석한 두뇌와 젊음과 포부가 너무 아깝지 않을까 합니다. 선택된 사람에게는 선택된 만큼의 책임이 따르게 마련이며, 주어진 책임을 다하려는 노력에서 삶의 보람을 찾는 인간이야말로 평범하면서도 위대한 인간이라 할 수 있을 것입니다. 깊이 생각해보기 바랍니다. 여러분의 대학생활에 행운이 깃들기를 빌어 마지않습니다. (1999년 2월)

제2부

분단 50년을
되돌아보고
통일을
생각한다

분단 50년을 되돌아보고 통일을 생각한다

마음을 비우고 역사 앞에 서자

금년으로 기어이 분단 반세기를 넘어서게 되었다. 준비 없이 타의로 문호를 개방한 후 미처 스스로를 가누지 못하다가 결국 식민지로 되기까지 34년이 걸렸고, 엄청난 힘으로 짓누르던 일본제국주의의 식민지배를 벗어나는 데 35년이 걸렸다. 그런데도 민족분단의 불행한 시대는 50년 이상 지속되고 있다.

지구 위에 살고 있는 각 민족사회의 근대사적 과제가 근대 민족국가를 건설하는 일이었다고 생각해보면, 한반도에 사는 사람들의 경우 비록 분단국가일지라도 남북이 각각 '근대'국가를 운영해온 지 50년, 정확하게 말하면 47년이 되었는데, 그들의 역사에서 근대화의 일단락이라 할 수 있을 통일 민족국가 건설에는 아직도 다가서지 못하고 있다. 그 원인은 여러가지로 말할 수 있겠으나, 우선 분단시대의 주역으로 살아온 '분단 세대'가 이제 마음을 비우고 냉철하게 자기 시대의 분단시대사를 되돌아보는 일도 중요하다.

한반도의 분단시대를 살고 있는 사람들 전체를 두고 역사적 의미를 주면서 대략 그 세대를 구분해보면, 아무래도 민족상잔으로서의 6·25전쟁이 분단시대 최대의 비극으로 기억 속에 남아 있는 세대와 그렇지 않은 세대로 대별할 수 있지 않을까 한다. 6·25를 기억하지 못하는 세대도 벌써 40대에 들어섰지만, 편의상 그 세대를 젊은 세대, 그것을 기억하는 세대를 기성세대로 간주하기로 하자.

한반도에 사는 지금의 기성세대는 개인적으로나 역사적으로 참으로 불행한 세대였다. 그들은 식민지 백성으로 태어나서 적국인 일본의 말과 글의 상용을 강요당하면서 일본제국주의를 위한 가치관 및 역사관을 체득해야 했고, 일본제국주의가 도발한 침략전쟁에 여러가지 형태로 동원되었던 세대였다. 그들의 불행은 그것으로만 끝나지 않았다.

8·15 후에는 어떤 형태로건 민족분단과 상잔 과정에 참여한 세대였으며, 분단체제를 고착시키고 유지하는 데 어떤 면에서건 일익을 담당한 세대였다. 기성세대의 대부분은 6·25에서 민족의 다른 한쪽과 목숨을 걸고 싸웠고, 그 싸움으로 제 몸의 한 부분이나 가족을 잃은 경우도 많았으며, 전쟁이 끝난 후에도 평생을 두고 민족의 다른 한쪽을 불신하고 경계하고 증오하면서 살 수밖에 없었다. 그렇게 사는 것이 몸에 배서 차라리 자연스러웠다 해도 과언이 아니다.

6·25 이후에도 계속된 동서 대립과 냉전체제는 그들 기성세대에게는 민족의 다른 한쪽과 대립하고 불신하는 자신을 정당화하기에 알맞은 체제였고, 따라서 그들에게는 그 체제가 계속되는 것이 바람직했다. 그러나 시간은 흐르고 역사는 변하게 마련이어서 냉전과 대립의 체제는 무너져갔고, 불신과 증오의 대상이던 민족의 다른 한쪽을 증오할 줄 모르는 젊은 세대가 사회의 주역으로 성장해갔다.

6·25를 겪은 그들이 적으로 생각할 수밖에 없었던 민족의 다른 한쪽

을 젊은 세대는 이제 동족 그것으로 보려 했고, 전쟁에서 같이 싸운 혈맹의 우방이었던 미국을 젊은 세대들은 흔히 있는 남의 나라의 하나로 보거나 심한 경우 오히려 적으로 보려 했다. 기성세대의 역사관과 민족관으로서는 이런 변화가 역사발전의 자연스러운 귀결로 보이기보다 체제적 위기로 느껴졌다. 이런 경우 그들이 할 수 있는 일은 위험한 지경으로 빠져든다고 생각되는 젊은 세대의 민족관이나 역사관을 그들 자신의 그것과 일치시키려 애쓰는 일이었다.

같은 민족사회 속에서 같은 시대를 살고 있는 기성세대와 젊은 세대라 해도 두 세대의 민족관과 역사관을 일치시키는 일은 불가능하다. 그런데도 억지로라도 일치시키려 할 경우 일단은 모든 부문에서 기득권을 가진 기성세대 쪽으로 같아지기 쉽겠지만, 그런 경우 그 민족사회는 역사적으로 정체하고 끝내 멸망하게 마련이다. 멀리 갈 것 없이 조선왕조의 멸망에서 우리는 그 예를 볼 수 있다. 역사의 발전 방향을 이해하지 못하는 기성세대가 스스로 위기감을 느낄 경우 체제를 유지하기 위해서는 무리한 방법을 동원해서라도 역사의 흐름을 막게 마련이다. 그러나 그것이 심하면 혁명을 당하거나 아니면 결국 자멸하는 사례들을 역사는 자주 가르쳐주고 있다.

기성세대와 젊은 세대 사이의 민족관 내지 역사관의 차이 때문에 그 민족사회가 파탄으로 가는 것을 막고 두 세대가 조화를 이루어 그 민족사회 전체가 전진하게 하는 열쇠들은 아무래도 기성세대 쪽이 더 많이 가지고 있게 마련이다. 식민지시대를 겪었고 분단시대의 주역이었던 한반도지역의 기성세대가 그 역사적·시대적 업보에서 해방되는 길은 민족의 다른 한쪽에게 쏟았던 불신과 원한과 증오에서 해방되어 마음을 비우고 역사와 민족 앞에 투명하게 나서는 길이다. 그리고 민족의 통일이 달성될 21세기의 주역인 젊은 세대의 민족관과 역사관의 변화를 당연한 것으로 받아들이려 노력하는 길이다. 역사에서의 자기부정의 뜻을 제대로 터득하는 길이다.

50년이란 세월은 비록 지구상의 유일한 분단 민족사회라 해도, 이제 마음을 비우고 제 역사를 냉철하게 객관적으로 볼 수 있을 만한 시간이 아닌가 한다. 문호개방은 왜 식민지화로 연결되었고, 식민지배로부터의 해방은 또 왜 분단으로 연결되었는가? 6·25의 참극을 겪고도 왜 통일되지 않았으며, 분단시대는 왜 50년이나 지속되었는가? 분단 50년의 남북역사는 어떻게 보아야 하며, 그것은 통일과 어떻게 연결될 것인가? 통일은 또 어떤 형태로 오는 것이 바람직하며, 그것을 위해 우리는 무엇을 해야 할 것인가? 분단 50년의 시점에서 특히 그 시대의 주역으로 살아온 기성세대들은 이런 문제들을 두고 이제 마음을 비우고 냉철한 눈으로 제 시대의 역사를 되돌아볼 때가 된 것 같다.

분단의 먼 원인은 식민지화에서

제2차 세계대전이 끝나면서 한반도가 왜 분단되었는가를 제대로 설명하기 위해서는 아무래도 이 지역이 어떻게 해서 식민지로 되었는가 하는 데서부터 시작하지 않을 수 없다. 유럽 지역에 비해 자본주의화에 한 걸음 뒤진 아시아 지역의 어느 나라도 유럽 제국의 문호개방 요구를 끝까지 거절할 수는 없었다. 그리고 문호를 개방한 결과 대부분의 민족사회는 그 식민지 혹은 반식민지가 되었다. 한반도의 조선왕조도 당연히 유럽 제국의 문호개방 압력을 받았으나, 이를 거절하다가 같은 아시아 국가 일본의 개방 압력에 굴복하는 결과가 되었다.

유럽 제국의 직접적인 압력이 아니라 일본, 청국 등 유럽 국가들의 압

력을 받고 있는 같은 아시아 국가의 압력, 이른바 2중 외압에 의한 문호
개방과 간섭이 한반도지역을 식민지가 되게 한 주요 원인이라 말해지기
도 한다. 문호개방 자체가 식민지화의 원인이라는 식의 역사인식이 무
의미함은 더 설명할 필요가 없지만, 누구에 의해 어떤 경위로 개방되었
는가가 식민지로 가느냐 안 가느냐를 가름하는 중요한 요인이라는 설명
도 다시 음미해봐야 할 필요가 있다. 다만 타의로 문호를 개방한 아시아
국가들이 개방 후의 상황에서 어떻게 대응해갔는가 하는 문제가 식민지
가 되고 안 되고의 중요한 차이점의 하나인 것만은 사실인 것 같다.

한반도지역이 문호를 개방한 지 100년이 지난 지금에 와서, 다시 말
하면 그만큼의 시간이 주는 객관적 시각을 바탕으로 하여 생각해보면,
문호개방으로부터 식민지로 가기까지의 34년간 이 지역이 걸을 수 있
었던 현실적인 길은 우리의 생각으로는 대개 네 가지 정도가 있지 않았
을까 한다.

그것은 첫째 침략주의와 식민주의가 날뛰는 속에서도 재빨리 자본주
의를 배우고 시민혁명을 달성하고, 이른바 부국강병책에 성공하여 국
가적 독립을 스스로 지키는 길이었다. 둘째 그것이 안 되면 당시 몇 사
람의 선각자들이 제의한 것과 같이 한반도지역이 가진 지정학적 위치
를 이점으로 살려 열강의 각축 속에서 영세 국외 중립지대가 되어 국가
적 독립을 유지하는 길이었다. 그러나 그것마저 실패했을 경우 이제 국
가적 독립을 온전하게 유지하는 길은 없었다. 그 대신 셋째 한반도지역
이 가진 지정학적 위치가 불리하게 작용되어 동아시아에서 열강 사이
의 세력 균형을 위한 제물로 남북으로 분단되는 길이 있었고, 넷째 열강
사이의 세력 균형이 깨어지는 경우 하나의 강대국에 의해 그 식민지가
되는 길이 있었다.

당연히 첫번째 길이 가장 바람직한 길이었으나 그 길을 걷지 못했다.

그 원인은 한마디로 말해서 자본주의를 실천하고 시민혁명을 달성할 역사 주체로서의, 유럽식 개념의 부르주아계급의 성장이 부진한 데 있었다고 할 수 있다. 한반도지역에서는 왜 유럽식 개념의 부르주아의 성장이 일본이나 중국보다도 더 늦었는가 하는 문제를 우리 역사학은 아직 명확하게 설명하지 못하고 있다. 그러나 잠정적으로 말해서 그 원인은 아무래도 17~18세기까지도 정치·경제·사회·문화의 각 부분에 걸쳐 끈질기게 작용했던 조선식 성리학 체제의 강인성에서 구해야 하지 않을까 한다.

두번째의 길은 우리가 알다시피 내국인으로는 유길준·김옥균·이용익 등에 의해, 외국인으로는 독일인 부들러 등에 의해 제의되었으나, 역시 실현되지 못했다. 한반도에서 열강 사이의 충돌을 피하기 위해, 그리고 동아시아에서 전쟁을 피하기 위해 한반도문제에 이해관계가 깊은 중국·일본·러시아·미국 등 열강의 국제협약에 의한 한반도 중립화는 가능성이 있는 방안이기도 했다. 그러나 중립화에 의한 국가적 독립 역시 외세가 일방적으로 가져다주는 것은 아니었다. 민족의 내적 역량과 지혜가 바탕이 되고 외세의 동조가 있을 때 가능했지만, 전제주의 지배체제 아래서는 그리고 국제사회와 거의 절연된 국민 수준으로는 불가능할 수밖에 없었다.

동아시아에서 열강 사이의 충돌을 피하기 위해 한반도를 남북으로 분단해야 한다는 생각도 제2차 세계대전 후 미국과 소련 사이에서 처음 나온 것은 아니었다. 청일전쟁이 급박했을 때 청국과 일본이 한강을 경계로 남북으로 분단하여 세력 균형을 유지함으로써 전쟁을 피할 수 있다는 제안이 이미 나왔었다. 그리고 청일전쟁 후 러시아와 일본 사이의 대립이 심했을 때도 두 세력 사이의 균형을 유지하고 전쟁을 피하기 위해 38도선 혹은 39도선으로 한반도를 분단해야 한다는 제안들이 있었다. 그러나 이 제안들은 영일동맹, 미국의 친일정책 등으로 열강 사이의 세력 균형이 깨어지면서 무위가 되고 곧 전쟁으로 치닫게 되었다.

　러일전쟁 후와 같이 침략주의와 식민주의가 날뛰던 시대의 한반도는, 그것을 둘러싼 열강 사이의 세력 균형이 깨어져서 전쟁으로 치닫고 나면 그 결과에 따라 식민지로 될 수밖에 없었다. 대한제국의 군대가 총 8700여 명밖에 안 되었을 때 한일'합방'에 반대하며 싸우다가 전사한 의병이 4만 명이 넘을 정도로 치열한 투쟁이 있었으나, 현실적으로 러일전쟁 후에는 전승국 일본의 식민지로 되는 길을 막을 수 없었다.

　문호개방 후 한반도지역은 우리가 지적한 네 가지 길 중 가장 불행한 길인 식민지화의 길을 걸었다. 그리고 한반도의 식민지화는 한반도 문제만으로 끝나지 않았다. 한반도를 식민지로 만든 일본이 그곳을 발판으로 삼아 만주로 쳐들어가서 반식민지로 만들고 중국 본토를 침략했다. 뒤이어 미국과 영국에 선전포고하고 동남아시아에까지 쳐들어갔다가 결국 패전의 길을 걸었던 것이다. 한반도지역을 둘러싸고 열강이 각축하던 시기 이 지역이 어떤 상태로 있느냐에 따라 동아시아 전체의 형세가 좌우될 수 있었음을 알 수 있다.

　그때뿐만이 아니다. 약 반세기 후 한반도지역이 식민지배에서 해방될 때도 그 문제는 그대로 적용되었다. 제2차 세계대전 후 한반도지역은 전승국 미국과 소련의 동아시아에서의 세력 균형을 위해 앞에서 우리가 지적한 또 하나의 불행한 길, 즉 남북분단의 길을 걷게 되었고, 이어서 또 6·25를 가져왔다. 전쟁이 남북분단을 지속시키는 휴전으로 끝날 수밖에 없었던 이유도 중요하며, 이후 30여 년간 그 휴전선은 남북분단선이었을 뿐만 아니라, 실제로 한국·미국·일본 연합세와, 중·소분쟁이란 변수가 있기는 했지만 조선·중국·소련 연합세의 경계선으로 되었다는 점도 중요하다.

그리고 이 대립구도가 무너지면서 한반도지역이 이제 통일될 전망이 높아져가고 있지만, 그 지역이 동아시아 정세 속에서 어떤 상태로 통일되는 것이 바람직하며 또 통일 가능성 자체가 가장 높은가 하는 문제가 중요하게 떠오른다. 한반도지역의 식민지화와 분단이 한반도 자체의 문제인 동시에 역시 동아시아 전체의 형세를 좌우하는 문제의 하나였던 것과 같이 이 지역의 통일문제도 또 그러하기 때문이다. 이 문제를 계속 추적해보자.

왜 분단 가능성이 높은 해방이 되었는가

지정학적 위치 때문에 전체 역사시대를 통해 유례가 드물 만큼 잦은 외침을 받았으나 그래도 면면히 정치적 독립을 유지해온 한반도지역이, 근대사회로 들어서는 길목에서 식민지로 전락한 사실은 아무래도 그 역사 이래 최대의 불행이었다. 식민지로 전락한 민족사회가 당면한 최대의 과제는 무어라 해도 민족의 해방이요 국가적 독립의 회복이다. 그리고 민족을 해방하고 국가적 독립을 회복하는 최상의 길은 자력으로 독립군을 양성하여 식민지배국과 싸워 항복을 받는 길이다. 그 경우 신탁통치도 외국군의 분할점령도 있을 수 없음은 당연하다. 그러나 한반도와 같이 완전히 식민지가 된 상황에서는 독립군을 양성할 '해방구'를 갖기는 어려웠다.

이 때문에 식민지로 전락한 후 독립운동 세력들은 이웃 만주 지방을 '해방구'로 삼고 그곳에서 독립군을 양성하여 국내로 진격하려 했다. 그러나 일본군이 만주 지역을 점령하게 됨으로써 그 '해방구'들도 대체로 1940년대 이후에는 모두 없어지다시피 했다. 그런 조건 아래서도 일본제국주의가 패망한 1945년 8월 현재 중국 국부군 지역과 중국 공산군 지역, 그리고 소련의 극동 지역 등 세 곳에 좌우익을 합쳐 약 2천 명 미만의 군사력을 가지고 있었다. 완전 식민지로 된 지 35년 후까지 그것도 남의 땅에서 이만큼의 민족해방운동 군사력을 가질 수 있었다는 것은 대단한 일이기는 했으나, 그 정도의 군사력을 가지고 자력으로 조국을 해방시키기는 역부족이었다.

민족해방운동 세력들이 독자적 군사력으로 조국을 해방시킬 수 없음을 알았을 때 차선의 방법을 강구하지 않을 수 없었다. 소수의 민족해방운동 군사력으로라도 일본제국주의를 패망시키고 한반도를 해방시킬 연합군과 공동작전을 펴서 국내로 진격해옴으로써, 전승국의 일원이 되어 일본의 항복 조인에 연합군과 동참하는 길이 있었다. 이 경우도 신탁통치나 분할점령을 피할 수 있었을 것이다.

해외전선에서 투쟁한 민족해방운동 세력들과 그 군사력은 물론 일부 국내에서 투쟁한 세력도 이 차선의 방법을 알고 있었다. 중국 국부군 지역에서 활동한 임시정부는 대일 선전포고를 했고, 중국 공산군 지역의 조선의용군은 실제로 일본군과의 전투에 참가했으며, 1930년대를 통해 만주에서 일본군과 싸운 조국광복회계 군사력은 1940년대에도 소규모 작전을 계속했다. 국내에서 비밀리에 조직된 건국동맹도 조선의용군과 같은 해외전선의 군사력을 맞아들일 태세를 갖추어갔다.

그러나 그것만으로 연합국의 일원이나 전승국의 하나가 되는 것은 아니었다. 국내외를 막론한 민족해방운동 세력이 자력으로 일본제국주의를 패망시키지 못하는 한 그것을 패망시킬 연합국의 승인을 받은 정치세력이 있어야 했다. 그러나 연합국들은 민족해방운동 세력이 통일되지 않았다는 이유로 승인해주지 않았고, 따라서 민족해방운동전선에는 통일전선운동이 당면 과제로 되었다.

민족해방운동 세력들은 일본제국주의의 패망이 가까워지면 질수록 좌우익 통일전선운동을 적극적으로 펴나갔다. 조국광복회 강령이 통일전선을 표방한 것도, 그후 임시정부가 일부 통일전선 정부로 된 것도, 연안에 있던 조선독립동맹이 임시정부와의 통일전선 수립에 합의한 것도, 국내의 건국동맹이 조선독립동맹과 연결되고 임시정부와의 연합을 기도한 것도 모두 그 때문이었다.

돌이켜보면 한반도 주민들은 인민 주권주의를 이루지 못하고 군주주권체제 아래서 식민지로 전락했다. 그 때문에 그들의 민족해방운동은 1차적으로 공화주의운동이기도 했다. 그러나 사회주의사상이 들어온 1920년대 이후부터의 민족국가 수립운동으로서의 민족해방운동은 대체적으로 말해서 우익의 '민주공화국 수립운동'과 좌익의 '인민공화국 수립운동'으로 양립되었다. 일본제국주의의 패망이 가까워지면서 민족해방운동전선의 통일전선운동이 비교적 활발하게 추진되었으나, 이같은 좌우익전선 사이의 국가건설 방법론의 차이는 아직 완전히 해소되지 않았었다.

한편 일본제국주의를 패망시킬 주역이던 미국은 민족해방운동 세력의 어느 쪽도 승인하지 않고, 1943년경에 이미 일본 패망 후의 한반도에 상당한 기간 국제 공동관리를 통한 신탁통치를 실시할 것을 고안했다. 이것을 안 민족해방운동전선은 연합국의 승인을 받기 위해 통일전선운동을 더욱 활성화시켜갔다. 그러나 그것이 미처 완성되기 전에, 민족해방운동 세력의 어느 부분도 연합국의 승인을 못 받아 그 일원이 되지 못한 상태에서 전쟁이 끝나게 되었다. 이로써 민족해방운동이 기도했던 해방의 차선의 방안도 현실적으로 실현될 수 없게 되었다.

미국을 비롯한 연합국들이 일본제국주의 패망 후의 한반도를 상당한 기간 국제 공동관리 아래에 두겠다는 결정을 했다 해도 그 때문에 제2

차 세계대전 후의 한반도가 분단되어야 하는 것은 아니었다. 왜냐하면 연합국들이 한반도를 국제 공동관리 아래 두고 신탁통치를 한다 해도 독일처럼 분할통치하려는 것은 아니었기 때문이다. 따라서 한반도지역은 소련이 참전하기 전에 일본이 항복하면 미국의 단독 점령 지역이 되고, 신탁통치를 받은 후 전체 한반도지역에 자본주의국가가 성립될 가능성이 높은 반면 분단되지 않을 가능성이 컸다.

또 얄따협정을 통해 소련의 태평양전쟁 참전이 결정되었지만, 그리고 미국의 원자탄 투하가 일본의 항복을 재촉해서 참전 기회를 놓칠까 걱정한 소련이 참전을 앞당겼지만, 일본의 항복이 좀더 늦으면 한반도 전체가 소련의 점령하에 들어갈 상황이었다. 그 결과 신탁통치를 받거나 즉시 독립을 하되 전체 한반도에 공산주의국가가 성립되기 쉬울 상황이었으며, 반면 분단되지는 않을 가능성이 높았다. 소련군이 참전 즉시 빠른 속도로 한반도에 진격해온 반면, 오끼나와 전투에서 큰 타격을 받은 미국군이 군사력을 재정비하여 일본의 큐우슈우나 조선의 제주도에 상륙하려면 그해 11월이나 되어야 가능했다고 한다. 따라서 소련이 한반도 전체를 점령해도 미국이 군사력으로 이를 저지하고 그 절반만이라도 확보할 상황이 아니었던 것이다.

이것으로써 38도선을 미국이 먼저 제의한 사정을 알 만하지만, 일본이 항복한 때가 바로 한반도가 분단되기에 가장 적당한 시점이었음도 알 수 있다. 그러나 그것이 우연의 일치인지 일본 전쟁 책임자들의 계획적인 조처였는지는 아직 알 수 없다. 다만 원자탄이 최초로 투하된 8월 6일부터 소련이 참전한 8월 9일 사이에만 일본이 항복했어도 한반도는 미국의 단독 점령 지역이 되고 분단되지 않았을 가능성이 높았다. 반대로 항복이 더 늦었으면 소련군이 한반도 전체를 점령하여 역시 그 단독 점령 지역이 될 가능성이 높은 한편, 소련군이 일본의 홋까이도오에 상류하여 한반도 대신 일본열도가 분단될 가능성이 높았다. 이러한 사실은 일본학자들도 이미 지적한 적이 있다.

외교 사학자들은 대륙에 강대국들이 성립되고 그 힘이 한반도에까지 미치게 되면 일본에는 한반도가 그 심장부를 겨누는 칼로 보이고, 반대로 미국이나 영국 등 해양 세력을 등에 업고 일본의 세력이 강해지면 한반도는 일본에 대륙으로 건너가는 다리로 보인다고 했다. 영국과 미국의 도움을 받아 러일전쟁에서 이긴 일본에 한반도가 대륙으로 건너갈 다리로 보였다면, 제2차 세계대전에서 일본이 패전하고 소련과 중국이 전승국이 된 형세에서는 해방된 한반도가 일본의 심장부를 겨누는 칼이 될 차례였다. 그러나 일본을 위해서는 천만다행하게도, 반대로 한반도를 위해서는 천만불행하게도, 그 칼이 38도선으로 두 동강이 났고, 그 때문에 일어난 6·25는 일본에 이른바 전쟁 특수를 가져다주어 패전의 늪에서 완전히 벗어나게 했다.

한반도가 분단되기 알맞은 시점을 골라 일본이 항복했다는 확실한 증거도 아직은 없고, 한반도의 해방이 바로 분단으로 연결된 것도 아니었다. 그러나 일본의 항복 시점이 동아시아의 대륙과 해양 사이에 다리처럼 걸쳐진 한반도에 어느 때보다 분단 가능성을 높여놓은 것은 사실이었다. 대륙세력 소련은 러일전쟁으로 잃은 동아시아에서의 위치를 다시 확보하려 했고, 해양세력 미국은 지난날 그들을 위해 '극동에서의 헌병' 노릇을 한 일본을 대신해서 제정 러시아의 후신 소련을 견제해야 했다.

제2차 세계대전이 끝나면서 만주는 소련의 점령 아래 들어가고 일본이 미국의 점령 아래 들어가는 상황에서, 그 사이에 걸친 한반도가 미·소 두 세력 사이의 세력 균형을 위해 분단될 가능성은 높았다. 비록 일본군의 항복을 받을 잠정적 경계선이긴 했어도 일단 그어진 38도선이 그대로 한반도의 분단선으로 굳혀질 가능성이 높았던 것은 사실이다. 그러나 해방이 바로 분단으로 연결된 것은 아니고, 반드시 분단의 길만이 있었던 것도 아니다.

분단밖에 다른 길은 없었는가

제2차 세계대전 후의 동아시아에서 미국과 소련 사이의 세력 균형을 위한 분계선이 필요했다 해도, 38도선이 처음부터 50년 이상 지속될 분단선으로 고정되기 위해 그어진 것은 물론 아니었다. 미국은 패전국 일본의 식민지 한반도를, 제1차 세계대전 후 패전국 독일 식민지의 전례에 따라, 신탁통치 지역으로 만들기로 결정하고 영국 등 우방과 합의했다. 그후 소련과도 통치 기간에는 의견 차이가 있었지만 신탁통치 자체에는 역시 합의했다. 이 시점까지도 한반도 분단 계획은 아직 어디에서도 표면화하지 않았다.

연합국들은 그 합의를 구체화하기 위해 전쟁이 끝난 후 모스끄바3상회의에서 한반도문제를 논의했다. 모스끄바3상회의는 전승국끼리 전쟁 후의 한반도문제를 논의하는 최고 권위의 회의였고, 여기에서 이후 한반도의 운명이 결정될 것이었다. 35년간이나 민족해방운동을 했으면서도 한반도 주민의 어느 누구도 참석하여 의견을 개진할 수 없었지만, 이 회의에서도 연합국들이 38도선을 그대로 두고 한반도를 분할할 계획을 드러내지는 않았다.

이미 많이 알려진 일이지만 이 회의에서의 한반도문제 결정을 다시한번 요약하면 이렇다. 우선 미소공동위원회에서 조선인 정당사회 단체 대표와 의논하여 임시정부를 만들고, 이 임시정부가 미·영·중·소 4

개국의 감독 혹은 후견 아래 전체 한반도를 5년 동안 통치한 후, 총선거를 실시하여 가장 표를 많이 얻은 정당이 여당이 되어 정식 정부를 수립하고 완전 독립국가가 된다는 것이었다.

돌이켜보면 한반도 주민 대부분의 반대에도 불구하고 1910년에 공식적 주권자인 대한제국 황제가 한반도지역의 통치권을 완전히 또 영원히 일본 천황에게 넘겨주는 조약에 날인함으로써, 한반도 주민에 의한 주권은 없어지고 일본의 총독 통치가 실시되었다. 일본제국주의 패망 후의 상황에 대비하여 해외에 임시정부를 만들었지만, 임시정부 군사력이 일본의 항복을 받지 못했고, 임시정부 자체가 일본의 항복을 받을 연합국의 승인을 받지 못했다.

이 때문에 일본제국주의가 패망한 직후에는 미·소 두 점령군이 조선총독부를 그냥 두거나 스스로 군정을 실시하지 않는 한 한반도는 권력의 공백 지대가 될 수밖에 없었다. 이 사실을 안 국내의 건국동맹 세력이 미군 진주 전에 전국에서 자생한 인민위원회를 기반으로 조선인민공화국 정부 수립을 선포했다. 그러나 연합국은 그것을 인정하지 않고 군정을 실시했다.

북쪽의 소련군이 임시인민위원회를 통해 일부 정권을 조선 사람에게 넘겨주기도 했지만, 해외의 임시정부와 국내의 조선인민공화국 정부를 모두 인정하지 않은 연합국은 모스끄바3상회의 결정에 따라 미소공동위원회를 구성하여 새로운 임시정부를 수립하는 일이 시급했다. 정식 정부가 아닌 임시정부를 수립하면 5년간 독립은 유보되지만, 정부가 수립되어 통치행위를 시작하는 그날부터 38도선이 없어지면서 민족 분단의 위험도 없어지는 것이었다. 그런데 이 임시정부 수립이 불가능하게 되었다. 좌익은 5년간의 신탁통치를 포함한 모스끄바3상회의 결정을 수락했고 우익은 이를 거부했으며, 그에 따라 임시정부를 만들 모체인 미소공동위원회가 제 기능을 발휘하지 못하게 된 것이다.

우리 역사학은 아직도 미국과 영국 등 두 자본주의국가와 하나의 사회주의국가 소련이 합의한 모스끄바3상회의 결정을 우익은 왜 반대했고 좌익은 왜 지지했는가를 명확히 설명하지 못하고 있다. 그러나 명백한 것은 모스끄바3상회의 결정 수락 여부를 두고 좌우익이 대립한 결과 미소공동위원회가 제 기능을 발휘하지 못했고, 그 때문에 한반도문제가 소련의 반대를 무릅쓰고 유엔으로 옮겨지게 되었으며, 그 결과 한반도에 두 개의 분단국가가 성립되었다는 사실이다.

지금에 와서 뒤돌아보면 8·15 후의 '해방공간'에서 한반도 주민들이 국가건설 문제와 관련해서 택할 수 있는 길이 두 가지 있었다고 할 수 있다. 그 하나는 연합국이 이미 그어놓은 38선을 이용하여 그 남쪽에서는 우익세력 중심으로 친미 자본주의국가를 만들어 살고, 그 북쪽에서는 좌익세력 중심으로 친소 사회주의국가를 만들어 따로 사는 길이었다. 이 길은 현실적으로 쉬운 길이기는 했으나 민족이 분단되는 길이었고, 김구 등 많은 사람들이 예언했고 또 적중한 것처럼 동족상잔이 일어날 수 있는 길이었다.

또 하나의 길은 38도선을 없애고 통일민족국가를 수립하는 길이었다. 그러나 이 길은 앞의 길보다 훨씬 어려운 길이었다. 38도선을 경계로 미국군과 소련군이 각기 그 남반부와 북반부를 점령하고 있는 조건 아래서, 한반도 전체에 친미 자본주의국가를 수립하는 길을 소련이 용납할 리 없었고, 친소 사회주의국가를 수립하는 것은 미국에서 용납할 리 없었다. 따라서 통일국가를 수립하려는 경우 그것은 대외적으로 친미반소도 아니고 친소반미도 아닌, 그러면서 오히려 동아시아에서 미국과 소련의 대립을 완화시키는 완충지대 역할을 할 수 있는 그런 국가인 것이 바람직했다.

대내적으로는 민족해방운동 과정의 통일전선 추진 세력들 사이에서 완전 합의된 것은 아니었으나, 일반적으로 지향되고 있었던 순수 자본주의국가도 순수 사회주의국가도 아닌, 절충식이거나 아니면 일부에서 주장된 좌우 연립성 정부를 수립하는 길이었다. 앞에서도 말했지만 이 길은 대단히 어려운 길이었다. 더구나 근대사회로 들어오면서 바로 식민지로 되어 근대적 정치 훈련과 경험을 쌓을 기회를 못 가졌던 한반도의 정치세력들과 그 주민들은 모두 두번째 길을 택할 만한 '정치력'을 발휘하지 못한 채 결국 쉬운 첫번째 길인 분단의 길을 걷고 말았다.

그러나 '해방공간'에서 두번째 길을 알고 실천하려는 사람들이 좌익에도 있었고 우익에도 있었다는 사실은 중요하다. 대부분 식민지시대의 민족해방운동전선에서 통일전선운동을 추진했던 이들은, 지금에 와서 생각해보면 우익 쪽은 식민지시대를 통해 정체되었던 역사의 발전 속도를 앞당겨야 한다는 사실을 이해했던 것 같고, 좌익 쪽은 역사발전의 과정 자체가 가진 중요성에 대한 이해를 가지고 있었던 것 같다. 어떻든 이들은 중간파라는 하나의 정치세력을 형성하여 통일민족국가 수립운동을 펴나갔다. 그러나 극좌 극우 세력에게서 기회주의자, 회색분자 등으로 몰리면서 결국 외세와 결탁한 그들의 분단 책동을 이기지 못했다. 그리고 그들의 대부분은 분단국가들의 성립 과정에서 어느 한쪽으로 흡수되거나 남았다 해도 그후의 민족상잔 과정에서 소멸되어갔다.

분단국가들이 성립된 지 불과 2년 후에 발발한 6·25는, '해방공간'을 통해 한반도 전체에 통일 자본주의국가가 성립되는 길이나 반대로 통일 사회주의국가가 성립되는 길이 그 지정학적 위치 때문에도 불가능했음을 극명하게 증명한 전쟁이었다. 전쟁 초기에는 한반도 전체가 사회주의체제로 통일될 뻔했고, 그 중반에는 반대로 자본주의체제 아래 통일될 뻔했다. 그러나 한반도 전체가 그 적대세력에 의해 통일되는 것을 반대하는 외세들의 개입으로 모두 실패하고 도로 분단 상태가 지속될 수밖에 없었다.

한반도가 그 민족해방운동 세력에 의해 해방되지 못했다 해도, 일본 제국주의가 분단 요인을 만들어놓고 패전함으로써 분단 위험이 어느 때보다 높아졌다 해도, 해방이 바로 분단으로 연결된 것은 아니었다. 분단으로 가지 않을 길이 있기는 했으나 그 길은 대단히 어려운 길이었고, '해방공간'의 한반도 주민들은 결국 그 길을 택하지 못했다. 그럼에도 불구하고 그 길은 21세기에 닥쳐올 한반도지역의 평화로운 통일, 그리고 남북의 대등한 통일을 위해 다시 음미되어야 할 길 중의 하나이기도 하다.

분단 50년을 어떻게 볼 것인가

우리가 알다시피 유럽식 개념의 내셔널리즘을 동아시아에서는 국가주의·국민주의·민족주의 등으로 번역한다. 내셔널리즘이 세 가지 개념으로 번역되는 이유를 충분히 이해하면서도, 오랫동안 하나의 통치권력 아래 살아온 단일민족이 한때 분단되어 각기 다른 국가를 형성해 있는 경우, 그리고 이들 분단국가 국민들이 분단국가체제를 청산하고 통일민족국가 수립을 소원하고 있는 경우, '분단국가주의'와 '통일민족주의'는 명백히 구분될 수 있다고 생각한다.

분단시대 50년을 통해 한반도지역은 7천만 주민 전체의 평화로운 발전을 추구하는 '통일민족주의'는 사실상 소멸되고, 남북 분단국가의 권위와 이익을 추구하는 '분단국가주의'만이 강화되어왔다. 민족의 다른 한쪽에 대해 배타적이고 이기적인 '분단국가주의'가 아니라, 7천만 한반도 주민 전체를 하나의 역사공동체, 문화공동체로 인식하고, 그것을 바탕으로 민족의 평화적·호혜적·대등적 통일의 길을 열어가는 이데올로기로서의 '통일민족주의'를 회복해가는 것이 분단시대 역사인식의 최대 과제라 할 수 있다.

지난 50년 동안 한반도의 남쪽은 미국·일본과 한 울타리 안에서 살아왔고, 북쪽은 중·소 분쟁이라는 변수가 있기는 했지만 넓게 보면 소련·중국과 한 울타리가 되어 살아왔다. 이 때문에 한반도에 그어진 38도선 및 휴전선은 좁게는 민족 분단선이었지만, 넓게 보면 한·미·일 세력과 조·중·소 세력 사이의 분단선으로 굳어지기만 했고, 그 때문에 남과 북의 민족적 동질성은 점점 약해지기만 했다. 남북이 각기 그 배후 외세와의 한 울타리로서의 구심력을 높여가는 반면에, 동족으로서의 남북 사이에는 원심 작용만 심화되어온 것이다.

8·15 후 38도선을 경계로 하여 남북에 각각 분단국가가 수립되고 한쪽에는 자본주의체제가 다른 한쪽에는 사회주의체제가 자리 잡았지만, 분단 이전의 남북 사회 사이에 각각 다른 체제가 세워질 수 있을 만큼 사회·경제적인 면에서 차이가 있는 것은 아니었다. 식민지시대까지는 같은 사회·경제적 기반이었으나, 8·15 이후 남북에 각각 다른 정치 체제가 세워짐으로써 사회·경제적으로도 다른 체제가 자리 잡게 되었고, 그것들이 분단시대 50년을 통해 제각기 변화·발전해온 것일 뿐이었다. 민족적 차원에서 보면 남북 분단국가의 50년 역사를 합쳐 하나의 시대사로 인식하는 일이 중요하다.

분단시대를 통해 남북에 각기 다르게 세워진 체제 중 어느 한쪽만의 역사성을 인정하고, 다른 한쪽은 역사성이 인정될 수 없는 체제가 비정상적으로 존속한 것이라고 보는 역사인식도 있을 수 있다. 이 경우 두 체제 중 어느 하나는 다른 하나에 의해 반드시 극복되어야 할 체제라 볼 수도 있다. 그러나 두 체제가 비록 다르기는 하지만 민족사의 한 시대 안에 공존한, 다 같이 역사성을 가지는 체제로 볼 수도 있다. 그것은 또 분단시대를 통해 존속되어온 체제들의 역사성 그 자체의 문제이기도 하지만, 오히려 앞으로 이루어질 통일의 방법론과 연결되는 점도 있다.

통일이 무력이나 흡수 방법으로 이루어지는 경우 정복되거나 흡수되는 쪽의 분단시대사는 대체로 그 역사성이 정당하게 인정되기 어렵고, 정복하거나 흡수한 쪽 역사의 일부분으로 부수될 가능성이 크기 때문이다. 그러나 지금은 남북을 막론하고 그 정권들까지도 무력통일과 흡수통일은 모두 부인하고 평화적·호혜적·남북 대등적 통일을 표방하고 있다. 그것은 분단국가의 역사성을 서로가 인정하겠다는 뜻이다. 남북 분단국가 시대사를 통틀어서 민족사적 차원에서 하나의 동등한 시대사로 인식하고 서술하는 방법론의 개발이 요청되지만, 그것에 앞서 두 분단국가 시대사의 역사성을 서로가 확실히 인정하는 일이 중요하다.

남북 분단국가의 역사성을 서로가 인정하고 나면 남북 사이의 이른바 정통성 경쟁은 필요하지 않게 된다. 지난 반세기를 통한 남북 분단국가들 사이의 정통성 경쟁은, 어느 쪽 집권 세력이 더 민족해방운동의 주역이었는가 하는 문제에서부터 시작하여, 어느 쪽이 국제적으로 승인을 더 많이 받는가를 겨루는 일, 최근에는 어느 쪽이 의미있는 유물과 유적을 더 많이 가지는가를 경쟁하는 일에까지 나아갔다. 그러나 정통성을 겨루는 일 자체가 무력통일·흡수통일 등 한쪽의 '우위 통일'을 지향하는 역사인식의 소산물이다. 대등통일론이 정착하는 경우 정통성 경쟁은 무의미해지게 마련이다. 쌍방의 역사성과 정통성이 모두 인정되기 때문이다.

그러나 문제가 그렇게 쉬운 것만은 아니다. 분단시대 50년을 통해 한반도의 남북에는 서로 대립관계에 있는 자본주의체제와 사회주의체제가 각각 성립·유지되어왔다. 그리고 이론적으로 또 역사적으로 이 두 체제는 공존하기보다 한쪽의 소멸을 전제로 하는 적대관계에 있었다. 그런데도 분단시대사 인식에서 두 체제의 역사성을 모두 인정하는 경우 역사학이 가치중립성 내지 몰가치성 및 몰시대성에 빠지는 결과를 가져올 우려가 있는 것이 사실이다. 그리고 이것은 한반도문제에 한정되는 것이 아니라, 21세기를 바라보는 시점에서의 세계사적 문제이기도 하다.

20세기를 넘기면서 세계사는 국가사회주의가 거의 몰락해가고 초국적자본이 크게 발달하면서 자본주의가 독주할 것처럼 보이고 있다. 그런가 하면 민족국가 사이의 벽이 낮아지면서 지역공동체들이 발달해가는 하나의 경향이 있는 한편, 소연방이 무너진 자리에 다시 '구식' 민족주의가 되살아나면서 분쟁이 벌어지고 있는 또 하나의 경향이 있다. 두 가지 경향 중 21세기 세계사에서는 지역공동체가 발달해가는 쪽이 주된 방향이 되지 않을까 하지만, 그것을 인간애와 평화주의와 역사의 발전 논리 등이 주도하지 못하고 초국적 자본이 이른바 자본의 논리로 주도해갈 가능성도 높아져가고 있는 것이 사실이다.

자본주의가 가진 최대의 반역사적 결함은, 그리고 영원히 떨쳐버리기 어려울 결함은 독점에 의한 자본의 편재화라 할 수 있다. 그리고 지난 두어 세기를 통해 자본주의가 그 결함을 약간이라도 자제하거나 희석시킬 수 있었던 것은 전적으로 사회주의의 도전이 있었기 때문이라 해도 과언이 아니다. 국가사회주의의 몰락으로 사회주의의 도전이 없어지다시피 됨으로써, 21세기에는 자본주의가 독주할 뿐만 아니라 그 체제가 영원무궁할 것처럼 생각하는 사고들도 생겨나고 있다.

그러나 사회주의와 같은 강력한 도전자를 잃은 자본주의가 오히려 자기모순을 급증시켜 그 생명을 의외로 단축시킬 수도 있을 것이다. 그런 경우가 오지 않는다 해도 인류의 역사가 발전하는 한 하나의 생산구조 내지 체제가 영원무궁할 수 없으며, 적어도 인류의 역사가 현시점에 오기까지 도출된 자본주의 극복 논리 및 대체 논리는 역시 사회주의 논리가 가장 앞서고 있음을 지적할 수 있다. 한반도지역의 평화적·대등적 통일이 이루어지고 난 후의 내부 체제 문제 역시 이후의 세계사적 발전 과정에서 이탈될 수 없음은 말할 나위가 없다.

왜 기어이 통일되어야 하는가

지구상에는 1민족 2국가의 경우도 많은데, 분단된 지 반세기나 되고 두 분단국가의 정치·경제·사회·문화 체제가 서로 다른데도 한반도는 왜 기어이 통일되어야 하는가 하는 물음도 있을 법하다. 이에 대한 대답으로는 우선 혈통과 언어가 같은 단일민족으로서 오랫동안 하나의 국가를 이루어 살아왔다는 점, 또 한반도 전체가 오랫동안 하나의 통치권력 아래 있어서 역사·문화 공동체를 이루어온 세월이 길기 때문에 분단되어 살 수 없다는 점, 같은 민족이면서도 분단되어 서로 대립·분쟁하기 때문에 모든 부문에서 민족적 역량이 소모되고 평화롭지 못하다는 점 등이 흔히 지적되어 왔다. 이 글에서는 다만 앞으로의 한반도지역과 동아시아 및 세계의 평화와 발전을 위해 한반도의 통일이 불가결하다는 쪽만을 생각해보기로 하자.

제2차 세계대전 후의 세계사 전체가 그러했지만, 소연방이 무너지기 전까지의 한반도를 중심으로 하는 동아시아 지역은 미·소의 대립구도 속에서 냉전이 계속되어왔다. 소연방이 무너지고 중국이 변화하고 한·중, 한·러 관계가 열리면서 흔히 동아시아에서도 냉전체제가 무너진 것으로 말한다. 그러나 한반도의 남북관계와 조미, 조일 관계의 정상화 없이는 냉전체제가 완전히 해소된 것은 아니다. 그러나 국가사회주의체제가 무너져가고 세계가 모두 자본주의 일색으로 되어가는 것 같은 상황에서는, 그리고 초국적 자본이 민족국가의 권위를 떨어뜨리고 그 벽을 낮추면서 세계를 지배해가는 상황에서는, 이제 동아시아에서도 과거 미·소의 대립과 같은 상황은 재현되지 않는다고 보는 견해도 있을 수 있다.

세계가 하나의 평화공동체로 되는 것이 인류사회 공동의 이상이지만, 초국적 자본이 그 이상을 달성시킬 수 있다고는 생각되지 않는다. 자본주의가 가진 영원히 떨쳐버릴 수 없는 업보의 하나가 경쟁임을 인정한다면, 21세기의 동아시아에서도 국가 사이의 경쟁과 대립은 있게 마련일 것이다. 한반도가 분단되어 있는 한 그 남반부와 미국과 일본을 한데 묶은 하나의 세력과, 러시아가 동아시아 문제에 본격적으로 개입하려 하기 전까지는 한반도의 북반부와 중국을 한데 묶은 또 하나의 세력이 동아시아에서 대립할 가능성을 배제할 수 없을 것이다. 자본주의와 사회주의가 대립하기 이전의 동아시아에도 한반도문제를 둘러싸고 대륙세력과 해양세력 사이의 대립은 있었다.

21세기의 동아시아에서 한반도 남반부와 미국·일본을 한데 묶은 세력과 그 북반부와 중국 및 나아가서 러시아를 한데 묶은 세력이 맞서게 되면 한반도지역의 평화적 통일이 어려워질 뿐만 아니라, 동아시아 전체가 20세기와 같이 두 세력의 대립구도 아래 놓이게 되어 평화롭지 못하게 될 가능성이 높다. 한반도의 남북이 평화롭고 대등하게 통일되어 중국·러시아 등 대륙세력과 일본·미국 등 해양세력 사이에서 독자적 제3의 세력으로서의 위치를 확실히 할 수 있을 때, 그 지정학적 위치를 이점으로 살려 두 세력의 맞부딪침을 완화시키는 완충지대의 역할을 다할 수 있을 것이다.

식민지로 되기 전, 그리고 분단이 되기 전에 한반도지역 주민들은 이런 역할을 수행할 만한 역량을 갖추지 못했고, 이 때문에 그들은 식민지 백성이 되었고 분단민족이 되었다고 할 수 있다. 그러나 지금의 젊은 세대가 중심이 될 21세기의 한반도 주민들은 이 역할을 다함으로써 민족의 통일을 이루고, 나아가서 동아시아의 평화를 받치는 지렛대 역할을 할 수 있을 것이다.

21세기의 세계사가 다행히도 민족국가 사이의 대립이 심화하는 방향으로 가지 않고 평화로운 지역공동체를 이루어가는 쪽으로 나아가는 경우, 한반도를 중심으로 하는 동아시아 지역도 과거와 같이 대륙세와 해양세가 대립하는 구도로 가지 않고, 한반도와 중국 및 일본이 중심이 되어 하나의 평화로운 지역공동체를 이루어갈 수 있을 것이다. 그리고 이 공동체는 유교문화권이라는 역사적 공통성을 바탕으로 한 위에 일본이 가진 고도의 기술과 탄탄한 자본력, 중국이 가진 풍부한 자원과 인력, 그리고 지리적으로나 경제·기술적 수준에서 두 지역을 연결하는 중간적 위치에 있는 한반도지역이 조화를 이룸으로써 21세기 세계사에서 어느 지역공동체보다도 큰 영향력을 행사할 수 있을 것이다.

그러나 이 동아시아 공동체도 한반도지역이 분단상태로 있는 상황에서는 성립되기 어려울 것이다. 동아시아 공동체가 봉건적 위계질서에 의한 중화주의 공동체나 침략주의 맹주제에 의한 대동아공영권이 아니라, 구성국가들이 동등한 위치에서 성립되는 공동체여야 함은 말할 나위가 없다. 한반도지역의 두 분단국가가 통일되지 않고 각각 중국과 일본의 영향권을 벗어나지 못한 채 동아시아 공동체 속에 포함되는 것은, 그래서 가령 4개국 공동체가 되는 것은 현실적으로 불가능한 일이며, 설령 가능하다 해도 그 공동체의 균형을 유지하는 데 바람직하지 못하다. 한반도지역이 평화롭게 통일되어 일단 통일민족국가를 이룬 후 이 공동체의 일원으로 되는 길이, 한반도 전체 주민들을 위해서나 공동체 자체를 위해 바람직한 일일 것이다.

요컨대 21세기를 바라보는 시점에서 한반도지역의 주민들이 단일민족이라거나 하나의 국가체제 속에서 같이 살아온 역사가 길다거나 하는 식으로 과거에 연유해서 그 지역의 평화통일이 불가결하다는 것만이 아니다. 앞으로 동아시아국가들이 불행하게도 서로 대립하는 구도로 가는 경우이건 다행히도 평화로운 지역공동체를 이루어가는 경우이건, 그 전제조건으로, 다시 말하면 미래지향적 의미에서 한반도지역의 평화로운 통일이 불가결하다는 말이다. 이는 한반도의 통일이 그만큼 민족사적 당위성뿐만 아니라 좁게는 동아시아사적 넓게는 세계사적 당위성을 가지고 있다는 말도 된다.

어떤 통일이 바람직한가

분단된 쌍방의 국토 면적이나 인구에서 너무 차이가 큰 중국과 대만의 경우를 잠깐 예외로 두면, 제2차 세계대전 후 분단되었던 민족사회 중 한 곳은 무력통일을 했고(베트남), 또 한 곳은 이른바 흡수통일을 해서(독일), 이제 한반도만 분단 상태로 남았다. 그리고 한반도지역은 두 분단국가 정권들까지도 무력통일은 말할 것도 없고 흡수통일도 하지 않겠다고 공언하고 있다. 그러나 이런 공언에도 불구하고 특히 남쪽의 일각에서는 북쪽에 두고 온 재산 문제까지 연관되어 결국 흡수통일의 길밖에 없지 않겠는가 하고 '기대'를 걸고 있는 경우도 없는 것은 아니다. 먼저 흡수통일을 해서는 안 된다는 점부터 생각해보자.

흡수통일이 바람직하지 않은 이유로 흔히 엄청난 통일비용 문제를 거론하는 경우가 많다. 한쪽이 갑자기 무너져서 일시에 많은 통일비용이 필요한데도 민족 내부에서의 조달이 불가능한 경우 유입될 가능성이 제일 높은 것은 일본 자본일 것이다. 이 경우 통일된 한반도지역 전체가 일본의 경제권 안에 포함될 가능성이 높아질 것이라는 전망이다. 그 문제도 충분히 고려되어야 할 일이지만 그뿐만이 아니다. 통일비용만 조달될 수 있으면 흡수통일을 해도 좋다는 말인가 하는 반문도 있을 수 있다.

민족의 다른 한쪽을 사실상 정복하는 것과 다름없는 무력통일의 변형인 흡수통일은 대등통일이 아니라 한쪽에 의한 '우위' 통일이다. 따라서 옳은 의미의 평화통일이 될 수 없음은 말할 것도 없다. 독일 통일을 한일'합방'에 비유한 학자가 있었지만, 민족상잔을 겪지 않았으면서도 흡수통일 후의 독일에서 극우세력이 극성한 사실도 하나의 좋은 교훈이 될 수 있을 것이다.

민족 내부적 조건에서만 흡수통일이 바람직하지 않은 것이 아니다. 한반도의 통일문제는 아직도 그곳을 둘러싼 국제세력들의 역관계와 깊이 연결되어 있어서 흡수통일이 바람직하지 않다는 점도 간과할 수 없다. 앞에서 6·25는 한·미 연합세력이나 조·중 연합세력에 의해 한반도 전체가 통일될 수 없음을 극명하게 증명한 전쟁이라 말했다. 이데올로기적 대립이 크게 약화된 지금도 북쪽이 갑자기 무너지면서 한·미·일 연합세가 압록강과 두만강까지를 그 세력권 속에 넣게 되는 통일을 중국은 물론 러시아까지도 좌시하겠는가 하는 문제가 있다. 그리고 그런 통일이 이루어진 결과 동아시아 전체가 과연 평화를 유지할 수 있겠는가 하는 문제도 있다. 그것은 가령 조·중·러 연합세가 부산과 제주도까지를 그 세력권 속에 넣으려 할 때 일본과 미국이 좌시하겠는가, 그 이후 동아시아의 평화가 유지될 수 있겠는가 하는 문제와도 다를 것 없다.

흡수통일이 바람직하지 않다고 생각되는 한편, 그동안 다행히도 평화통일 및 남북 대등통일의 방법론은 계속 개발되어왔고 또 실제로 진전되어왔음을 확인할 수 있다. 1972년의 '7·4공동성명'에서 남북 분단 국가권력들은 처음으로 평화적으로 통일할 것에 합의하고 이를 극적으로 발표했다. 그러나 한반도에 현존하는 두 개의 국가권력이 어떤 방법에 의해 평화적으로 하나로 될 수 있을 것인가에 대한 구체적인 방법을 제시하지 못한 채 남북 교섭 자체가 곧 중단되었다. 그러다가 1980년대로 들어오면서 평화통일의 구체적 방안이 남북에서 각각 제시되었다. 북에서 먼저 제시한 연방제 통일안과 이에 대응하여 남에서 제기한 남북 연합 및 국가 연합 통일 방안이 그것이다.

남쪽에서 제시한 남북 연합 및 국가 연합 통일 방안이 상당한 기간 남북의 2국가 2정부 2체제를 그냥 둔 채 서서히 통일해가는 방법이라면, 북쪽에서 제시한 연방제 통일안은 국가는 1국가로 하고 2정부 2체제를 상당한 기간까지 그냥 존속시키면서 그것을 통일의 한 단계로 간주하는 방안이라 할 수 있다. 쉽게 말해서 국호와 국기만이라도 바로 하나로 하는 1국가로 할 것인가, 상당한 기간까지 국호와 국기를 둘로 두는 2국가로 할 것인가 하는 차이가 있지만, 남북에 각각 실재하는 2정부 2체제를 상당한 기간 그대로 둔 채 서서히 통일해가자는 점에는 일단 합의한 것이다. 국가와 정부를 따로 떼어서 통일방안을 구상했다는 점에 묘미가 있다고 할 수 있다.

베트남식의 무력통일도 아니고 독일식의 흡수통일도 아닌 한반도식 제3의 통일방식, 즉 남북이 평화적이고 호혜적이며 대등한 처지에서 서서히 통일해가는 방안에 합의했고, 그 합의가 가능했기 때문에 그것을 바탕으로 하여 마침내 남북 두 분단국가 권력 사이에 「화해와 불가침 및 교류·협력에 관한 합의서」가 교환될 수 있었다. '7·4공동성명'에서 원칙만 합의되었던 평화통일론이 꼭 20년 후에 교환된 「합의서」를 통해 구체화했다고 보면, 평화통일론이 정착하기가 그만큼 어려웠음을 알 수 있다. 그러나 그 때문에 합의서 교환이야말로 진정한 의미의 통일을 위한 출발점이라 할 수 있다. 또한 합의서 교환 이후의 통일문제 진전은 무어라 해도 합의서를 충실히 이행하는 데 있다고 할 수밖에 없다.

「합의서」가 교환된 후 남북 정상회담이 순조롭게 합의된 것은 합의서 이행을 진전시킬 결정적 계기를 마련한 것이었다. 안타깝게도 한쪽 정상이 갑자기 사망하고 그것에 따르는 조문문제, 그리고 돌출한 핵문제 등으로 한 차례 역풍이 불면서 합의서 이행이 한때 지연되었다. 그러나 이제 핵문제가 풀리면서 다시 남북관계의 진전을 전망할 수 있게 되었지만, 지금의 시점에서도 합의서의 충실한 이행만이 바람직한 통일을 앞당기는 길임에는 변함이 없다.

1970, 80년대를 통해 줄기차게 추진된 민간통일운동이야말로 통일문제를 지금의 수준에까지 진전시키고 합의서를 성립시킨 원동력이었다. 합의서 교환 후 곧 이른바 문민정부가 성립되면서 민간통일운동은 그 방법과 방향을 잃은 것처럼 보이기도 한다. 그러나 앞으로의 민간통일운동은 합의서의 이행을 강력히 촉구하는 쪽에서 그 방향의 하나를 찾을 수 있을 것이다.

역사의 방향성 있는 발전을 믿는 사람만이 낙관주의자가 될 수 있다고 생각하지만, 어떤 의미에서는 「합의서」의 교환으로 통일은 이미 시작되었다고 할 수 있다. 일진일퇴가 거듭되면서도 전체적으로 보면 합의서의 내용은 차츰 현실화해갈 것이다. 그러나 완전한 화합과 합의에 의한 1민족 1국가 1정부 1체제의 통일은, 식민지시대를 살았고 6·25를 기억하는 지금의 기성세대가 민족사의 현장에서 모두 물러나고, 그것이 기억 속에 없는 젊은 세대가 민족사의 완전한 주인이 되는 시점에서나 가능할 것이라 생각해본다. (1995년 3월)

통일문제를 축으로 본 한국현대사의 전개

한국현대사 인식의 문제점

제2차 세계대전 이후 한반도지역의 역사, 즉 한국현대사의 전개과정을 개관하거나 이해하는 데에 있어서 먼저 부딪히는 문제는, '한국'의 범위를 38도선 내지 휴전선 이남만을 대상으로 할 것인가, 아니면 '코리아'란 명칭이 흔히 가리키는 한반도지역 전체를 대상으로 할 것인가 하는 문제가 있다. 대한민국의 약칭이라 할 수 있을 '한국'을 그 현실적 통치 범위에만 한정하여 인식할 것인가, 아니면 한반도지역 전체로 확대하여 인식할 것인가 하는 문제에는, 그 인식 주체의 우리 현대사를 보는 입장과 나아가서 그 민족문제 인식의 입지까지 포함되어 있는 것이라 말할 수 있다.

1945년 8월 이후의 한반도지역을 역사적 차원에서 인식하면서 38도선과 휴전선을 경계로 하여 그 이남이나 이북의 어느 한쪽에만 중심을 둘 때 그 역사인식은 분단국가주의적 인식에 한정된 것이라 말할 수 있다. 민족사회 안에 같은 시기에 대립적으로 그리고 경쟁적으로 성립되어 있는 두 개의 분단국가 중 어느 하나의 입장에 확실히 서서, 그 분단 국가의 다른 쪽 분단국가에 대한 배타적 권위와 권력의 최고성 등을 경쟁적으로 강조하고, 그 분단국가의 이익과 발전을 다른 쪽 분단국가의 그것에 대해 대립적으로 또 경쟁적으로 추구하면서, 다른 한쪽 분단국 가에 대한 이른바 흡수통일이나 우위적(優位的) 병합을 민족통일의 방법론으로 인식하는 경우, 그것은 분명히 '분단국가주의'적 역사인식에 한정되었다고 할 수 있다.

이와는 반대로 1945년 8월 이후의 한반도지역을 역사적으로 인식하면서 38도선과 휴전선을 경계로 한 남북 사이의 정치·경제·사회·문화적 차별성과 대립성과 경쟁성을 넘어서서 한반도지역 전체를 하나의 역사단위로 인식하고, 남북 전체 주민의 이익과 발전을 다같이 추구하는 경우, 그것을 '통일민족주의'적 역사인식이라 말할 수 있을 것이다. 이 경우의 '민족주의'는 민족 내부 문제의 평화적 해결을 위한 이데올로기에 한정될 뿐, 그 부정적 부분으로서의 타민족에 대한 혹은 다른 분단국가에 대한 배타성·폐쇄성·대립성 등은 배제되어야 함은 더 말할 나위가 없다. 그리고 통일민족주의적 입장에 서는 경우 그 역사인식은 남북한 전체의 역사를 하나의 단위로 하여 민족의 현대사로 인식하지 않을 수 없게 되며, 민족통일의 방법론 역시 평화적·호혜적·대등적 통일론이 되지 않을 수 없게 된다.

1945년 8월 이후의 우리 역사를 우리가 말하는 통일민족주의적 처지에서 인식하고 또 서술해야 한다고 생각하지만, 아직은 그 성과가 미미하다고 하지 않을 수 없다. 1945년 8월 이후의 한반도 역사, 즉 남북 두 분단국가의 역사를 각각 따로 인식하거나 서술하지 않고 통일된 하나의 민족사로 인식하고 서술한 경우가 아직은 없을 뿐만 아니라, 하나의 역사로 인식하려는 관점도 아직은 거의 성립되지 않았다고 할 수 있다.

남한의 경우 '한국' 현대사는 대부분 남한의 역사만을 서술하고 있으며, 거기에 '북한사'를 따로 첨가하는 경우가 있으나 이 경우도 8·15 이후의 우리 민족사 전체를 하나의 역사로 본 경우는 아니다. 이 글에서는 우리의 현대사가 '남한 현대사'에 한정되지 않고, '전체 한반도지역의 현대사'가 되어야 함을 생각하면서, 그 하나의 방법으로 아직은 설익었지만 통일문제를 축으로 하여 우리 현대사의 전개과정을 어떻게 인식할 수 있을 것인가 하는 문제에 초점을 맞추어보려 한다.

8·15 이후 한반도지역의 역사는 대체적으로 말해서 그 분단이 고착화되기 이전까지의 역사, 즉 1945년 38도선의 획정과 1948년 분단국가들의 성립, 그리고 1950년 6·25전쟁 발발과 1953년 휴전 성립 과정까지는 어느정도 남북의 역사를 하나의 역사로 인식할 수 있고 또 서술할 수 있다고 생각한다. 그러나 분단고착화 과정이라 할 수 있을 6·25 이후에는 하나의 역사로 인식되거나 엮어질 수 있는 요인이 적어지는 것도 사실이다. 그런데도 불구하고 6·25 이후의 남북한 역사도 통일문제를 중심축으로 하여 어느정도 체계를 갖춘 하나의 역사로 인식되고 또 서술될 수 있지 않을까 하는 것이다.

민족통일문제와 이승만, 장면정권

분단국가 정권으로서의 이승만정권은 식민지배에서 벗어난 후의 남북을 통한 민족사회에 처음으로 성립된 정권이면서도, 민족해방운동 세력에 의해 성립된 정권이 아닐 뿐만 아니라 그 지지를 받으면서 성립된 정권도 아니었다. 이 때문에 성립 당초부터 그 정통성에 취약점을 가지지 않을 수 없었다. 이승만 개인의 경우 넓은 의미로 말해서 민족해방운동전선의 일원이라 할 수 있었으나, 그 정권의 하부구조는 말할 것도 없고 그 핵심 부분도 민족해방운동 세력과는 거리가 멀 뿐만 아니라 오히려 반민족적 세력이 온존한 정권이 되었다. 그 때문에 민족해방운동 전선의 좌익전선은 말할 것도 없고 임시정부계 중심의 비타협적 우익 세력에게서도 지지를 받지 못한 정권이 되고 말았다.

민족사적 정통성에 취약점을 가지고 성립된 이승만정권은 특히 민족해방운동의 좌익전선 연합으로 성립되었음을 표방한 북한정권과의 정통성 경쟁에 몰리면서 그 대응책으로 일본제국주의가 채택했던 강력한 반공주의를 계승하지 않을 수 없었다. 어처구니없게도 그 반공주의를 민족주의로 분장하면서 '반공적 민족주의'의 강화에서 정통성의 취약점을 보전하려 한 것이다. 그럼에도 불구하고 6·25 직전에 실시된 제2차 총선거에서는 평화통일 세력이라 할 수 있을 이른바 중도세력이 크게 진출하여 그 정권을 위협했고, 6·25 도중 강압적으로 통과시킨 직선제 '발췌' 개헌에 의해 겨우 정권을 유지할 수 있었다.

정통성에 취약점을 가지고 성립된 이승만정권이 유지되기 위해서는 반공주의가 강화되지 않을 수 없는 한편, 자연히 민주성을 잃고 독재체제로 나아가지 않을 수 없었다. 6·25의 발발로 반공주의의 '정당성'을 확보한 이승만정권은 전쟁 중에 이미 독재체제를 강화해갔고, 휴전 성립 후에는 계속 그 정도를 높여만 가다가 결국 4·19민주·통일운동의 폭발을 자초했다. 그러나 불행하게도 4·19의 주체가 정권을 담당할 조건은 못 되었다. 결국 야당의 장면정권이 성립되었으나 이 정권 역시 이승만정권에 못지않게 친일성이 강한, 다시 말하면 민족적 정통성이 취약한 정권이었다. 따라서 식민지배에서 벗어난 사회의 민족적 정통성을 회복하기에는 부적당한 정권이었다.

장면정권 역시 역사적 정통성이 취약한 정권이었기 때문에 반공주의의 울타리를 넘어설 수 없었을 뿐만 아니라, 민족의 평화적 통일문제에서 수동적인 정권이 될 수밖에 없었다. 민족해방운동과 관련하여 정통성이 취약했던 한민당 세력 및 그것과 결탁한 이승만 세력이 '해방공간'에서 통일민족국가 수립 노선에 소극적이었다가 결국 분단국가 수립 노선으로 나아간 데 비해, 같은 우익세력이면서도 민족해방운동 과정의 정통성에서 상대적으로 강점을 가졌던 김구, 김규식 세력은 '해방공간'에서의 통일민족국가 수립 노선에 적극적일 수 있었다는 사실에서 역사적 정통성과 통일문제의 상관관계를 가늠해볼 수 있다.

정통성에 취약한 장면정권 역시 이승만 독재정권이 붕괴한 4·19 후의 조건에서도 평화적 민족통일 문제에 능동적·전향적으로 대처하지 못하고, 이승만정권식 유엔 의존의 통일 방안에서 조금도 벗어나지 못했다. 이 때문에 통일문제의 주도권은 혁신계 정치세력과 4·19 주체로서의 청년 및 학생층이 담당하게 되었고, 그것이 민족적 정통성에 취약한 반평화통일 세력에 의해 '혼란'과 '위기'로 강조되면서 박정희가 주도한 군사쿠데타의 중요한 구실의 하나가 되었다. 그러나 사실은 장면정권이 정통성의 취약성 때문에 적절히 대처하지 못한 데 문제가 있었을 뿐, 이승만 독재체제를 무너뜨린 후의 민주·민족운동으로서의 4·19 운동이 독재정권을 무너뜨린 후 바로 평화적 민족통일운동으로 전환된 것은 극히 자연스러운 일이었다.

박정희정권의 성격과 민족통일문제

이승만정권과 장면정권이 주로 일제식민지시대의 경찰·행정 관료를 기반으로 하여 성립된 정권이었던 데 비해, 박정희정권은 구일본 군부 출신을 중심으로 성립된 정권이었다. 박정희정권의 핵심을 이룬 구일본군 출신이란 어떤 사람들이었는가를 한층 더 정확하게 이해하기 위해 먼저 식민지 조선인들이 구일본 군인이 된 경우를 좀더 구체적으로 분석해볼 필요가 있다. 일본제국주의의 침략전쟁 막바지에 실시된 법제적 강제동원으로서의 징병제의 경우를 제외하고, 식민지시기 조선인이 명목상으로나마 자발적으로 일본 군인이 된 경우는 크게 두 가지가 있었다.

첫째 경우는 친일파의 자손이나 식민지배 아래서의 '입신양명'을 바라는 중등학교 과정 이상을 이수한 지식층 청년들이 일본의 육군사관학교나 그 괴뢰 만주국의 군관학교로 진학하여 일본군 및 만주군의 장교가 된 경우였다. 둘째는 일반 청년이나 전문·대학생으로서 지원병이 된 경우였다. 둘째 경우 중 일반 지원병은 가난에 시달린 농촌 청년들이 '살 길'을 찾아 지원한 경우도 있었고, 친일파나 '유지(有志)'의 자손이 일본 제국에 충성하기 위해 지원한 경우도 있었다. 학도병의 경우도 강제 지원이 많았지만 자발적 지원이 없었던 것은 아니었다. 이는 입대 후 간부후보생에 지원하여 장교가 된 경우와 그렇지 않은 경우를 가지고 구별할 수 있을 것이다.

박정희정권 18년간 권력의 핵심에 자리했던 군부 출신 요인들이 구일본군이 된 동기와 경위를 밝히는 연구작업이 이루어질 만하다. 그 대부분이 자발적으로 일본 사관학교나 만주 군관학교에 입학한 경우, 일반 지원병 출신이지만 어느정도의 학력이 있어 해방 후 한국군의 장교가 될 수 있었던 경우, 학도병으로 입대하여 장교가 된 경우 등이라 할 수 있다. 따라서 그들이 일본군이 된 경위는 거의 자발적이라 할 수 있으며, 이 점에서 만주 군관학교와 일본 육군사관학교를 졸업한 박정희를 정점으로 하여 성립된 박정권은 철저한 친일세력 정권이었다.

민족적 정통성이 약한 친일세력 정권일수록 민족의 평화통일 문제에 소극적이거나 오히려 반통일적이라 말했지만, 박정희정권도 이 점에서는 앞 정권들과 전혀 다를 바 없었다. 구일본군 장교였다가 '해방공간'에서 좌익 진영에 속했던 전력(前歷)이 집권 과정에서 보수세력과 미국 쪽에 의해 저지 요인이 될 것을 예방하기 위해 반공을 국시로 내세운 쿠데타를 통해 집권한 박정권은, 무엇보다 먼저 평화통일론을 북한의 '간접 침략'으로 몰면서 '4·19공간'에서 표출된 평화통일 세력을 철저히 탄압했다. '해방공간'을 통해 성립되었던 통일민족국가 수립운동 세력이 이승만정권 성립과 6·25 과정을 통해 철저히 분쇄된 것과 같이, '4·19 공간'을 통해 형성된 평화통일 세력이 다시 박정희정권 성립 과정을 통해 큰 타격을 받게 된 것이다.

　구일본군 출신 중심으로 구성되어 민족적 정통성에 취약점을 가졌던 박정희정권도 그것을 감추는 방법의 하나로 여전히 반공주의의 강도를 높이는 한편, 그 군사 독재성을 호도하고 또 북한정권과의 정통성 경쟁에 맞서기 위해 외채에 의한 경제개발을 앞세우면서, 그 논리로 '조국 근대화론' '한국적 민주주의론' '민족주체성론' 등을 표방했다. 그리고 박정희는 군복을 벗고 '민간인'으로 탈바꿈한 후 억지 개헌을 거쳐 대통령에 3선되었다. 그러나 1970년대로 들어서면서 국내외 정세는 박정권에 크게 불리한 쪽으로 변해가고 있었다.

　대내적으로는 반군사 독재세력이 크게 성장하여 정권을 위협함으로써 3선 후의 집권 연장책, 가령 '4선 개헌' 같은 것은 엄두도 낼 수 없게 되었다. 대외적으로는 미·소, 미·중 화해가 이루어져서 남북 대결구도 아래서의 군사독재정권의 유지 가능성을 약화시키는 한편, 닉슨 독트린에 의한 미국의 '두 개의 한국 정책'이 자리 잡아가고, 유엔에서는 제3세력이 급격히 진출하여 미국의 의도대로 움직이기 어렵게 되어갔다.

미국을 중심으로 하는 유엔 감시 아래 총선거안에 의한 대북정책 내지 통일원칙에만 안주할 수 없게 된 것이다.

통일문제 위에서의 '7·4남북공동성명'

4·19 후 분출된 평화통일에 대한 민족적 여망이 바닥에 깔려 있는 가운데, 북쪽 정권이 중·소분쟁에 대처해야 하는 변수가 있었고, 또 남북정권이 모두 미·소, 미·중 화해정책에 대응할 필요가 있었다. 그리고 이같은 남북 사이의 일시적 이해관계의 합치로 인해 '7·4남북공동성명'이 발표되었다. 북쪽의 경우 분단국가 성립 이후 유엔과 연관되지 않은 평화통일론을 표방하기도 했으나, 남한의 경우 유엔 이탈의 평화통일론이 비로소 정부 정책으로 제시되는 계기가 되었다는 점에서 '7·4남북공동성명'이 가지는 통일론 위에서의 위치는 크다고 할 수 있다.

그러나 '7·4남북공동성명'은 민족통일문제에 합의한 성명이면서도 통일문제에서의 효력은 곧 소멸된 반면, 그 실제적 효용성은 남북을 막론하고 각기 대내 문제에서 더 크게 적용되었다. 박정희정권의 경우 이 공동성명이 영구집권체제로서의 '유신'체제로 전환하는 하나의 계기로 이용되었고, 김일성정권의 경우 유일체제 강화를 위한 사회주의 헌법 제정의 계기가 되었음은 이미 알려진 일이다. 분단 이후 남북정권 당국에 의해 합의된 최초의 평화통일안은 이렇게 한때의 정치적 이용물이 되고 말았다.

박정희정권에는 '7·4남북공동성명' 자체가 '유신'체제로의 전환을 위한 하나의 '이용물'에 지나지 않은 것이었지만, 이 성명이 발표되지 않으면 안 되었던 1970년대 전반기의 남북 각 정권이 처했던 역사적 조건 그 자체가 우리 현대사를 하나의 역사로 인식하고 서술하게 하는 근거가 될 수 있을 것이다. 그러나 '7·4남북공동성명' 그 자체는 평화적·주체적 민족통일을 표방했으면서도, 그 구체적 방안을 전혀 제시하지 못한 것이 사실이었다. 그렇지만 이 공동성명은 분단 이후 남북의 정권 당국이 처음으로 유엔과 같은 외부 세력의 개입이 없이 민족주체적 통일과 평화통일 원칙에 합의했다는 점에서, 우리 남북 현대사를 하나의 역사로 인식하거나 서술하는 데 중요한 자리를 차지할 수 있다.

그러면서도 '7·4남북공동성명'은 남북에 현존하는 두 개의 정권이 어떤 방법으로 평화롭게 하나로 될 수 있을 것인가 하는 구체적인 방안을 제대로 제시하지 못한 채 그 생명이 다하고 말았다. 실현성이 없는 일이지만, 예를 들면 남북에 현존하는 두 개의 정권을 평화롭게 하나로 만들기 위해 그중의 어느 하나가 양보하고 고스란히 물러남으로써, 남은 정권이 남북 전체를 통치하게 한다든가, 아니면 남북에 현존하는 두 개의 정권이 협력하여 제3의 정치세력을 양성하여 그것에 정권을 넘겨주고 현존의 두 정권이 함께 물러난다든가 하는 따위의 구체적인 방안이 제시되지 않았다는 말이다.

'7·4남북공동성명'은 조국을 평화적으로 그리고 외세의 개입 없이 주체적으로 통일해야 한다는 원칙에 합의하고, 그 후속 방법을 마련하기 위해 남북조절위원회를 구성했으나, 곧 공동성명 자체가 거의 휴지화되고, 남쪽의 경우 1970년대 전체를 박정희 영구집권 체제로서의 '유신' 체제 아래서 보내게 되었다.

'유신'체제의 특징은 3권을 거의 장악한 임기 6년제 대통령의 통일주체국민회의 간접선거, 국회의원 3분의 1에 대한 대통령 추천과 통일주체국민회의 간접선거, 국회에서의 국정감사권 박탈과 연간 150일로의 회기 제한, 대통령의 법관 임명권 보유, 위헌 판결권의 대법원에서 헌법

위원회로의 귀속, 국민투표에 의한 중요 정책 합법화, 노동 3권에 대한 제도적 제약, 긴급조치권 설정, 구속적부심제 폐지 등등으로 요약될 수 있다.

이승만 독재체제가 제도화되지 않은 불법과 폭력 및 선거 부정 등을 통해 성립되고 또 유지된 데 비해 박정희정권의 '유신'체제는 제도화한 독재체제였다. 그러나 두 독재체제가 모두 민족사적 정통성에 결함이 있는 정치세력의 반공주의 강화를 바탕으로 한 반평화통일 세력 중심 독재체제였다는 점에서는 다를 바 없다. 반민주독재정권은 민족문제에서도 반평화통일 노선에 서게 마련이며, 이 점에서 이 정권과 박정권은 같은 궤도 위에 있었다. 따라서 '7·4남북공동성명'이 정략적으로 이용된 후의 1970년대에는 평화통일문제에서의 진전이 전혀 있을 수 없었다.

통일문제와 전두환·노태우 정권

1970년대의 후반기로 오면서 부마항쟁 등 박정희 '유신'체제에 저항하는 민중운동이 계속되었으나, 4·19와 같은 민중의 직접 항쟁에 의해 '유신'체제가 무너지지 못하고, 권력 핵심부의 암투에 의해 박정희가 암살당하자 무너졌다. 이후 약 1년간 문민정권이 성립될 것인가 아니면 다시 군부정권이 성립될 것인가를 가늠하기 어려운 상황이 계속되다가, 결국 12·12와 5·17 계엄 확대 등의 폭력적·불법적 과정을 거쳐 전두환을 중심으로 하는 이른바 신군부정권이 성립되었다.

전두환정권은 이승만에서 박정희에 이르는 역대 정권과 같이 그 권력의 핵심세력이 식민지시대부터의 친일세력이었거나, 그 때문에 정권의 민족사적 정통성에 결함이나 취약성이 있는 것은 아니었다. 그 대신 전두환정권은 핵심세력이 박정희 '유신'독재를 밑받침한 '정치군인' 세력이었을 뿐만 아니라, 그 집권 과정이 불법적이고 비민주적이어서 역시 정통성에 큰 결함을 가진 정권이었다. 따라서 반공주의·반북주의·대북 대결주의에서는 민족사적 정통성에서 결함을 가진 선행 정권들과 다를 바 없었다. 그런데도 불구하고 1980년대에는 민족통일문제에서 적어도 그 방법론상에서는 일정한 국면 전환의 시기였다고 할 수 있다.

앞에서도 말했지만 '7·4남북공동성명'이 남북에 현존하는 두 개의 정권을 어떻게 평화적으로 하나로 만들 수 있을 것인가 하는 구체적인 방안을 제시하지는 못했었다. 그러나 1980년대에는 남북에 현존하는 두 정권을 서로 인정하고 상당한 기간 그대로 두면서 평화적으로 통일해가려는 방안들이 강구되기 시작했다. 1970년대부터 일부 연방제 통일안을 제시했던 북쪽에서, 1980년대에 와서 다시 상대방에 존재하는 사상과 제도를 그대로 인정하는 위에서 남북이 동등하게 참가하는 민족통일정부를 수립하고, 현존의 남북 두 정부를 그 밑의 지역자치 정부로 인정하자는 고려민주연방공화국 창설안을 적극적으로 제시한 것이다.

남쪽의 전두환정권은 일단 이 안에 반대하면서 '통일헌법' 제정안으로 맞섰다. 그러면서도 호혜평등 원칙에 입각한 상호관계 유지, 각기 체결한 국제조약 및 협정 존중 등을 내세워 통일에 이르는 과정으로서의 두 개의 정부 및 체제의 존재를 인정하는 방안을 제시하기에 이르렀다. '민족화합 민주통일방안'이 그것이다. 전두환정권기의 통일문제의 방법론적 진전 내지 합의는 여기에 머물렀으나, 일단은 직선제 선거를 거쳐 성립된 노태우정권기에는 통일방법론에서도 또다른 일단의 진전이 있었다.

북쪽의 '연방제'안이 1민족 1국가 2정부 2체제안 통일방안인 데 대해, 노태우정권 시기 남쪽의 야당 쪽에서는 1민족 2국가 2정부 2체제안이라 할 수 있을 '국가연합'안을 제시함으로써 2정부 2체제안에 한정하는 경우 일단 남북 사이의 합의가 도출되어갔고, 남쪽의 정부 쪽에서도 마침내 "남과 북이 각자의 외교·군사력 등을 보유한 주권국가로 남지만, 그렇다고 하여 한반도가 두 개의 국가로 분열되는 것은 아니다"고 한 '남북연합' 안을 '한민족공동체 통일방안'이라는 이름으로 내놓았다.

남쪽의 경우 야당 쪽에서 말하는 '국가연합'안과 정부 쪽에서 말하는 '남북연합'안 사이에 구체적으로 어떤 차이가 있는가 하는 문제가 있지만, 어떻든 1민족 2국가 2정부 2체제안이라는 점에서는 큰 차이가 없는 것 같다. 그리고 거시적으로 보면 북쪽의 '연방제'안과 남쪽의 '남북연합'안 및 '국가연합'안 사이에 1국가냐 2국가냐 하는 점에는 일단 차이가 있다 해도 2정부 2체제안에서는 남쪽과 북쪽의 안이 서로 일치하고 있음을 볼 수 있다.

그리고 북쪽의 1국가 2정부 2체제안이 통일의 완결 형태를 말하는 것인가, 아니면 1민족 1국가 1정부 1체제의 통일로 가는 과정의 하나인가 하는 문제가 있으나, 후자의 경우라면 남북의 통일안 사이에 있는 1국가안과 2국가안의 차이는 시간상의 차이에 지나지 않으며, 본질적으로는 남북의 통일안이 방법론상에서 일단 합의에 도달한 것이라 할 수 있다. 1980년대의 이같은 남북 사이의 2정부 2체제안에 의한 통일방안의 부분적 합의는 1990년대로 들어서면서 더 큰 합의를 도출하는 근거가 되었다.

민족통일의 대헌장 「남북합의서」

반세기를 넘어서게 된 분단시대의 민족사적 최고 지도원리가 민족의 재통일이라 해도, 그리고 비록 평화적인 방법이라 해도 결국 두 분단국가 권력 중 어느 하나가 소멸되어야 하는 통일을 남북의 집권세력이 합의하기는 어려운 일이었다. 그런데도 남쪽의 경우 분단시대 이래 특히 1970, 80년대를 통해 민중세력의 비흡수 평화통일운동이 줄기차게 추진되었다. 그 결과 분단국가 권력들 중 어느 하나가 일시에 소멸되는 방법이 아니라, 상당한 기간 두 권력이 함께 존속하면서 서서히 통일을 추진해가는 방법이 고안되었고, 남북 두 정권이 그것에 합의하게 된 것이다. 1991년 「남북 사이의 화해와 불가침 및 교류·협력에 관한 합의서」 (「남북합의서」)의 체결이 그 결실이라 할 수 있다.

사실 분단국가들의 집권세력과 그 주변세력은 남북 두 개의 권력이 상당 기간 공존하면서 서서히 이루어가는 통일보다, 상대 권력이 하루아침에 무너지는 흡수통일이나 아니면 일정한 시간을 두고 이루어진다 해도 자기 권력이 우위(優位)에 서는 통일을 기도하게 마련이라 할 수 있다. 그런데도 제2차 세계대전 후 분단된 몇 민족사회가 통일된 사례, 구체적으로 베트남식 무력통일이나 독일식 흡수통일 방법이 한반도에서는 그대로 적용될 수 없다는 것이 당연한 일처럼 되었다. 그 때문에 남북의 어느 정권도 적어도 겉으로는 무력통일이나 흡수통일을 공공연하게 표방할 수 없게 되었다.

이와 같은 '역사적 추세'가 결국 남북 분단 정권 당국자들로 하여금 적어도 겉으로는 상대방 권력이 하루아침에 붕괴하기를 기대하지 못하게 했고, 그것이 「남북합의서」의 체결로 연결된 것이라 할 수 있다. 만약 남북의 분단국가 정권들이 서로 상대 정권이 하루아침에 무너지는 통일을 기도하면서 그것을 표방하고 나섰다면, 「남북합의서」의 체결이 이루어질 수 없었을 것임은 너무도 당연하다. 제 정권이 하루아침에 무너지는 통일방법을 공언하는 상대 정권과 화해와 불가침을 약속하는

「합의서」를 체결할 수는 없을 것이기 때문이다. 이렇게 보면 「남북합의서」의 체결은 상당한 기간 2정부 2체제를 유지하면서 서서히 통일해가겠다는 1980년대 이후 남북정권 사이에 이루어진 통일방법론의 부분적 합의라 할 수 있다.

분단시대 50년을 통해서 정권적 차원에서의 평화통일론의 진전이 너무도 지지부진했던 것이 사실이었지만, 한편으로 끈질긴 민간통일운동의 추진에 밀려 일정한 진전이 있은 것이 사실이었다. 6·25를 통해서 두 분단 정권들이 모두 한 차례씩 무력통일을 기도했다가 실패한 후, 1970년대에 와서야 비록 구체적 방법론은 제시되지 못했으나 평화통일론으로서의 '7·4남북공동성명'에 일단 합의했다. 1980년대에 와서 남북정권이 모두 2정부 2체제 통일론을 제시했다가, 1990년대에 와서 이 2정부 2체제 통일론을 근거로 한 불가침 평화통일 합의서를 교환하기에 이른 것이다. 이렇게 보면 「남북합의서」야말로 반세기에 걸쳐 얻어진 민족통일의 대헌장이라 할 수 있다.

「남북합의서」가 체결되고 남쪽에 30년 만의 이른바 문민정권이 성립되면서, 통일문제도 급진전하여 남북 정상회담이 합의되기에 이르렀고, 오히려 남북문제의 지나친 급진전에 대한 반작용을 우려하는 경우도 있었다. 1차 회담이 열리기 전에 북쪽 정상이 갑자기 사망하고 남쪽에서 그에 대한 조문문제가 제기되면서, 불행하게도 이 우려는 적중하게 되었다. 엄청난 역풍이 불면서 예의 '주사파 죽이기'를 표방한 진보적 지식인 탄압이 다시 시작되었고, 여기에 핵문제까지 겹쳐서 남북문제·통일문제는 다시 얼어붙기 시작했다.

일정한 냉동기를 거쳐 핵문제가 풀려가기 시작했지만, '조문 소동'의 댓가는 남북문제를 북미문제에 예속시키는 결과를 가져왔고, 「남북합의서」의 존재마저 잃어버리는 상황이 되게 했다. 그러나 통일문제를 축으로 우리 현대사를 보는 경우 「남북합의서」는 분단 반세기 동안 많은 희생을 바치면서 줄기차게 추진된 평화통일운동의 결실이며, 민족통일의 대장정 위에 이루어진 또 하나의 큰 출발점이라 할 수 있다. 그것은 분단시대사 위의 큰 분수령인 동시에 통일운동사 시대구분의 하나의 기점이 될 것이다. (1997년 7월)

남북한 정부 수립 50주년, 그 명과 암

분단국민국가시대에서 통일민족국가시대로

금년은 해방된 한반도의 남북에 국민주권주의 국가가 수립된 지 50주년이 되는 해이다. 군주전제주의 국가 대한제국이 일본에 멸망하고, 한반도 전체가 35년간이나 그 강제지배를 받은 후 해방되어 역사적으로 군주전제주의를 극복하고, 남북에 각각 국민주권주의 국가가 성립된 것이다.

어느 하나의 민족사회가 근대로 간다는 것을 역사적으로 보면, 군주전제주의를 청산하고 국민주권주의 국가로 된다는 말이라 할 수 있다. 그런 점에서 보면 우리 민족 스스로가 국민주권주의 국가를 수립하기 전에 일본의 강제지배를 받게 되었다는 사실은, 역사적으로 큰 부담이 될 수밖에 없었다.

한반도지역이 일본에 강점당한 것은, 그 지역 주민들 스스로가 전제군주체제를 무너뜨려 국민주권주의 국가를 수립하고, 자본주의체제를 성립시켜 부국강병을 해야 할 때에 그것을 제대로 못한 것이 중요한 원인이었다고 할 수 있다.

그렇게 보면 우리 민족사회가 35년간의 일제강점시대를 벗어나서 남북이 모두 군주전제주의를 청산하고, 국민주권주의 국가를 수립했다는 것은, 그리고 그 50주년을 맞이했다는 것은 기념할 만한 일이기도 하다.

지금 당장에는 남쪽은 IMF 관리체제로 되고, 북쪽은 극심한 식량난 때문에 우리 민족사회 전체가 곤란에 빠져 있는 것이 사실이다. 그러나 남북을 막론하고 제2차 세계대전 후 해방된 민족사회 중에서는 일단 선두 그룹에 들었다고 할 수 있다.

그뿐만이 아니다. 남북이 함께 개최하지 못한 것이 유감이었다 해도, 역시 제2차 세계대전 후 해방되어 독립한 민족으로서는 유일하게 세계적 행사인 올림픽을 큰 실수 없이 치를 만한 능력을 가진 민족사회가 되었다.

그럼에도 불구하고 해방 후의 한반도지역에 국민주권주의 국가라 해도 두 개의 분단국가가 성립되었다는 사실은 역사적으로 불행한 일이 아닐 수 없다. 일제강점시대의 민족해방운동전선은 좌우익을 막론하고 민족의 해방은 바로 혁명 그것이었으며, 그 혁명의 목적은 분명 하나의 근대 민족국가를 수립하는 데 있었다.

비록 사회·경제적으로는 제2차 세계대전 후 해방된 민족사회 중에서 선두 그룹에 들었다 해도, 해방된 지 50년이 지난 지금에도 진정한 의미의 근대민족국가, 즉 우리의 경우 통일민족국가를 수립하지 못했다는 것은 크게 뒤진 부분이라 하지 않을 수 없다.

다른 민족사회의 경우 일반적으로 근대사회로 오는 과정이 국민국가를 수립하는 과정이었지만, 우리와 같은 분단민족의 경우, 그리고 그 분단국가의 국민들이 모두 통일을 지향하는 경우 국민국가와 민족국가는 그 역사적 성격과 관계가 구분되어야 하지 않을까 한다.

훗날의 역사학은 1894년의 갑오개혁에서 일본에 강점된 1910년까지를 근대적 군주주권주의 국가 시대로, 그 이후부터 해방 때까지를 국민주권주의 국가 수립 준비기로, 해방부터 통일될 때까지를 분단국민국가 시대로, 통일된 때부터를 통일민족국가 시대로 구분할 수 있을지도 모른다.

군주주권주의 대한제국이 일본에 의해 멸망한 후 다시 세워진 국가는 남북이 모두 국민주권주의 국가로는 되었다 해도, 하나의 민족국가로는 되지 못했다는 사실이 강조됨으로써, 통일민족국가 수립을 위한 민족사회의 의지가 강화될 수 있다는 관점도 있을 수 있을 것이다.

두 개의 국민국가들이 세워진 초기에는 각기 제가 민족국가임을 표방하면서 정통성 다툼도 심했고, 6·25에서 보는 것과 같이 무력통일이 기도되기도 했다. 그리고 지금도 두 국민국가들 사이에 정통성 다툼이 아주 없어진 것은 아니다.

그러나 1991년에 남북정부가 각기 상대방의 존재를 정식으로 인정하고 대등한 처지의 통일을 표방한 「남북합의서」가 교환됨으로써, 정통성 다툼은 겉으로는 일단 해소되었다고 할 수 있다. 이제 '분단국가 50년' '국민국가 50년'을 청산하고 통일민족국가 수립을 향해 나아가는 일이 중요하다.

21세기 동아시아와 한반도의 위치

20세기의 우리 민족사회는 그 전반기는 일본에 강점당했고, 후반기는 분단되어 서로 싸우고 대립했다. 이런 과정을 통해서 우리의 역사인식 및 현실인식 범위가 너무 한반도 안에만 한정된 것이 사실이었다.

'분단국민국가 시대'의 청산과 '통일민족국가 시대'의 개막을 바라보며 21세기로 들어서는 시점에서, 우리의 역사인식 및 현실인식 범위를 한반도에 한정시키지 말고, 동아시아 전체 역사 속에서의 우리 민족사회의 위치를 생각해야 할 때가 되었다고 하겠다.

중세시대까지의 한반도는 정치·경제·문화 면에서 대체로 대륙 쪽과 가까웠다고 할 수 있다. 그러나 20세기로 들어오면서 그 전반기 동안의 한반도는 일본제국주의에 의해 강제지배되었고, 그 때문에 한반도 전체가 경제·문화 등 모든 면에서 일본 쪽에 경도될 수밖에 없었다.

일제의 강제지배에서 벗어난 후의 전체 한반도지역은 그 식민잔재를 청산하고 정치·경제·문화적 독자성 내지 주체성을 확립하기 위한 노력과 시간이 필요했다. 그런 과정이라고 해서 물론 외부세계와 단절될 수는 없으며, 그 경우 적어도 동아시아권에 한해서 말하면 식민지배국이었던 일본 쪽보다 대륙 쪽과 더 긴밀해질 가능성이 컸다.

그러나 해방과 함께 한반도가 분단됨으로써 20세기 후반기를 통해서 한반도의 남쪽은 역시 정치·경제·문화적으로 계속 일본 쪽에 너무 치우쳐졌으며, 그 북쪽은 중국 쪽에 너무 치우쳐졌다. 그것은 남북을 통한 우리 민족사회 전체의 동질성이 그만큼 약해졌음을 말한다. 21세기에 들어서도 동아시아가 한반도의 남반부와 일본을 포함한 하나의 세력권과 그 북반부와 중국을 포함한 또 하나의 세력권으로 나뉘어 대립하는 상태로 있게 되면, 한반도의 휴전선은 20세기 후반기의 미국과 소련을 대신해서 중국과 일본 두 세력이 대립하는 경계선이 될 가능성이 크다. 그 경우 한반도는 통일되기도, 민족적 동질성을 회복하기도 어려워질 것이 당연하다.

21세기는 흔히 무한경쟁의 시대가 될 것이라 말한다. 남북을 합친 우리 민족사회 전체가 정치·경제·문화적으로 그 주체성과 독자성과 동질성을 확보하지 못하면, 중국에 가까워진 북쪽은 중국의 부속 지역이 되고, 일본에 가까워진 남쪽은 일본의 부속 지역이 되지 않는다는 보장이 없을 것이다. 따라서 한민족 고유의 정치·경제적 영역과 문화적 특성은 약화되고 말 것이다. 어디까지나 가상적 전망이기는 하지만.

한반도의 바람직한 통일방안

20세기로 오면서 한반도가 일본에 강제 점령됨으로써 곧 만주 지역이 일본의 세력권에 들어갔고, 그 결과가 중일전쟁으로 연결되었으며, 결국 태평양전쟁으로 확대되었다가 일본제국주의가 패망했다.

일본의 역사학은 흔히 그 제국주의가 패전으로 가게 되는 과정을 만주사변에서부터 시작하여 태평양전쟁에서 패전하기까지의 '15년 전쟁'이라 하지만, 일본제국주의가 패망의 길로 들어서게 되는 시발점은 한반도 강제점령이었다.

21세기로 들어서면서 한반도지역이 어떤 상태로 있을 것인가 하는 문제는 동아시아 전체가 어떤 상태로 될 것인가 하는 문제와 직결되어 있다. 20세기 전반기 한반도가 일본의 강점 아래 들어감으로써 동아시아 전체의 균형이 깨지고 전쟁 속으로 휘말려들어갔다. 20세기 후반기에는 미·소 대립구도 아래서 한반도가 분단됨으로써 6·25전쟁이 발발했고, 이후 동아시아 전체가 오랫동안 대립 상태에 있었다.

20세기를 마감하면서 세계사는 소련이 무너진 뒷자리에서 보는 것처럼 배타적·이기적 민족주의가 되살아나서 혈전이 벌어지기도 했지만, 한편으로는 유럽연합(EU)이나 아세안(ASEAN)과 같이 지역 공동체를 이루는 쪽으로 발전하기도 한다.

민족국가 내지 민족사회끼리 대립하고 싸우는 것보다는 지역공동체를 이루어가는 길이 일단 평화적인 방향이라 하겠다. 21세기의 동아시아에 한반도와 중국과 일본을 중심으로 하는 평화공동체가 형성될 수 있다면 물론 다행이지만, 거기에는 몇 가지 전제 조건이 있다. 그중의 하나는 우선 한반도가 평화적으로 통일되어야 하는 일이다.

한반도가 평화적으로 통일되지 않는 한 동아시아 공동체의 성립 자체가 불가능할 것이다. 한반도가 통일된다 해도 일본과 밀접한 남쪽이나 중국과 밀접한 북쪽의 어느 한쪽에 의해 무력통일되는 경우는 말할 것 없고, 한쪽에 의해 흡수통일되는 경우도 동아시아 전체의 균형이 깨어져서 평화로운 공동체를 이루기 어렵게 될 것이다.

동아시아 안에서의 한반도가 무력통일은 말할 것 없고 흡수통일이 아닌 남북 '대등 통일'이 됨으로써, 통일 자체가 균형있게 되는 것이 중요하다. 그리고 통일 후의 한반도지역이 대륙세력 중국과 해양세력 일본의 중간에서 정치·외교·군사·경제·문화적으로 어느 쪽에도 치우치지 않는 균형을 유지하는 일이 더욱 중요할 것이다.

20세기의 한반도는 일본의 강제지배를 받거나 남북으로 분단되었고, 그것이 동아시아의 평화가 깨어지는 원인이 되었다. 21세기의 한반도는 평화롭게 통일되어 대륙세력과 해양세력의 중간에서 그 독자적 위치를 확립함으로써 동아시아 지역의 평화를 담보하는 지렛대가 될 수 있을 것이다.

이렇게 보면 한반도의 통일은 남북 7천만 그 주민만의 문제가 아니라 동아시아 전체의 문제인 것이다. 제국주의자가 아닌 이상 한반도의 평화통일을 방해할 수 없을 것이다. 이 지역의 평화통일은 그만큼의 동아시아사적·세계사적 정당성을 가지는 것이다. (1998년 9월)

분단국가들과 역사적 정통성의 문제

식민지시대를 거친 민족사회의 정통성 문제

우리는 식민지배에서 해방된 민족사회이면서 그리고 식민지 피지배 기간에도 끊임없이 민족해방 투쟁을 추진했음에도 불구하고, 정작 해방된 후에는 식민지 잔재 청산에 실패했다. 그 중요한 원인의 하나는 민족사회가 해방되면서 남북으로 분단된 데 있으며, 민족이 분단된 중요한 원인의 하나는 민족해방운동 세력의 독자적인 힘으로 해방되지 못하고 외세가 작용한 데 있다.

남쪽의 경우 4·19와 같은 역사의 중요한 고비를 맞을 때나 또 정권이 바뀔 때는 흔히 식민지 잔재 청산이 거론되었다. 그러나 이승만정권은 조선총독부의 관료들을 그냥 둔 미군정의 관료들을 그대로 이어받을 만큼, 그리고 '반민특위'를 해체할 만큼 친일성을 청산하지 못한 정권이었다. 그 뒤를 이은 장면정권은 4·19의 결과로 성립된 정권이면서도 그 각료 구성에 친일세력이 많아서 일본인들이 이른바 지일(知日) 정권이라고 좋아했을 만큼 식민지 잔재를 청산하지 못했다. 구만주군 장교 출신 박정희정권은 말할 것도 없고, 그 이후의 군사정권들도 모두 그 속성이 식민지 잔재를 청산할 만한 힘을 갖지 못했다.

30년간에 걸친 군사정권이 지나고 김영삼 문민정권 시기에 들어온 후, 식민지 잔재 청산 문제와 관련하여 정부와 민간 차원에서 몇 가지 관심거리가 될 만한 일들이 일어나고 있다. 해외에 있는 독립운동가 선열들의 유해를 봉환하는 데 적극성을 띠는 일, 옛날 조선총독부 건물을 없애는 일, 상해임시정부 청사 건물을 옮겨오는 일, 정신문화연구원에서 만든 『한국민족문화대백과사전』에 친일 인사를 기재하겠다고 하는 일 등이 그것이다. 문민정권 시기에 들어와서 왜 이런 일들이 일어나고 있는지 또 그것이 가지는 의미가 무엇인지 역사학적 입장에 한정해서라도 생각해볼 만하다.

어느 민족사회가 일정한 기간 다른 나라의 식민지로 되었다가 자력으로 해방되어 새로운 정권을 수립하는 경우 그 최초의 정권은 대체로 민족해방운동 세력에 의해 세워지게 마련이며, 이 경우 그 정권의 정통성 시비는 없어지게 마련이다. 그러나 불행하게도 우리 민족의 경우 35년간이나 꾸준히 민족해방운동을 추진했으면서도 정작 일제식민지배에서 벗어나는 과정에서는 민족해방운동 세력의 독자적인 힘으로 해방되지 못했고, 그것이 원인의 하나가 되어 민족이 분단되었다.

이런 의미에서 바람직한 민족해방의 과정을 다시 한번 되돌아보자. 첫째 일제식민지시기에 우리의 민족해방운동 전선이 독자적인 힘으로 조선총독부의 항복을 받아내는 것이 최선의 길이었고, 둘째 그것이 안될 경우 좌우익을 막론한 우리 민족해방운동전선의 모든 세력이 정치·군사적으로 하나의 통일전선을 이루고, 프랑스 드골 망명정권의 경우와 같이 그 통일전선이 연합국들의 승인을 받고 그 군사력과 공동작전을 벌였다가 일본이 항복할 때 그 조인에 참가하는 길이었다고 할 수 있다.

그 경우 항복 조인에 참가한 민족해방운동 세력이 임시정부를 만들고 총선거를 관리하여 정식 독립정부를 세울 수 있었을 것이며, 이 정부는 아무도 시비할 수 없는 민족사적 정통성을 가졌을 것이다. 따라서 신탁통치도 민족분단도 있을 이유가 없었을 것이다. 이것을 알았기 때문에 식민지시기 말기의 우리 민족해방운동 세력 전체가 통일전선을 이루기 위한 노력을 전개했고, 당시 중경에 있던 임시정부를 중심으로 조선민족혁명당과 조선독립동맹 등이 통일전선에 성공했었다.

그러나 이 통일전선운동이 완성되기 전에 일본제국주의가 패망했다. 이 때문에 35년간 민족해방운동을 지속하고 망명정부를 25년 이상 유지했으면서도 민족해방운동 세력이 일본제국주의를 직접 패망시키지 못했을 뿐만 아니라, 일본제국주의를 패망시킬 연합국으로부터 승인을 받지 못함으로써 임시정부 요원들이 개인 자격으로 입국할 수밖에 없었다. 그것에 대비하여 건국동맹을 조직했던 국내의 해방운동 세력이 중심이 되어 건국준비위원회를 만들고 조선인민공화국을 선포했으나 연합국은 이를 승인하지 않고 군정을 실시했다.

그 군정에 의해 남북에 걸친 새로운 임시정부가 만들어질 예정이었으나, 찬탁·반탁 문제로 그것이 실패한 결과 남북에 분단국가가 성립되었다. 뒤이어 무력통일을 목적으로 한 6·25를 겪었으면서도 통일은 이루어지지 않았고, 오히려 이후 남북 분단국가 사이의 정통성 경쟁만이 심해지면서 남북이 함께 독재체제를 구축해가는 역사를 겪게 되었다.

문민정권과 역사적 정통성 수립 작업

어느 민족사회에 성립된 정권이 역사적 정통성을 가지는가 그렇지 못한가 하는 기준은, 쉽게 말해서 그 시기 민족구성원의 지지를 얼마나 넓게 받으면서 그 민족사회가 당면한 역사적 과제를 얼마나 성실히 수행하는가에 달렸다고 할 수 있다. 만약 같은 시기의 같은 민족사회에 두 개의 정권이 함께 성립되어 서로 정통성을 다투는 관계라면, 두 정권 중 어떤 정권이 그 민족사회 전체 구성원의 지지를 더 받으면서 전체 민족사적 과제를 더 충실히 수행하고 있느냐에 따라 그 정통성이 좌우된다고 할 수 있다. 어느 쪽이 역사적 유물이나 유적을 더 많이 가졌느냐에 따라 정통성이 높아지는 것은 아니다.

20세기 후반기 우리 민족사회의 경우를 예로 들면 이 시기 우리 민족구성원 대부분의 염원을 바탕으로 한 전체 민족사회의 시대적 과제로서의 민족의 주체적·평화적 통일과 정치·경제·사회·문화적 민주주의의 발전을 더 충실히 추진하는 정권이 더 정통성을 가진다고 할 수 있을 것이다. 그리고 남북의 두 분단국가 정권이 서로 정통성을 다투거나 남쪽의 앞 정권과 뒤 정권이 서로 정통성을 겨루는 경우도 이 두 가지 민족사적 과제의 추진 여부가 기준이 될 것이다.

남쪽의 경우만을 두고 보면 이승만정권은 8·15 후 처음으로 성립된 정권이면서도 일제식민지시대의 반민족세력을 중심으로 성립된 정권이라 해도 과언이 아닐 만큼 역사적 정통성에 취약점을 가진 정권이었다. 게다가 4·19로 무너질 만큼 비민주적인 독재정권이었으며, 통일론에서도 북진통일, 무력통일론으로 일관한 정권이었다. 박정희 군사독재 정권이 겉으로는 7·4공동성명 등을 통해 평화통일을 표방했지만, 사실은 무력통일 지향의 정권이었고, 이후의 전두환·노태우 군사정권은 통일론에서나 민주주의 발전 면에서 박정권과 대동소이했다고 할 수 있다.

8·15 이후 우리 민족사 정통성의 기준을 평화통일의 실제적 추진과

정치·경제·사회·문화적 민주주의 발전에 두는 경우 이승만정권에서 노태우정권에 이르기까지—장면정권도 민주주의 발전에는 어느정도 긍정적이었으나, 평화통일 문제에는 소극적이었다—평화통일 문제와 민주주의 문제에 모두 넘지 못할 한계성을 가지고 있었다.

지난 30년간 지속된 군사정권의 뒤를 이어 김영삼 문민정권이 성립되었고, 이 정권의 핵심 세력은 30년간의 군사독재정권 아래서 민주화투쟁에 참여했다. 민주화투쟁을 한 사실만으로도 과거의 군사정권들과는 비교할 수 없는 정통성을 가질 만하지만, 그러나 김영삼 문민정권은 군사정권을 뒤엎고 성립된 것이 아니라, 이른바 3당 합당을 통해 그 태에서 나왔고, 성립된 후에도 군사정권 세력의 일부와 동거하는 정권이 되었다. 이 정권은 군사정권과 탯줄로 연결되어 있고 그 세력의 일부와 동거하면서도 문민정권으로서의 새로운 정통성 같은 것을 세우려는 '기형적'인 정권이 되었다고 할 수 있다.

김영삼정권은 한때 문민정권으로서의 정통성을 세우는 방법으로 그 탯줄을 군사정권이 아닌 다른 곳, 예를 들면 가까이는 5·16 이전의 장면 문민정권이나 멀리는 상해임시정부 같은 것에 연결하려는 '작업'을 기도하려 했던 것 같다. 그러나 좀더 구체적으로 따져보면 장면정권과는 그 가닥이 다를 뿐만 아니라, 흔히 무능하고 힘없고 혼란스러워 군사쿠데타를 자초했다고 말해지기도 하는 정권과의 연결이 바람직하지 않다고 생각되었는지, 그리고 상해임시정부와 연결하는 것은 너무 멀거나 혹은 너무 근거가 없다고 생각되었는지, 어떻든 그 '작업'은 추진하지 않게 된 것 같다.

김영삼정권은 정통성 수립을 위한 앞선 정권들과의 줄 잇기 작업은 일단 포기한 것 같으나, 마침 북쪽에서 정통성 강화 작업의 일환으로 단군릉을 복원하는 일에 대항하기라도 하듯 다시 정통성 수립 작업에 부쩍 열을 올리기 시작했다. 앞에서 말한 선열들의 유해 모셔 오기, 임시정부 건물 옮겨오기, 조선총독부 건물 헐기, 정부기관이 만든 백과사전에 친일파 기재하기 등 식민잔재 청산에 과거 어느 정권보다 열성적임이 그것을 말해주고 있다.

이런 일련의 '작업'들이 할 만한 일이 아니라는 말은 결코 아니다. 다만 그것들이 단군릉 복원과 같이 정통성 수립의 바람직한 방법이 아닐 뿐만 아니라, 지난 어느 정권보다 평화통일 추진과 민주주의 발전에 적극적이어야 할 문민정권이 정통성에 취약점이 있었던 군사정권들처럼, 북쪽과의 정통성 경쟁을 위해 일련의 '작업'들을 하는 것 같다는 점에 문제가 있다. 그것은 어쩌면 군사정권의 태 안에서 나온 문민정권으로서의 취약점을 감추려는 의도로 보일 수도 있다.

정통성 수립 '작업'들이 가지는 문제점

중국과의 국교가 열리기 전에도 일부 선열들의 유해가 봉환되었으나 국교가 열린 후 특히 많은 분들이 돌아오고 있다. 민족해방운동에 헌신했다가 조국의 해방을 보지 못한 채 타국에서 돌아간 선열의 유해가 해방된 조국에 봉환되는 것은 너무도 당연한 일이며 아무도 반대할 수 없는 일이다. 다만 그들의 본의와는 달리 분단된 조국의 어느 한쪽에 의해, 그것도 분단국가의 정통성 경쟁에 이용되어 돌아오게 되었다면 그것은 오히려 불행한 일이 아닐 수 없다.

민족해방운동에 몸바친 그들은 좌우익을 막론하고 조국은 하나이지 결코 둘이 아니며, 분단 조국을 만들려고 잔혹한 일본제국주의자들과 싸운 것은 더욱 아니었다. 따라서 그들에게는 돌아올 조국도 하나이지

둘이 아님은 말할 나위가 없다. 해방과 함께 조국이 분단됨으로써 오랫동안 못 돌아오고 있다가, 분단된 조국의 한쪽이 다른 한쪽과 정통성을 겨루기 위해 모셔가는 대상이 되어 환국하리라고는 꿈에도 생각하지 않았을 것이다.

그뿐만이 아니다. 긴 식민지 기간을 통해 그들의 투쟁을 물심양면으로 원조했던 중국이, 분단된 조국의 어느 한쪽에 돌려주기를 오랫동안 거부하던 중국이, 이제 이념보다 경제적 이익을 추구하기 위해 조국의 한쪽과 타협하여 다른 한쪽을 고립시키는 데 동참하면서까지 그들의 유해를 돌려주고 있다면, 그들의 환국이 과연 기쁘고 영예스러운 것이 될 수 있겠는가 생각해보지 않을 수 없다.

8·15 후 반세기 동안 얼어붙었던 한반도 주변 정세와 남북관계가 풀려가면서 1991년에 체결된 「남북합의서」에서 보는 것과 같이 민족의 평화적·주체적·대등적·공존적·호혜적 통일이 가까워져가고 있다. 민족해방운동의 전사로 희생 선열들의 유해는 만의 하나라도 분단국가들의 정통성 경쟁의 일환으로 봉환되어서는 안 될 것이다. 기왕 환국이 늦은 김에 더 늦더라도 통일된 조국으로 돌아오게 하는 것이 그들에 대한 최선의 보답이 될 것임을 알 필요가 있다.

민족해방운동전선에 몸바친 선열들의 유해가 민족상잔에 희생된 전사자들과 같은 자격으로 같은 묘역에 모셔지는 것도 문제가 있다. 선열들의 유해를 분단국가의 한쪽으로 모셔 오려 애쓸 것이 아니라, 완전 통일이 되기 전에라도 남북이 합의만 되면 휴전선 지역의 한 곳에 민족해방운동의 좌우익전선에서 전사한 선열들을 한 자리에 모셔 평화통일을 자축하는 민족 공동의 성지를 삼을 만도 하다.

또한 얼마 전 민간 차원에서 막대한 돈을 들여 상해임시정부 청사를 뜯어 옮겨 왔는데, 고증이 잘못되어 다른 건물을 가져왔다는 웃지 못할 일이 벌어졌다고 한다. 선열의 유해와는 달리 유물이나 유적은 부득이한 경우가 아니고는 그 본래의 자리에 보존되어야 함은 역사 공부하는 사람에게는 상식 중의 상식이다. 지금 상해임시정부 청사 하나가 잘 보전되어 공개되어 있고, 중경 때의 청사도 그 매입과 보전이 논의되고 있는 것으로 알고 있다.

그만하면 되었다고 생각되지만, 혹시 교육용으로 국내에도 있어야 하겠다면 모조품으로 대신하는 방법도 있다. 막대한 자금을 들여 옮겨와야 한다고 고집하는 것도 역시 정통성 경쟁의 일환이 아닌지 모르겠다. 어떻든 지금에 와서도 남북이 지난 50년 동안 일관했던 정통성 경쟁을 계속하는 것은 약간은 진전되고 있는 평화적·호혜적·대등적 통일을 방해하는 일의 하나임을 지적하지 않을 수 없다.

이야기를 조선총독부 건물 문제로 옮겨보자. 김영삼 문민정권은 이 건물을 헐기로 결정했다. 그리고 학계에서까지도 그것에 찬성하는 사람만이 애국자요 반대하는 사람은 민족반역자처럼 되었다 해도 과언이 아니다. 건물 하나의 존폐가 이렇게 큰 문제로 확대되었으니, 역설적으로 말해서 조선총독부의 위력이 아직도 대단한 셈이다.

그 존폐가 그렇게 대단한 문제라면 불과 10여 년 전에 200억 원이 넘는 돈을 들여 그 건물을 민족적 자산이 담길 국립중앙박물관으로 개조할 때, 전체 학계를 통해 왜 반대 한마디 없었는지 참으로 알 수 없는 노릇이다. 남의 나라를 여행하는 관광객은 대개 중앙박물관을 관람하게 마련이고, 우리의 경우 일본인 관광객이 제일 많은 편이다. 박물관을 보면서 저들의 총독부 건물임을 알게 될 것이 자명한데도 수백억 원을 들여 박물관으로 고치도록 두었다가, 이제 와서 그 건물을 그냥 두면 국민 전체가 친일파라도 되는 것처럼 아우성이다. 설마 그때는 군사정권 밑이라 무서워서 입을 다물었다가 이제 문민정권시대가 되었다 하여 마음놓고 주장하는 것은 아니겠지. 정말 이해할 수 없는 일이다.

치욕의 역사도 보존되어야 한다든가, 그 건물을 두어야 일본에 대한 경계심이 지속된다든가, 건물을 허는 데 엄청난 비용이 든다는 식의 말을 하려는 것은 아니다. 한마디로 말해서 그 건물 정도는 그냥 두고 견딜 수 있어야 우리의 자존심이 더 산다는 생각이다. 악명 높았던 관동군 사령부 건물을 그대로 쓰고 있으면서 그곳을 찾는 일본인들로 하여금 고개를 못 들게 만드는 중국 사람들과 굳이 비교는 하지 않더라도, 그 정도의 상처를 아무것도 아닌 듯이 두지 못하고, 50년이 지난 지금에 와서 문민정권시대라 하여 아우성치는 얄팍한 세정이 안타깝다는 말이다.

아무리 상징성이 높은 건물이라 해도 그것 하나 없앤다고 반세기 동안 더덕진 식민지 잔재가 벗겨지겠는가. 식민지 잔재를 청산하는 방법이 건물 하나를 허느냐 안 허느냐에 달린 것이 아닌 것쯤은 충분히 알 만하지 않은가. 우리는 일제 총독부 건물을 박물관으로 개조한다는 말을 처음 들었을 때, 국립중앙도서관이나 고문서관으로 바꾸어 썼으면 좋겠다고 말했던 기억이 난다. 지금이라도 늦지 않았을 것이다.

앞에서도 말한 것과 같이 식민지배에서 해방된 직후의 민족사회에서는 대체로 민족해방운동에 종사했던 정치세력이 집권하게 마련이며, 이 정권은 식민잔재를 청산하고 민족적 주체성을 확립하기 위해 반민족세력을 숙청하게 마련이다. 그러나 거듭 말하지만 이승만정권은 친일세력을 오히려 비호했고, 장면정권 역시 그것을 숙청할 만한 정권은 못 되었다. 군사쿠데타로 정권을 쥔 친일 만주국 장교 출신 박정희정권은, 이 무렵 중소분쟁으로 처지가 어렵게 된 북쪽이 그 대응책으로 주체성을 강조하게 되자 친일 군인 출신 정권으로서, 그리고 군사독재정권으로서 그 정통성의 취약점을 호도하기 위한 방법으로 민족해방운동에 투신했던 우익 인사에 대한 포상을 실시했다.

수상자 중에 친일 경력이 있는 인사가 섞였다는 지적과 비판이 있으면서도 이 일은 그 후계 군사정권에서도 계속되었다. 군사정권의 태 안에서 나온 김영삼 문민정권은 앞선 정권들이 하지 못한 반민족세력 단죄의 한 방법이라 생각했는지 모르지만, 박정희정권이 만든 정신문화연구원에서 편찬한 백과사전에 친일 인사의 이름과 행적을 넣겠다고 발표했다.

일제의 식민지배에서 벗어난 지 반세기나 지난 시점이라 반민족세력 숙청이란 말 자체가 낡은 것같이 되었지만, 반민족세력에 대한 청산은 현실적·법률적 청산도 있고 역사적 청산도 있다. 이완용 후손의 재산 찾기 소동 등에서 보는 것과 같이 아직도 법률적 청산의 필요성이 남아 있는 부분도 있지만, 특히 민족통일의 전망이 밝아지고 있는 시점에서 북쪽과의 균형을 위해서도 반민족세력에 대한 역사적 청산만이라도 반드시 철저히 할 필요가 있다.

어느 민간 연구단체가 뒤늦게나마 친일파 인명사전을 만들겠다 하니까 이에 대응이라도 하듯 관변 연구단체가 만든 백과사전에 친일인사의 이름 일부를 추가하는 정도로 반민족세력에 대한 역사적 청산을 마무리하려 한다면, 그야말로 손바닥으로 하늘 가리기에 지나지 않는다. 좀더 근본적이고 본격적인 연구작업과 학문적 정리가 필요하다는 말이다. 만약 김영삼정권이 과거 정권들과는 달리, 그리고 군사정권의 태 안에서 나온 약점을 청산하고 문민정권으로서의 정통성을 확립하려는 의욕을 가졌다면, 이 연구작업을 적극적으로 추진하거나 지원해야 할 것이다.

하나의 정권이 성립되고 그 집권세력이 어느정도 역사의식을 가진 경우 대개 제 정권의 역사적 정통성 문제를 생각하게 마련이며, 또 뒷날의 역사로부터 긍정적인 평가를 받으려 노력하게 마련이다. 집권세력이 이런 생각을 가지고 노력하는 일은 바람직하지만, 그 방법이 잘못되었을 경우 본래의 의도와는 달리 정권의 역사성을 그르치게 마련이다. 그 많은 역사상의 통치자들 중 잘못된 역사의식 때문에 본래의 뜻과는 달리 제 정권을 반역사적 정권으로 낙인찍히게 한 경우가 많았음을 우리는 알고 있다.

정통성 수립의 바람직한 방법

식민지배에서 해방된 후 민족해방운동 세력이 정권을 쥐거나 군사독재정권이 끝난 후 민주화운동 세력이 정권을 쥐었다 하여 일단 성립된 역사적 정통성이 그대로 언제까지나 지속되는 것은 물론 아니다. 민족해방운동 세력이라 해도 집권 후의 통치과정이 역사적 방향 및 민족사적 요구에 부응하지 못할 경우 그 정권의 정통성은 취약하게 마련이다. 민족해방운동전선의 지도자가 해방으로 집권했다가 국민의 지지를 잃게 되면 자연히 정통성도 잃게 되어 실권하는 경우가 많았고, 민주화운동의 경우도 마찬가지이다.

거듭 말하지만 20세기를 마무리하고 21세기를 바라보는 시점에서의 우리 민족사 흐름의 큰 방향은, 주체적이고 평화롭고 남북 대등적이며 호혜적인 방법에 의한 민족의 재통일과 정치·경제·사회·문화적 민주주의의 발전이다. 남북을 막론하고 민족해방운동 세력이 집권한 경우이건 민주화운동 세력이 집권한 경우이건, 이 두 가지 민족사적 흐름을 거역하는 경우 그 정통성은 상실되고 반역사적 정치세력으로 전락하고 말 것이다. 그렇다면 정통성을 유지하고 평화통일을 이루기 위해 정권들이 무엇을 해야 할 것인가? 역사학적 관점에 한해서만 생각해보자.

남북정권이 서로 역사적 유적을 많이 가지기 위해 경쟁적으로 새로 만들거나 옮겨오는 일은 별로 도움이 안 될 것 같다. 그보다는 민족해방운동사를 객관적으로 연구하고 가르치게 하는 일이 훨씬 더 효과적일 것 같다. 남쪽은 좌익운동의 역사성을, 북쪽은 우익운동의 역사성을 각각 인정하는 한편, 특히 좌우익 통일전선운동의 역사적 사실을 적극적으로 개발해서 가르치는 일이 중요하다.

　그리고 8·15 이후의 역사에서도 평화적으로 통일민족국가를 수립하려는 노력의 일환인 좌우 합작운동이나 1948년 남북연석회의에 대한 역사성을 인정하고 가르치는 일이 중요하다. 6·25에 대해서도 지금까지와 같이 어느 쪽이 먼저 일으켰는가 하는 문제에 초점을 맞추기보다, 남북을 막론하고 무력으로 한반도를 통일하려 하는 일은 그 지정학적 위치 문제 등이 원인이 되어 불가능했다는 사실 등에 초점을 맞추어 가르치는 일이 평화통일의 실현을 위해 중요하다. 그뿐만이 아니다. 1970, 80년대에 걸쳐 민간 쪽에서 추진된 평화통일운동도 같은 시기의 민주화 운동과 함께 체계적으로 정리하여 가르쳐야 한다.

　한편 평화통일의 구체적 진전을 위해 국가보안법을 폐지하는 일이 중요하다. 실정법상 적국으로 규정해놓은 민족의 다른 한쪽과 평화통일을 하겠다는 논리를 펴고 있으니 딱한 일이 아닐 수 없다. 북쪽이 아직 무력통일을 포기하지 않고 있기 때문에 국가보안법을 폐지할 수 없다는 주장도 있지만, 무력통일을 포기하지 않았다고 믿고 있는 상대와 「화해와 불가침 및 교류·협력에 관한 합의서」를 체결했다는 사실은 납득되지 않는 일이다.

　또 북쪽이 국가보안법과 유사한 법을 가지고 있기 때문에 남쪽이 일방적으로 폐지할 수 없다는 주장에 대해서도 다른 생각이 있을 수 있다. 북쪽보다 정치·경제적으로 훨씬 안정되고 번영되었으며 사회·문화

적으로 자유롭다고 자랑하는 남쪽에서 평화통일 진전의 열의를 보이기
위해, 먼저 국가보안법과 같은 장애 요인을 제거하여 북쪽으로 하여금
유사한 법을 가지고 있을 이유를 못 가지게 할 수도 있을 것이다. 그리
고 그것이야말로 임시정부 청사를 옮겨오는 일이나 때늦게 총독부 건
물을 허는 일보다 정권의 정통성을 수립하는 올바른 방법이 될 것이다.

정통성이 취약했던 군사정권 시기에는 오히려 북쪽과의 정통성 경쟁
이 심했다. 그리고 그것은 그 정권들이 겉으로야 무엇이라 했건, 사실
은 무력통일이나 흡수통일을 지향하고 있는 증좌이기도 했다. 무력통
일이나 흡수통일 지향이 아닌, 7천만 남북 민족구성원의 염원을 바탕으
로 한 「남북합의서」의 정신에 따라, 상당한 기간 두 개의 정부와 두 개
의 체제를 인정하면서 화해와 협력에 의해 서서히 통일하는 방안을 채
택한다면, 앞으로는 남북정권이 서로 정통성을 경쟁할 이유가 없어지
게 될 것이다.

남북의 정권이 모두 유물이나 유적을 더 가지려 애쓰거나 총독부 건
물을 허는 데 집착할 것이 아니라, 이 시대의 전체 민족사적 과제로서
의 평화롭고 호혜적이며 대등한 처지에서의 통일을 앞당기는 정책과,
정치·경제·사회·문화적 민주주의 발전을 촉진하는 정책을 적극적으로
펴나가는 데 주력하는 것이 곧 제 정권의 정통성을 높이고 민족사적 과
제에 충실하는 길임을 다시 한번 강조하지 않을 수 없다. (1994년 9월)

김대중정권의 역사성과 남북관계의 전망

분단국가정권과 역사적 정통성

지금의 우리와 같이 하나의 민족사회에 두 개의 정권이 성립되어 있는 경우 흔히 민족사적 정통성 문제를 두고 두 정권 사이에 경쟁이 있게 마련이다. 분단정권끼리 정통성 경쟁을 하는 것이 좋으냐 나쁘냐 하는 문제는 차치해두고서라도, 이같은 정통성 경쟁을 하는 데는 우선 분단정권 자체가 각기 그 통치권 안에 있는 국민들로부터 얼마나 정통성을 인정받고 있느냐, 다시 말하면 얼마나 그 국민들의 지지를 받고 있느냐 하는 문제가 중요하다.

두 분단정권이 민족통일문제를 두고 경쟁하거나 혹은 협상하는 경우도 우선 각기 그 분단국의 국민들로부터 정통성을 인정받고 있느냐 그렇지 못하느냐에 따라 경쟁이나 협상에 실리는 힘이 다르게 마련이며, 실리는 힘의 경중에 따라 경쟁 내지 협상장에서의 조건이 유리하거나 불리해지게 마련이다. 한반도지역의 경우 분단시대 50년을 통해서 남북의 두 분단정권이 서로 정통성 경쟁을 해온 것도 따져보면 이 때문이었다고 할 수 있다.

어느 민족사회를 막론하고 식민지배에서 벗어난 후 최초로 성립되는 정권은 대개 민족해방운동 세력을 중심으로 창출됨으로써 정통성이 세워지게 마련이다. 그러나 이승만정권은 좌익은 말할 것 없고 임시정부 계통 우익의 협력도 못 받고 친일세력 중심으로 성립된 정권이었고, 오히려 민족해방운동 세력을 탄압한 정권이었다. 그러니 역사적 정통성이 취약한 정권이 될 수밖에 없었고, 그런 정권이 유지되려니 독재체제로 갈 수밖에 없었다.

그런 의미에서는 4·19'혁명'은 친일세력과 독재세력을 함께 숙청하는 혁명이어야 했다. 그러나 주체세력이 정권을 수립한 혁명이 되지 못했고, 역시 친일세력이 배제되지 않은 야당 정권을 성립시키는 데 그치고 말았다. 따라서 친일파는 물론 독재세력 숙청도 철저하지 못했다. 학생·청년층을 중심으로 하는 4·19 주체세력이 평화통일론을 내세우고 실천하려 함으로써 이제 정권의 정통성 요인에 평화통일론을 더 추가하게 되었다.

쿠데타로 성립된 일본군 장교 출신 박정희 군사정권은 친일세력도 독재세력도 숙청할 수 없는 정권이었을 뿐만 아니라, '4·19 공간'을 통해 급성장한 평화통일 세력을 철저히 탄압한 정권이었다. 친일세력과 독재세력을 숙청하지 못한 반면, 평화통일 세력을 탄압한, 즉 역사적 정통성을 전혀 가지지 못한 정권이었던 것이다. 박정권의 후속 전두환·노태우 정권에 오게 되면 이제 친일파에 대한 정치적 숙청은 현실적으로 시효가 지나서 역사적 청산 과정으로 들어가게 되었다. 그밖의 독재세력 숙청과 평화통일 문제에서는 박정권과 다를 바 없었다.

다만 노정권에 오게 되면 이제 군사정권이 후속될 수 없을 만큼 또 「남북합의서」가 교환될 만큼 역사가 진전되고 있었다. 노정권을 후속해

서 반군사독재 민주화 세력의 일각을 정점으로 하는 김영삼정권이 성
립되었으나, 그것은 군사정권을 뒤엎은 것이 아니라 그것과의 '결합'으
로 성립되었다. 그럼에도 김영삼정권은 문민정권으로 불리면서 민족문
제의 주체적 해결을 위한 최고·최선의 방법으로서의 남북정상회담까
지 합의했었다. 그만큼의 정통성이 인정된 것이라 할 수 있을 것이다.
그러나 불행하게도 한쪽 정상의 갑작스러운 죽음으로 회담은 성사되지
못하고 조문문제로 엄청난 역작용을 가져오고 말았다.

한쪽 정상의 죽음은 불가항력이었다 해도 조문문제를 슬기롭게 풀지
못한 것은 역시 김영삼정권이 가진 역사적 한계성 때문이었다고 할 수
있다. 1960년대부터 정치를 해오던 김영삼씨가 분명 1990년대의 대통
령으로 선출되었지만, 1960년대 민주당 구파 수준의 역사인식 내지 대
북인식을 얼마나 넘어설 수 있었을까 하는 의문이 남는 것이다.

김대중정권과 역사적 정통성

1998년에는 김영삼씨와 같이 1960년대부터 정치를 해오면서 민주화
세력의 또 하나의 정점을 이루었던 김대중씨를 정상으로 하는 정권이
성립되게 되었다. 그러면서도 김대중정권 성립과 김영삼정권 성립 사
이에는 몇 가지 차별성이 있다.

첫째, 김영삼정권이 정치·경제·사회·문화적 민주주의 발전에 제약
이 있고 북에 대한 적대의식에서 완전히 벗어나기 어려운 군부 출신 정
권과 합당, 여당화함으로써 성립된 정권인 데 비해, 김대중정권은 야당
의 위치를 지키면서 성립된 정권이라는 점이다. 둘째, 김대중정권은 지
난 날의 반군사독재운동 과정을 통해서 훨씬 더 적극적으로 투쟁했고,

따라서 훨씬 더 희생이 컸던 정치세력을 정점으로 하여 성립되는 정권이라는 점을 들 수 있다. 셋째, 김대중정권은 또 지난날의 민주화운동 과정을 통해서 대내 문제에서나 대북 문제, 즉 통일문제 등에서 다른 민주화운동 세력보다 상대적으로 더 전향적 내지 진보적이라는 평가를 받았다는 점을 들 수 있을 것이다.

해방 후 한반도지역에서 성립된 정권의 역사적 정통성을 가늠하는 잣대는 친일세력 숙청과 정치·경제·사회·문화적 민주주의의 진전과 평화적 민족통일 문제의 진전에 있다고 생각할 수 있다. 그 가운데 친일 세력 숙청 문제는 해방 후 한 세대가 지나면서 불행하게도 현실적·정치적 숙청의 시효가 지났고 다만 역사적 청산만이 남았다고 할 수 있다.

그렇게 보면 1990년대에 성립되었거나 성립되는 정권의 역사적 정통성을 가늠하는 잣대는 정치·경제·사회·문화적 민주주의의 진전과 평화적 민족통일 문제의 진전에 있다고 할 수 있다. 그리고 그 점에서 보면 김대중정권은 적어도 지금까지 남쪽에서 성립된 정권 중에서는 그 성립 과정 자체에 한정해서 말한다면 가장 높은 정통성을 가지고 성립된 정권이라 말할 수 있지 않을까 한다.

그러나 김영삼정권이 군부세력 및 그 유착세력과의 합당, 즉 '결합'을 통해서 성립되었고, 그것이 정권의 정통성을 가늠하는 잣대로서의 민주주의와 평화통일의 획기적 진전에 장애가 되었다면, 김대중정권은 이른바 '보수 본당'을 자처하는, 그리고 지난날 군사정변을 주도했으며 또 '유신 본당'이라 불렸던 정치세력과의 '연합'을 통해서 성립되었다는 큰 부담을 안고 있다.

'보수 본당'을 자처하거나 '유신 본당'으로 평가되는 정치세력과의 '연합' 없이는 김대중정권의 성립 자체가 불가능했다면, 그것은 우리 사회의 현실적·역사적 제약일 수밖에 없다. 그렇다고 해도 김대중정권은 그 부담을 회피할 수 없을 뿐만 아니라, 정권 담당 기간을 통해 역사적 정통성을 계속 확보하는 데 실패한다 해도 '연합'에서 온 부담을 변명거리로 삼을 수는 없으며, 다만 집권 기간을 통해 그것을 극복해야 할 과제만이 있을 뿐이다.

김영삼정권이 문민정권이면서도 민주주의 진전과 평화통일에의 접근에 실패함으로써 정권의 정통성 확립에 실패한 주된 원인을 군부세력과의 '결합'에 의한 성립에서 더 구할 것인가, 아니면 그 정권의 지도자가 민주당 구파식 대북관에서 탈피하지 못한 점에서 더 구할 것인가 하는 문제가 있지만, 김대중정권 역시 민주당 신파씩 대북관에서 얼마나 크게 탈피할 수 있느냐 하는 문제가 전혀 없는 것은 아니다. 그러면서도 김대중씨 자신의 대북관이 상당 기간 비교적 전향적이었다는 점과 그것이 집권 후에 회복될 것인가 하는 기대가 있는 것도 사실이라 하겠다.

김영삼정권의 대북정책이 주는 교훈

김대중정권의 남북관계를 전망하기 전에 문민 김영삼정권이 왜 대북관계, 즉 평화통일 문제에서는 오히려 노태우정권보다 더 진전이 없었는가 하는 문제를 반성해볼 필요가 있을 것 같다. 김영삼정권의 불행은 물론 정상회담의 무산에서 시작되었고 그것은 불가항력적인 일이었다. 그러나 그것에 못지않은 불행의 원인은 슬기롭지 못한 조문문제의 대처에 있었고, 그 원인은 또 김영삼정권의 평화통일 의지의 불확실성에 있었다고 할 수 있을 것이다.

독일 통일 후에는 무력통일이 아니라 해도 평화통일이라 정의하기 어려운 경우가 생기게 되었다. 흡수통일을 옳은 의미의 평화통일이라 할 수 있느냐 하는 문제가 있기 때문이다. 흡수통일이나 한쪽의 우위(優位) 통일이 옳은 의미의 평화통일이 아니라 양쪽의 대등(對等) 통일만이 옳은 의미의 평화통일이라는 점을 확실히 할 필요가 있다는 것이다. 두 분단국가가 흡수통일이 아닌 옳은 의미의 평화통일을 이루기 위해서는 쌍방의 타협과 양보가 전제되어야 함은 말할 나위가 없다.

정상회담이 약속되었다가 북쪽 정상이 죽었을 때 조문을 할 것인가 안 할 것인가 하는 문제를 두고 분쟁이 있었지만, 앞으로 흡수통일이 아닌 옳은 의미의 평화통일을 해가려면 조문을 하는 것이 유리하겠는가 안하는 것이 유리하겠는가 하고 생각해보면 답은 간단하게 나오게 마련이다. 김영삼정권이 조문을 하지 않았을 뿐만 아니라 조문하자는 사람을 반역자나 되는 것처럼 수선을 떤 것은 결국 비흡수 평화통일에 대한 확실한 의지가 없었기 때문이라 해도 좋을 것이다.

군사정권의 경우 그 속성상 무력통일을 기도하다가 주·객관적 조건이 그것을 불가능하게 했을 때 독일식 흡수통일을 기도할 법도 하다. 그러나 문민정권의 경우 흡수통일 정책에서 벗어남으로써 군사정권적 속성을 탈피할 수도 있을 것이다. 그런데도 김영삼정권은 정상회담 유산 후 조문문제와 잠수함 사건 등이 겹치면서 북쪽 정권의 붕괴에 의한 흡수통일에의 미련을 버리지 못했고, 그것은 이후 김영삼정권의 통일정책에 전혀 진전이 없게 한 원인이었다고 할 수 있다.

특히 김일성 북쪽 주석의 사망이 북쪽 정권의 조기 붕괴를 가져오리라 전망했고, 그것이 남쪽의 보수세력 일반으로 하여금 「남북합의서」에서 합의된 비흡수 평화통일안을 버리고, 북쪽 정권 붕괴를 대망하면서 반북 의식 내지 정책을 강화하는 쪽으로 나아가게 했다. 그러나 김영삼정권이 끝날 때까지 북쪽 정권은 붕괴될 가망이 없는 것 같고, 김영삼정권은 특히 통일문제에서 전혀 업적이 없는 정권이 되고 마는 것이 아닌가 전망된다.

김영삼정권의 대북정책과 관련하여 몇 가지 생각해야 할 문제가 있다. 첫째, 북쪽 정권이 쉽게 무너지지도 않지만, 만에 하나라도 무너질 경우 독일의 경우처럼 바로 남북통일로 연결될 것인가 아니면 통일 대신 북쪽에 친중국 군사정권이라도 성립될 가능성이 더 큰가 하는 문제가 있다. 한반도지역은 독일 지역과 달라서 북쪽 정권이 무너져도 동독처럼 무너지지 않고 다른 정권이 들어설 가능성이 높다는 것이 많은 전문가들의 분석임을 이해할 필요가 있다.

남북정상회담이 무산되고 김영삼정권의 대북정책 내지 통일정책이 벽에 부딪힌 틈을 타서 미국이 4자회담을 제의했고, 그것이 김영삼정권 시기 통일정책의 주된 문제로 등장했다. 그러나 통일문제를 풀어가는 최선의 방법은 역시 남북 당사자의 직접 교섭이며, 그 최고의 방법은 남북정상회담이라 할 수 있을 것이다. 그리고 이제 우리의 민족문제는 외세의 개입이나 도움 없이 우리 민족이 주체적으로 해결해야 할 때가 되었다.

김대중정권과 남북관계의 전망

현시점에서 김대중 당선자를 진보적이며 개혁적인 정치인으로 볼 것인가, 아니면 역시 보수적인 정치인 대열의 한 사람으로 볼 것인가 하는 문제는 쉽게 단정하기 어려운 것이 아닌가 한다. 집권 과정에서 그는 보수세력과 너무도 많은 타협을 했기 때문이다. 그 타협이 하나의 전술에 지나지 않았는지 아니면 전략 차원까지 갔을지는 의문이다. 다만 앞에서도 말한 것과 같이 곧 취임하게 될 그는 지금까지 남쪽에서 집권한 어느 집권자보다도 통일문제에 대해 독자적 방법론을 가지고 있으며, 그 대북인식 및 통일정책이 여느 정치지도자보다도 전향적이라는 평을 받았다는 점에는 이의가 없지 않은가 한다.

선거과정에서도 누누이 공약한 바 있지만 김대중정권의 대북정책 내지 통일정책에서 가장 중요한 전제는 「남북합의서」를 존중하고 합의사항을 적극적으로 이행해가는 일이다. 「남북합의서」는 남북 정부 당사자들이 흡수통일이 아닌 '타협통일'을 약속한 일종의 약정서이기도 하다. 다시 강조하지만 흡수가 아닌 타협과 협조 통일을 전제로 했기 때문에 「남북합의서」 교환 자체가 가능했던 것이다. 무력통일이나 흡수통일이 아닌 합의통일의 약속을 이행해가려면, 무엇보다도 북쪽의 붕괴를 기다리는 통일정책을 포기하는 일이 중요하다.

김영삼정권이 북쪽 및 미국과 약속한 4자회담을 김대중정권이 폐기할 수 있느냐 하는 문제가 있다. 폐기할 수는 없다 해도 그것을 남북 양자회담 성격으로 적극적으로 전환시키는 일이 중요하며, 한편 김영삼정권이 이루지 못한 남북정상회담을 재개할 수 있어야 할 것이다. 앞에서도 말했지만 남북정상회담은 통일문제의 민족주체적 해결을 위한 최고 최선의 방법이라 할 수 있다.

「남북합의서」 교환은 남북 두 분단국가가 타협적으로 평화적으로 통일해가자는 엄숙한 약속이었다. 타협적인 통일을 하자면서 북쪽을 적으로 규정한 국가보안법을 가지고 있는 것이 남쪽의 현실이다. 물론 북쪽에도 유사 법령을 가지고 있기 때문에 남쪽이 일방적으로 국가보안법을 폐기할 수 없다는 논리도 가능하다. 그러나 남쪽은 국력이 북쪽의 10배 이상이며, 그 위에 소연방 붕괴 후 세계 유일의 강대국이 된 미국의 군사력을 배경으로 하고 있다. 그러면서도 국가보안법을 일방적으로 폐지할 수 없다면 평화통일·대등통일·타협통일의 의지가 분명하지 않다고 해도 더 할 말이 없을 것이다.

오랫동안 미국의 경제 봉쇄에 시달린 북쪽은 지금 미국 및 일본과의 국교 정상화를 원하고 있다. 북쪽이 원하는 데도 불구하고 조·미 국교와 조·일 국교가 이루어지지 않는 것은 다른 여러가지 이유도 있겠지만, 남쪽 정권의 견제와 방해도 그 원인 중의 하나다. 남쪽 정권은 흔히 북쪽을 개방해야 한다고 말하는데 북쪽과 미국 및 일본이 관계를 정상화하는 것도 북쪽을 개방하는 방법의 하나가 된다고 할 수 있다. 그렇다면 남쪽이 북·미, 북·일 국교 정상화를 방해할 이유는 없을 것이다.

김대중정권이 해방 후 남쪽에서 성립된 정권 중에서 대북문제 및 평화통일문제에서 가장 전향적인 정권이라고 할 수 있다면, 흡수통일이 아닌 진정한 의미의 평화통일, 즉 남북 대등통일과 '타협통일'의 진전을 위해 상당한 기대를 걸 만하다고 할 수 있다. 다만 김대중정권이 이른바 보수 본당을 자처하는 정치세력과의 연합에 의해 성립되었다는 부담을 지고 있지만, 그것을 극복해갈 수 있을 때 어려운 과정을 통해 성립된 정권 스스로의 역사적 의의 내지 당위성을 구할 수 있을 것이다. (1998년 2월)

민간 통일운동의 회고와 전망

문익환 목사 방북의 배경과 성과

목사 문익환이 방북한 것은 1989년 3월이었는데, 먼저 이것이 어떤 시점이었던가를 이해할 필요가 있다. 1987년 6·10민주화운동의 결과 대통령직선제가 실시되었으나, 민주세력의 경합으로 군부 출신 노태우정부가 성립되었다. 노정권은 1988년의 올림픽 개최를 앞두고 해외동포의 자유로운 남북 왕래, 이산가족의 서신 왕래·상호 방문 적극 추진, 북쪽과 자본주의국가의 관계개선 협조 및 남쪽과 사회주의국가와의 관계개선 촉구 등을 내용으로 하는 7·7선언을 발표했고, 올림픽이 끝난 후 11월 1일에는 사회주의권 헝가리와 대사급 외교관계가 수립되었다.

노태우정권의 7·7선언과 동유럽 사회주의권과의 수교는 결국 소련 및 중국과의 수교로까지 연결된 이른바 북방정책의 추진 과정이었다. 북방정책의 귀결점은 북쪽의 두 우방 소련 및 중국과의 수교에 있었고, 그것은 곧 북쪽을 국제사회에서 고립시키는 정책과 연결되는 것이었다. 이렇게 보면 문익환의 방북이 이 고립정책에 대처하는 것일 수도 있겠다.

그러나 방북 당시의 문익환이 노태우정부의 북방정책이 북쪽에 대한 고립정책이라 파악하고 있었는지는 의문이다. 그는 방북 직전, 즉 1989년 3월 23일에 일본 토오꾜오에서『한겨레신문』과 인터뷰를 했는데, "국내 정세 등을 감안할 때 위험성 같은 것은 안 느껴지십니까?" 하는 질문에 대답하면서 "최근 들어 목소리가 줄어든 감이 있지만 그동안 북방정책에서 적어도 통일원은 상당히 열린 자세로 일해왔다고 봅니다"라고 말했다. 어쩌면 노태우정부의 북방정책이 그가 방북을 결심하게 된 하나의 배경이 되었는지도 모른다.

이 기자회견에서는 당연히 그의 방북 목적에 대한 질문이 나왔는데, 우선 그는 "남북문제에 있어서 지금까지 남쪽의 민주세력은 분단의 장벽을 무너뜨리려는 노력이 부족한 감이 있었습니다"라고 했다. 사실 1980년대의 대부분을 남쪽의 민간운동은 전두환 군사독재 정부에 대항하는 민주화운동에 치우칠 수밖에 없었고, 통일운동은 상대적으로 부진했던 것이 사실이다. 전두환정부는 비밀리에 남북정상회담을 추진했으나 성사되지 못했고, 노태우정부가 7·7선언 발표, 북방정책 추진, 창구단일화 등을 통해 통일문제를 제도권 내에 한정시키려 한 데 대한 민간통일운동의 대응책이 미약하다고 인식했던 것이라 할 수 있을 것이다.

그는 또 방북의 동기를 말하면서 "나 자신은 정치인이 아니지만, 정치협상을 통하여 정치인들이 문제를 푸는 데 돌파구를 마련해주고 대화의 바탕을 제공할 수 있다고 생각합니다"라고 했고, 방북성명서에서는 "저는 물론 일개의 야인이며, 어떠한 형태의 권력 혹은 권위 같은 것을 가지고 북에 가는 것은 아닙니다"면서 1948년 남북협상 길에 읊은 백범 김구의 한시를 인용했다. 그의 방북은 역시 1980년대 민간 통일운동의 일환이었던 것이다.

1948년 김구·김규식 등의 남북협상은 당시로서는 아무 현실적인 성과도 거두지 못했다. 그러나 무력통일론이 부정되고 평화통일론이 정착하면서 그것은 '해방공간'의 통일민족국가 수립운동으로서의 그 역사적 위치를 확립해가고 있다. 이에 비해 문익환의 방북은 바로 현실적 성과와 연결되었다는 점에서 1948년 양김의 방북과는 다른 점이 있다.

양김의 방북에서 합의된 미·소 양군 철수 및 남북정치회의 결성, 단선·단정 반대는 실현되지 않았다. 그러나 문익환 방북 때 합의된 남북불가침선언은 그후 곧 실현되었고, 정전협정의 평화협정으로의 대체 문제와 연방제 통일안은 실현단계에 들어갔다고 할 수 있기 때문이다.

1989년 4월 2일 평양에서 '문목사-'조평통' 공동성명'은 남북 사이의 불가침 합의서 교환과 휴전협정의 평화협정으로의 대체, 그리고 남북연합 단계와 완전통일 단계 사이에 연방제 단계를 설정하는 일 등을 선도한 결과가 되었다고 할 수 있을 것이다.

1990년대 민간 통일운동의 한계성

문익환의 방북은 1980년대 민간 통일운동을 결산하는 결과가 되었다고 할 수 있으며, 1990년대로 들어서면서 '문목사-'조평통' 공동성명'에서 거론된 남북불가침선언을 현실화시켰다고 할 수 있다. 그리고 김영삼정부가 성립되자 문익환은 김정권의 문민정권으로서의 '정통성' 같은 것을 인정하면서 민간 통일운동의 '합법화'를 주장했다고 생각되는데, 여기서 민간 통일운동 세력 사이에 이견이 빚어졌고, 그는 곧 사망했다.

그가 김영삼 문민정권의 정통성을 인정하고 민간 통일운동의 '합법화'를 주장한 사실에 대한 평가를 어떻게 할 것인가 하는 문제가 있다. 이 점에서는 그가 사망한 후 곧 남북정부 사이에 정상회담이 합의되었다는 사실이 중요하게 고려되어야 할 것이다. 다시 말하면 문익환이 김영삼 문민정부의 '정통성' 같은 것을 인정하고 통일운동의 '합법화'를 기도한 사실과 북한정권이 김영삼정부와의 정상회담에 합의했다는 사실이 같은 맥락 위에 있다고 말할 수 있기 때문이다.

남북정상회담이 북쪽 정상의 사망으로 실현되지 못했고, 그 조문문제로 남북관계가 다시 냉각되었으며, 이 때문에 남쪽 민간 통일운동과 김영삼정부가 다시 대치관계로 되면서 거리가 멀어지게 되었다. 그러나 그것은 문익환이 민간 통일운동의 '합법화'를 기도한 일과는 이제 별개의 문제라 하지 않을 수 없을 것이다.

남북정상회담이 성사되지 못하고 남북관계가 다시 냉각되면서 대북관계의 주도권이 미국에 돌아가고 남북정상회담이 아닌 4자회담 문제가 표면에 등장하게 되는 것이 김대중정부 이전 1990년대의 상황이라 할 수 있다. 이런 상황 속에서 민간 통일운동이 무엇을 해야 할 것인가 하는 문제가 있었다.

우선 김일성 주석의 사망에 따른 조문문제에 대한 대응이다. 김일성이 사망했을 때 그 권력이 부자 상속되리라 예상되었고 실제로 가능성도 높았다. 따라서 김일성 사망 후 북쪽의 후계 권력과 통일문제를 교섭하지 않으려면 별 문제지만, 평화통일을 위해 계속 교섭하려면 교섭 대상은 김일성의 아들 김정일이 될 수밖에 없었다.

그렇다면 조문문제가 나왔을 때 평화통일을 지향하는 민간 통일운동이 무엇을 해야 할 것인가는 자명하다. 당연히 '조문 운동'을 광범위하게 일으켜야 했을 것이다. 그러나 민간 평화통일운동의 대응력 부족으로 보수세력의 강한 반대에 밀려 '조문 운동'을 거의 전개하지 못했다.

특히 '조문 운동'은 민간 통일운동 '합법화'를 반대한 통일운동 세력이 주도하게 됨으로써 '합법화'의 입지를 좁히는 결과가 되었다고 할 수 있을 것이다.

조문 파동 이후 동해안에서의 북쪽 잠수정 출현 등이 겹치면서 김영삼 문민정부의 대북정책 및 통일정책은 노태우 군사정권 때보다 오히려 후퇴했다. 물론 김일성이 사망 후 몇 년간은 북쪽으로서도 대남정책 및 통일정책에서 일정한 유보 기간이 필요했겠지만, 어떻든 김영삼정부의 통일정책 및 대북정책 냉각기간을 통해 민간운동도 전혀 그 활로를 열 수 없었다고 하겠다.

박정희·전두환·노태우 등 군사정권시대의 민간 통일운동은 민주·민족적 정통성이 약한 군사정권에 의한 통일문제 해결의 독점에 저항하면서 저항적 통일운동이 될 수밖에 없었다. 그러나 김영삼 문민정부가 성립하면서 남북정상회담이 합의되는 상황에서는 민간 통일운동은 따로 남북 민간 사이의 적극적 교류운동을 펴야 했을 것 같은데 그렇지 못하다가 정상회담 불발과 잠수정 사건 등으로 남북관계가 다시 급랭하는 상황이 되었고, 이 분위기에 눌려 김영삼정부는 5년간 민간 통일운동을 전혀 벌이지 못하다가 김대중정부의 성립을 보게 된 것이다.

2000년대 민간 통일운동의 전망

1998년에 김대중정부가 들어서면서 대북정책 및 통일정책에 변화가 오기 시작했다. 그것은 햇볕정책 혹은 포용정책으로 불리게 되었는데—햇볕정책이니 포용정책이니 하는 말은 부적당하고 '적극적 화해정책'이라 하는 것이 옳다고 생각하지만—그것은 크게 두 가지 특징을 가지는 것으로 이해된다. 첫째는 확실한 비흡수 평화통일을 표방한 것이라 생각되며, 둘째는 남북정상회담 불발 후 4자회담안의 등장으로 조성된 통일문제 및 한반도문제의 북·미 중심 상황을 남·북 중심으로 전환시키는 일이라 할 수 있을 것이다.

김대중정부와 같이 정부 쪽에서 적극적으로 화해정책을 펴는 경우 민간 통일운동은 무엇을 해야 할 것인가 하는 문제가 떠오르게 되었다. 특히 아직은 남북 당국자 사이의 교섭이 직접 이루어지지 않고 있지만, 앞으로 그것이 이루어질 경우 민간 통일운동은 이제 불필요할 것인가, 그렇지 않다면 무엇을 할 것인가 하는 문제가 있다. 이에 대해서는 몇 가지 문제를 생각할 수 있을 것이다.

첫째, 적극적 화해정책을 펴는 정부 아래서의 민간 통일운동의 위상이 어떤 것이 되어야 하는가 하는 문제가 있다. 군사독재정권 시기의 민간 통일운동은 두 가지 유형이 있었는데, 그 하나는 반정부적 통일운동이었고, 다른 하나는 관변적 통일운동이었다. 그러나 적극적 화해정책을 펴는 정부 아래서의 민간 통일운동은 비반정부적이고 비관변적인 운동이 되어야 할 것이다. 이같은 민간 통일운동은 아직 한 번도 해본 일이 없다고 할 수 있다. 비반정부적·비관변적 민간 통일운동의 방법론을 정립하는 일이 민간 통일운동의 중요한 과제의 하나라 할 것이다.

둘째, 김대중정부가 펴고 있는 적극적 화해정책은 과거 어느 정부의 통일정책보다 비흡수 평화통일정책으로서의 성격을 더 짙게 한다고 할 수 있다. 비흡수 평화통일은 화해통일·타협통일·대등통일이라 할 수 있겠는데, 이같은 비흡수 평화통일정책 아래서의 민간 통일운동이 어떤 것이어야 하는가 하는 문제가 있다. 작년에 발족한 '민족화해협력범국민 협의회'에 민간 통일운동이 대거 참가했다. 그것이 과연 비반정부·비관변·비흡수통일과 그 위에 화해·타협·대등통일을 지향하는 민간 평화통일운동의 중심이 될 수 있을 만한가, 북쪽에서 성립된 민간 통일운동 기구로서의 민족화해협의회의 카운터 파트가 될 만한가 하는 문제 등이 있다.

셋째, 김대중정부의 적극적 화해정책은 아직 남북 당국자 사이의 교섭으로는 나아가지 못하고, 기업 쪽의 금강산 관광사업 및 민간의 북쪽 돕기운동 등으로 나타나고 있다. 남북 당국자 교섭이 되지 못하고 있는 이유는 여러가지가 있겠지만, 특히 북쪽에서 제시한 '국보법' 폐지 등이 이행되지 못하고 있기 때문이기도 하다. 그럼에도 '민화협'으로 대표되는 김대중정부 아래 남쪽 민간 통일운동은 「남북합의서」 이행운동은 일부 펴고 있지만, '국보법' 폐지 운동에는 적극적으로 나서지 못하고 있는 실정이다.

'민화협'의 경우라 해도 북쪽에서 남북 화해정책 및 비흡수 평화통일을 위한 걸림돌로 내세우고 있는 '국보법'의 폐지는 불가하다는 입장인지, 아니면 '민화협'이 비반정부·비관변·비흡수 민간 평화통일운동의 위치를 아직 확보하지 못한 것인지, 그 위치를 확보했다 해도 '국보법' 폐지운동은 전개할 수 없는 상황임을 말하는 것인지 분명하지 않은 것이 아닌가 한다.

넷째, 김대중정부의 적극적 화해정책에 힘입어 민간 차원의 북쪽 돕기, 즉 식량·비료 돕기 운동 등이 일부 이루어지고 있으며, 이 운동이야말로 비반정부·비관변·비흡수 민간 통일운동이 적극적으로 펴야 할 부분이 아닌가 한다. 그러나 과거 반정부운동으로서의 통일운동을 펴던 민간 통일운동 세력이 그때보다는 덜 적극적이지 않은가 하는 느낌이 있다.

그리고 금강산관광이 이루어짐으로써 많은 남쪽 민간인이 북쪽 땅을 밟는 데 반해, 북쪽 민간인의 남쪽 방문은 전혀 이루어지지 않고 있다. 남쪽의 민간운동, 특히 종교계 운동이 우선 북쪽 종교인을 초청하여 남쪽 땅을 밟게 하는 일이 중요하다 할 것이다. 남쪽 민간인의 금강산관광은 비록 기업 쪽의 선도로 이루어졌다 해도 북쪽 민간인의 남쪽 나들이는 남쪽 민간운동이 적극적으로 펴야 할 부분이 아닌가 한다. (1999년 4월)

제3부

통일시대
우리 역사학 연구의
나아갈 길

통일시대 우리 역사학 연구의 나아갈 길

머리말

오랫동안 쓰이던 분단시대라는 말 대신에 통일시대라는 말이 등장하게 되었다. 분단시대라는 말이 너무 오래 사용된 데 대한 반발일 수도 있겠으나, 우리 역사가 실제로 통일시대로 들어섰다는 말일 수도 있겠다. 통일시대로 들어섰다면 언제부터란 말인가? 한 민족의 분단시대가 끝나고 통일시대가 시작되는 연대 ─ 역사학이 좋아하는 절대 연대 ─ 가 분명해지려면, 분단국가의 한쪽이 다른 한쪽을 무력통일하여 항복조약을 체결하는 날짜가 명백하거나, 아니면 어느 한쪽 정권이 스스로 해체 결의를 하고 다른 한쪽 정권에 제 통치권을 넘겨주는 날짜가 확정되는 경우 등이 있을 수 있겠다. 월맹이 옛 사이공시를 점령하여 무력통일하고, 서독이 동독을 흡수통일한 절대 연대가 분명한 경우가 그런 것에 해당될 수 있겠다.

그러나 우리의 경우 지금 남북 두 분단국가의 국민은 말할 것 없고 그 집권세력까지도 무력통일은 물론 독일식 흡수통일도 하지 않겠다고 분명히 표명하고 있다. 따라서 베트남 통일이나 독일 통일과 같이 절대 연대가 밝혀지는 통일이 아니라, 지금의 1민족 2국가 2정부 2체제 상태를 우선 1민족 1국가 2정부 2체제로 만들고, 최종적으로 1민족 1국가 1정부 1체제로까지 만들어가려면 긴 시간과 여러 과정이 필요할 것이다. 따라서 분단시대와 통일시대의 분기점이 하나의 절대 연대로 나타나기 어려운 통일이 될 가능성이 커진 것이라 할 수 있다.

그렇게 생각해보면 우리는 이미 분단시대를 넘어 통일시대로 들어서고 있는지도 모른다. 특히 뒷날의 역사학이 8·15 후의 우리 역사가 분단시대에서 통일시대로 넘어선 절대 연대를 꼭 따진다면, 어쩌면「남북 사이의 화해와 불가침 및 교류·협력에 관한 합의서」가 발효된 1992년 2월 19일부터를 그 출발점으로 잡을 수도 있을 것이다. 그리고 지금의 2국가 2정부에서 1국가 2정부로 되었다가, 다시 1국가 1정부로 되어가는 시점이 분단시대에서 통일시대로 넘어가는 큰 중간 시점이 될 수 있을 것이다.

그럼에도 불구하고 우리 역사학계 일반이 오랫동안 지속된 분단시대의 역사인식을 극복·청산하고 얼마만큼 통일시대의 역사인식으로 전환해가고 있는가, 역사학계가 통일을 앞당기기 위해 또 통일 후 역사학의 올바른 위상을 수립하기 위해 학문적으로 무엇을 얼마나 대비하고 있는가 자문해보지 않을 수 없다. 특히 일제식민지시대의 국내 역사학이 민족해방을 위해 학문적으로 어떤 공헌을 했으며, 해방 후의 역사교육을 위해 어떤 준비를 했던가를 뒤돌아보면, 분단시대 역사학이 식민지시대 역사학의 전철을 밟지 않는다는 보장이 없다는 생각도 떨칠 수 없다.

일제식민지시대의 역사학이 민족해방을 위해 아무 일도 하지 못하고 다만 역사지리적 고증이나 전근대사 연구에 철저히 한정되었던 전철을 분단시대 역사학이 그대로 밟지 않기 위해, 이미 민족통일의 시대로 들어섰는지도 모르는 지금의 역사학이 통일시대를 위해 무엇을 어떻게 해야 할 것인가를 생각해보아야 할 것이다. 그리고 그것은 우선 역사인식상의 문제와 연구과제상의 문제로 크게 나누어 생각해볼 수 있지 않을까 한다.

역사인식의 변화가 시급하다

1. 역사학 연구 일반론의 경우

통일시대를 위한 민족사 인식의 전환을 위해 먼저 세계사 인식의 재검이 요구된다. 세계사는 바야흐로 하나의 세기를 마감하고 새로운 세기를 목전에 두고 있다. 인간은 하루 24시간의 지루한 연속 속에서 주(週)·월(月)·연(年) 등 일정한 마디를 만들어 그것으로 마음을 가다듬고 생활 향상을 기도하는 계기로 삼아왔다. 그 제일 큰 마디를 세기(世紀)로 잡은 것이지만, 이제 가장 큰 또 하나의 마디를 넘기면서 인간사회가 가져야 할 최고의 과제는 무엇보다도 역사의식의 전환 문제가 아닌가 한다.

20세기는 두 차례의 세계대전을 겪은 세기이면서 또 인류역사상 최초로 혁명에 의해 사회주의 국가체제가 성립된 세기이기도 했다. E. H. 카(Carr)가 "1917년의 러시아혁명은 새롭고 결정적인 자극을 주었다. 이 점에서 의미깊은 것은 러시아혁명의 지도자들이 유럽에서 그 모방자가 나올 것을 끈질기게 기다렸으나 실패하고, 최후로 아시아에서 발견했다는 점이다. 변화를 모르는 것은 유럽이고, 아시아는 움직이기 시작했다"고 하여 러시아혁명을 긍정한 것과 같이, 반드시 유물사관을 채택하지 않는 역사학자라 해도 사회주의혁명을 인류역사의 새로운 전기로 보았고, 그것이 자본주의시대에서 사회주의시대로 이행하는 계기가 되리라 전망하는 경우가 많았다. 그리고 그 전망은 적중해서 제2차 세계대전을 겪으면서 사회주의 국가체제가 동유럽 지역과 중국·베트남·북한 등 지역으로 확대되어갔다.

확대일로에 있던 국가사회주의권이 성립된 지 경우 70여 년 만에 먼저 동유럽 지역에서 무너지더니 기어이 소연방까지 해체되었고, 중국과 베트남도 시장경제체제를 도입하면서 사회주의 경제체제를 일부 포기해가고 있다. 이같은 국가사회주의체제의 와해를 두고 일부의 이론가들은 앞으로의 역사가 자본주의 전일체제로 진행되리라 전망하기도 하고, '이데올로기의 종언' 혹은 '역사의 종언'이란 말이 나오기도 했다.

그러나 어떤 시대의 어떤 조건 아래서도 인간의 역사가 변화해왔다는 사실은 아무도 부인하지 못한다. 그것을 전제로 하고 '종언' 운운하는 말을 좀더 풀어보면, 지금까지의 역사적 변화는 생산구조와 계급구조까지를 변화시켜왔고 그것이 시대구분의 기준이 되기도 했으나, 앞으로의 역사적 변화는 생산구조나 계급구조상의 변화는 없고, 다시 말하면 자산계급이 주도하는 자본주의 생산구조가 영원히 유지되고, 다만 그 틀 속에서 정치적·문화적 변화만이 있어서 그 변화에 따라 인류역사의 시기 구분이나 시대 구분이 이루어질 것이라는 말이 될 수 있겠다.

그런 경우 결국 자본주의체제에서 사회주의체제로의 이행 자체가 불가능하다는 말인 셈이다. 그러나 봉건체제에서 자본주의체제로의 이행도 3세기 이상 걸렸고, 그 과정에서 많은 역사 반동기가 있었음을 상기할 필요가 있다. 인류역사의 발전에 따라 이행기 자체도 짧아지게 마련이겠으나, 자본주의시대에서 사회주의시대로의 이행기가 본격적으로 시작된 지 불과 70여 년 만에 닥친 한때의 '정체기' 혹은 '반동기'적 현상일 수 있다는 관점도 완전히 부인할 수 없다. 그런 상황을 두고 '역사의 종언' 운운하는 것은 비역사적 관점이요 성급한 결론이라 말할 수 있을 것이다.

흔히 지적하는 일이지만 경쟁과 착취와 독점으로 가득 찼던 자본주의체제가 자정력을 가지게 된 것은 사회주의의 도전이 있었기 때문인데, 그 도전이 없어지거나 아주 약해진 조건 아래서도 자본주의의 자정력이 계속 발휘되면서 사회주의가 다시 도전할 기회를 완전히 봉쇄하고, 그 전일체제를 유지해갈 수 있을 것인가, 아니면 오히려 그 생래적이고도 불가결한 경쟁과 독점의 모순이 급격히 증대하여 사회주의로 하여금 기사회생하게 할 수 있을 것인가, 아직은 어느 쪽도 속단하기 어렵다는 견해가 있음도 주목해야 할 것이다.

그건 그렇다 하고 생각을 조금 돌려보자. 봉건주의니 자본주의니 사회주의니 하는 것은 모두 길고도 긴 인간역사 전체의 흐름 속에서 그중의 한 시대를 제도한 이데올로기요 체제론에 불과하다. 그 주의나 제도들보다 한층 더 본질적인 차원에서 인간의 역사는 정치적으로 권력의 속박으로부터 자유로워지는 사람이 점점 많아지는 방향으로, 그리고 경제적으로 생산력이 향상되면서 그 결과로 얻어진 재부(財富)가 편재(偏在)되지 않고 전체 사회구성원에게 고루 분배되고 혜택되는 방향으로, 사회적으로 정치적 자유의 확대와 경제적 균등화를 전제로 하여 만민평등이 이루어지는 방향으로, 사상·문화적으로 인간 특유의 생각하고 말하는 자유가 계속 신장되는 방향으로 끊임없이 발전해왔고 또 발전해갈 것이다.

어떤 힘도 이 역사 본래의 길을 계속 저지하지 못했음을 우리는 전체 인류역사의 발전 과정을 통해 계속 확인해왔다. 자본주의체제는 봉건주의체제보다 이 정치·경제·사회·문화 면의 조건에서 더 진전되고 확대된 체제였기 때문에 성립될 수 있었다. 사회주의체제는 자본주의체제보다 적어도 이론적으로는 인류사가 필연적으로 걷고 말 이 네 가지 길을 더 확대·발전시킬 수 있는 것이라 인식되고 또 믿어졌기 때문에, 기꺼이 목숨을 바친 많은 신봉자를 배출했고 또 그 혁명이 성공하기도 했다.

그 이론에 따라 국가체제를 수립하고 운영한 역사적 과정에서 경제적 균등화와 사회적 평등화는 크게 진전되었다. 그러나 한쪽에 건재한 자본주의체제의 강한 도전을 받으면서 그것에 대응하기 위한 혁명적 분위기가 오래 지속되었고, 그 때문에 정치적 자유의 확대가 오히려 제한되고 자본주의체제와의 무력경쟁과 우주개발 경쟁 등으로 국민생활 향상을 위한 생산력 발전이 크게 제약되었다. 광범위한 반혁명 지역과의 대결을 위한 혁명적 분위기의 장기적 지속 때문에 그 본래의 방법론과는 달리 오히려 인간의 사상적 자유와 창의성 신장이 제약되었고, 그것들이 원인이 되어 국가사회주의체제가 '일시' 무너지게 되었다고 볼 수도 있을 것이다.

설령 현존 사회주의체제가 가진 그런 결함들이 수정되지 못하고, 따라서 현재의 사회주의 방법론으로는 앞으로 더이상 국가체제를 갖추어 인간사회를 제도하게 되지 못한다 해도, 인간역사 본래의 길인 정치적 자유의 확대와 생산력 향상에 따르는 재부의 균배(均配)와 그 두 가지 발전을 전제로 한 만민평등의 실현, 그리고 사상과 언론 자유의 확대는 멈추어질 수 없는 것이다. 따라서 자본주의체제가 가진 근원적 결함인 경쟁과 독점에 의한 재부의 편재(偏在)와 그것을 바탕으로 이루어지는 정치적 자유의 협애화 및 사회적 평등의 제약 등이 우리가 지적한 멈추어질 수 없는 역사 발전 본래의 길과 마찰되지 않을 수 없는 것이다. 그것을 해결해가는 길이 무엇인가 하는 문제는 그냥 남게 마련이다.

국가사회주의체제의 붕괴와 함께 흔히 그 이데올로기의 역사성까지도 종언된 것처럼 생각하고 이데올로기의 종언 운운하는 경우가 많지만, 이데올로기의 종언이란 사회주의 이데올로기 자체가 가진 역사성의 종언을 말하는 것이 아니라, 일시적·현실적 조건에 의해 경직된 이데올로기에 얽매여 역사 전체의 바른 노정(路程)을 실천하지 못하게 된 불합리성 내지 폐쇄성의 종언이어야 한다고 봐도 좋을 것이다.

인간역사의 발전과정에는 이밖에도 고대사회 이후 성립된 계급주의를 청산하고, 근대사회 이후 강하게 대두한 민족주의의 한계를 극복하면서 세계를 인류 본래의 이상인 하나의 평화공동체로 만들어가야 하는, 무엇에도 뒤질 수 없는 최고의 과제가 엄존한다. 앞 세기는 그만두고 20세기만 두고 봐도 그 전반기보다 후반기가 교통·통신의 발달과 이민의 증가 등으로 세계가 하나의 공동체가 되는 길로 훨씬 더 나아가고 있음을 실감할 수 있다. 가위 지구 단위의 거주·이동의 자유가 확대되고 있는 것이다.

다만 이같은 세계공동체화 과정에서 유의해야 할 점은 그것이 반드시 평화공동체로 되어야 한다는 것이며, 그러기 위해서는 세계를 하나로 만들어가는 원동력이 초국적 자본이 가진 경쟁력과 독점력 같은 것이 아니라 인간애와 평화주의여야 한다는 점이다. 초국적 자본의 힘 같은 것이 민족국가들 사이의 벽을 낮추고 세계를 하나로 만들어가는 원동력이 되는 경우, 그 어쩔 수 없는 속성인 경쟁과 독점을 바탕으로 한 이윤추구 목적의 획일적이며 규격화된 문화의 대량생산을 결과로 할 수밖에 없을 것이다. 그것은 필연적으로 전체 세계문화의 규격화·획일화를 가져와서 민족적 개성과 지역적 다양성 모두를 상실한 세계문화로 하여금 벗어날 수 없는 획일주의의 함정 속에서 허우적거리게 하고 말 것이다.

역사학은 지금 인류역사상 최초로 성립된 국가사회주의체제가 무너져가는 세기말을 맞으면서, '이데올로기의 종언' '역사의 종언'이라는 말을 듣고 있다. 이 수렁을 벗어나기 위해 인류역사 발전의 값어치를 어디에 두고 어떤 역사인식을 갖추어야 할 것인가를 추구하면서 그 특유한 거시적 방법론의 수립이 절실히 요구되는 때라 할 수 있다. 그것을 피하면서 이미 선진 자본주의사회의 역사학이 '즐기고' 있는 구체적 사실의 미시적 실증에만 만족하는 방법론에 한정되지 않아야 한다는 점이 중요하다. 특히 우리 역사학의 경우 또 하나의 과제로 민족문제의 해결과 직면하고 있음을 절감하지 않을 수 없다.

2. 우리 역사연구론의 경우

너무나 당연한 말이지만, 분단시대 민족사 인식의 최대 과제는 통일지향 역사인식을 어떻게 수립해가느냐 하는 문제이다. 그리고 통일지향 역사인식은 또 현실적으로 각 시기마다의 통일방법론의 변화 과정과 연결되어 있다. 8·15 후 3년간의 '해방공간'에서는 평화적 통일민족국가 수립 인식이 크게 확대되어 있었다. 뒷날의 역사학이 실증해냈지만, 이 인식과 방법론은 식민지시대 민족해방운동 과정의 국내외 전선에서 추진되었던 좌우익 통일전선론의 연장선상에 있었다.

그러나 '해방공간'이 마무리되면서 하나의 민족사회 속에 두 개의 분단국가가 성립되었다. 그 결과 1950년대에는 분단국가 사이에 전쟁이 폭발했고, 이 전쟁은 역사인식상 두 가지 경향을 강화시키는 결과를 가져왔다. 그 하나는 식민지시대의 민족해방운동전선에서부터 발전해온 평화적 통일민족국가 수립론을 철저히 봉쇄했다. 또 하나는 전체 한반도 주민을 대상으로 하는 민족주의적 역사인식을 파괴한 대신, 남북 분단국가주의적 역사인식을 수립하고 강화해갔다. 그러면서도 남북 쌍방의 정권은 물론 그 역사학까지 제각기 그 분단국가주의적 역사인식을 전체 민족주의적 역사인식이라 강변하게 되었다.

한 번 더 강조해서 말하면 민족주의적 역사인식과 분단국가주의적 역사인식은 엄연히 다르다. 전자는 분단국가 사이에 설정된 경계선을 넘어 한반도 전체 주민이 그 역사인식의 대상이며, 남북의 차별이 없는 한반도 전체의 역사적 발전이 학문 대상이 될 수밖에 없다. 분단 이전의 역사는 말할 것도 없고, 분단된 후의 역사라 해도 남북 분단국가의 역사를 따로따로 두 개의 역사로 인식하는 것이 아니라, 한 민족의 하나의 역사로 인식하는 일이 중요하다. 이 경우 분단국가주의에 입각한 현실정치 세력은 남은 북을, 북은 남을 적대 지역으로 인식하게 마련이지만, 민족주의적 역사인식이 그것을 넘어설 수 있어야 함은 말할 나위가 없다.

반대로 분단국가주의적 역사인식은 그 인식 대상이 분단국가의 범위에 한정되게 마련이다. 그 역사인식은 분단국가의 어느 한쪽 편에 분명히 서서 그 권력의 정당성을 인정하지 않을 수 없으며, 그 권력의 요구에 따라 분단된 민족의 다른 한쪽을 적대하지 않을 수 없는 역사인식이다. 그것은 또 분단국가의 어느 한쪽에 역사적 정통성과 정당성을 두지 않을 수 없는 역사인식이며, 그 분단국가권력이 다른 한쪽의 권력에 대해 적용하는 적대성·배타성과 제 권력의 최고성 강조를 인정하고 동조하지 않을 수 없는 역사인식이다. 그리고 그것은 민족 분단의 역사가 지속돼야만 유지될 수 있으며, 민족통일과 함께 청산되어야 할 역사인식이다. 따라서 통일문제와는 이해관계가 상반되는 역사인식이요, 적극적으로 표현하면 반통일적 역사인식일 수밖에 없다.

긴 설명이 필요없겠지만, 통일지향 역사인식이라 해도 무력통일 지향 역사인식은 실제로 분단국가주의적 역사인식과 다를 바 없다. 민족의 다른 한쪽을 무력으로 정복하기 위해서는 역시 그것을 적대하고 정복 대상으로 삼는 역사인식을 수립하지 않을 수 없으며, 그것을 위해 분단국가권력의 역사적 정당성 내지 정통성을 강조하지 않을 수 없게 마련이다. 무력통일론에 봉사하는 역사인식이 바로 분단국가주의에 봉사하는 역사인식이었음은 분단시대 반세기의 사학사를 통해 충분히 증명되었다. 다만 간과할 수 없는 것은, 분단시대 민족사의 최대 과제인 민족통일문제가 어떤 형태로든 학문적 관심의 대상이 되지 않는 역사학도 '실증주의적 방법론'이라는 이름으로 광범위하게 존재한다는 사실이다.

반세기 이상 지속되고 있는 분단국가주의적 역사인식도 민족통일 방법론이 무력통일론에서 평화통일론으로 발전함에 따라 일정하게 변화하지 않을 수 없게 되었다. 1970년대에 박정희 군사독재정권이 7·4공동성명을 통해 평화통일론을 제시한 것은 설령 정권연장책, '유신'체제 수립 책략에 지나지 않았다 해도, 1970, 80년대를 통해 치열하게 추진된 민간 통일운동과 세계정세의 변화가 그 후속 군사정권들로 하여금 공공연한 무력통일론으로 되돌아갈 수 없게 했다. 통일방법론의 이같은 변화에 대해 역사학이 어떻게 대응해갔는가 하는 문제가 추구되어야 한다.

7·4공동성명 자체가 휴지화되기는 했지만, 역사학계가 그것을 어떻게 받아들였는가 하는 문제가 있고, 1980년대의 치열한 민간 통일운동 추진과정을 통해 역사학계 일반의 통일인식이 과연 평화통일론으로 돌아섰는가 하는 점에도 상당한 문제가 있다. 이 시기의 역사학계가 내놓은 대표적 개설류들이 북한 지역의 현대사를 객관적으로 서술하려는 노력을 전혀 보이지 않았을 뿐 아니라, 1970, 80년대 민간 통일운동의

역사성을 인정하는 역사인식이 완전히 결여되었음은 물론 '해방공간'에서의 통일민족국가 수립운동에 대해서도 그 역사성을 인정하는 경우가 거의 없었다. 특히 박정희 유신정권이 중·고등학교 국사교과서를 국정화하여 분단국가주의적 역사인식을 강화시켜갔으나, 역사학계 일반은 그것에 순응해갈 뿐이었다.

이후 독일의 통일과정을 겪으면서 그 흡수통일이 평화통일의 한 방법인 것처럼 인식되기 시작했고, 특히 시대의 추이에 따라 무력통일론을 공공연하게 표방할 수 없게 되었던 분단국가주의 역사인식 견지 세력에게 하나의 돌파구를 열어준 셈이 되었다. 그러나 독일식 흡수통일은 결과적으로는 무력통일과 같이 민족의 다른 한쪽을 정복 혹은 병합하는 일에 지나지 않았다. 옳은 의미의 평화통일은 흡수통일과 같은 한쪽의 우위통일이 아니라 쌍방의 대등통일임을 확실히 인식하는 일이 중요하다.

실제로 1991년에 남북정권 사이에 체결된 「합의서」는 흡수통일이나 한쪽의 우위통일이 아닌 남북 쌍방의 대등통일을 분명히 약속하고 있다. 남북의 어느 한쪽 정권이 무력통일은 말할 것 없고 흡수통일이나 우위통일을 표방하거나 주장했다면, 이런 합의서가 체결될 수 없었을 것이 당연하다. 대등통일이 아닌 흡수통일이나 우위통일을 기도하는 상대와 화해·불가침·교류·협력을 할 수 없음은 너무나 당연하다. 따라서 남북합의서 교환과 함께 역사학계 일반의 통일인식도 분단국가주의를 넘어 명백한 비무력 평화통일론으로 전환하는 일, 그 평화통일론도 흡수통일론이나 우위통일론이 아닌 대등통일론으로 전환하는 일이 무엇보다 중요하다.

분단국가주의적 역사인식도 시대의 추이에 따라 무력통일론에서 흡수통일론으로 변화했지만, 이에 대해 분단국가주의의 한계를 넘어선 전체 민족주의적 역사인식 자체도 단순한 평화통일론에서 「남북합의서」의 정신에 따른 남북 대등통일론으로 확실히 전환하는 일이 중요하다. 그것이야말로 통일시대의 불가결한 역사인식상의 전환이라 할 수 있다.

어떤 연구작업이 시급한가

1. 분단시대 이전사의 경우

우리 역사가 근대적 방법으로 연구되기 시작한 것은 19세기 말엽 일부 일본인 학자들의 침략 목적에 의한 것이 처음이었다. 일제식민지시대를 통해 우리 학자들에 의한 연구가 일부 진행되었으나, 식민지적 학문 분위기를 벗고 주체적 처지에서 연구하기 시작한 것은 역시 해방 후부터였다고 할 수 있다. 그러나 해방 후라 해도 1950년대까지는 남북을 막론하고 전쟁과 그 뒤처리에 바빴고, 1960년대부터 비로소 본격적인 연구업적들이 쌓이기 시작했다 해도 과언이 아니다.

1960년대는 전쟁 후의 상황 때문에 남북 사이의 학문교류는 상상도 할 수 없었다. 남쪽 학계의 경우 일본에 전해진 북쪽 학계의 연구성과를 간접으로 수입할 상황도 되지 못했다. 그런데도 1960년대는 남북이 체제적으로 철저히 이질화해가던 시기였으며, 이 때문에 당시 본격적으로 생산되기 시작한 남북 양 학계의 성과는 서로 차이점이 많아져갔다. 1970년대 이후 일본을 통해서 1960년대에 생산된 북한 학계의 성과가 남쪽에 일부 수입되기도 했으나 공공연하게 인용할 수 없는 상황이었다.

예를 들어 실제로 1975년경까지도 어느 박사학위 논문에 북쪽 논문이 인용되었다 하여 심사위원이 합격 판정 날인을 거부하는 일이 있었을 정도였다. 이같은 상황이었기 때문에 분단시대 남북 두 학계의 각 시대마다의 학문적 성과를 비교검토하는 작업이 본격적으로 또 종합적으로 이루어지기는 어려웠다. 그동안 근대사와 고대사 부문에서 북쪽의 연구성과를 검토하거나 남북 학설을 비교검토한 성과가 일부 있었고, 또 북쪽의 개설서와 단행본 연구서 등이 일부 간행되기는 했으나 아직도 극히 제한적이어서 그것만으로는 부족하다.

우선 남쪽 학계에서 전체 분단시대를 통해 북쪽에서 생산된 논문과 저서들을 고대·중세·근대·현대 등 각 시대마다 또 정치·경제·사회·문화 등 각 부분으로 나누어 수록한 논저 총목록을 만드는 일이 시급하다. 그동안 일본이나 미국 등지에서 생산된 우리 역사 연구 논저 목록 등이 상당히 작성되었고, 근자에는 러시아의 연구성과를 정리하려는 계획도 있는 것으로 알고 있다. 그런데도 전체 분단시대를 통해 북쪽에서 생산된 논저의 총목록 작성이 아직 계획되지 않고 있는 것은, 그동안 남쪽 학계의 북쪽 학계에 대한 관심이 어느정도였는지 말해주고도 남음이 있다.

분단시대를 통해 북쪽 역사학계에서 생산된 논저의 목록을 작성하거나 그 내용을 검토하기 위해 아직 북쪽에 직접 갈 수는 없다고 해도, 일본과 동유럽 등지에서 대부분의 자료를 구할 수 있을 것이다. 특히 러시아와 동유럽이 개방됨으로써 자료 입수가 훨씬 쉬워졌다고 할 수 있다.

북쪽에서 생산된 논저의 총목록을 작성하는 일이 일단 이루어지고 나면, 그것을 근거로 하여 고대에서 현대에 이르는 각 시대마다 중요한 역사적 사실에 대한 남북 학계의 관점과 다른 점, 같은 점을 객관적으로 상세히 비교하고 검토하는 작업이 뒤따라야 할 것이다. 이것은 앞으로의 남북 학계의 공동연구를 위한 기초 작업의 하나가 될 뿐만 아니라,

통일을 앞당기기 위한 역사교육을 준비하는 작업이 될 수도 있다. 이 경우 현시점에서의 남북의 학설의 차이점만을 비교·정리할 것이 아니라 그 변천 과정까지 정리하면, 그것이 곧 분단시대의 남북을 합친 우리 사학사를 총정리하는 가장 중요한 기초 작업이 될 수 있다.

그런 작업이 이루어지고 나면, 이제 한 걸음 더 나아가서 1국가 1정부 1체제의 완전한 통일이 이루어지기 전의 시점이라 해도, 먼저 남북 두 정부 사이에 합의되고 남북 학계가 동의만 한다면, 일단 분단 이전 시대의 역사만을 범위로 하는 공동의 교과서를 제작하여 교육할 수 있을 것이다. 그리고 그것은 완전통일을 앞당기고 통일 후에 드러날 남북 사이의 이질감을 미리 해소해가는 중요한 방법의 하나가 될 것이다. 통일에 대비하는 분단민족의 역사학이 반드시 해야 할 일이 아닐까 한다.

2. 분단시대사의 경우

통일을 지향하는 시대의 우리 역사학은 1945년 8월 이후부터 앞으로 완전통일이 될 때까지의 남북 역사를 어떻게 서술하고 가르칠 것인가 하는 문제에 직면하게 되었다. 남쪽만 두고 생각해봐도 8·15 이후의 북쪽 역사를 연구하는 역사학자가 거의 없을 뿐만 아니라, 통일되기 전이라도 분단시대 북쪽의 역사를 객관적으로 서술하고 가르쳐야 한다는 생각을 가진 경우도 많지 않은 것 같다. 역사학계 일반이 아직도 북쪽을 적성 지역으로 간주하고 그 역사를 반역의 역사쯤으로 인식하고 있다면, 그야말로 분단국가주의적 역사인식에서 한 걸음도 전진하지 못한 것이라 할 수 있다.

8·15 이후의 북쪽 역사를 객관적으로 연구하고 서술하여 가르치는 일이야말로 평화통일을 앞당기는 첩경 중의 하나임은 말할 나위가 없

다. 그러기 위해서는 우선 남쪽 역사학이 8·15 이후의 북쪽 사회가 가진 그 나름대로의 역사성 자체를 인정하는 일이 중요하다. 그리고 이 문제는 다시 남쪽 사회의 분단시대사 연구자와 서술자, 그리고 교육자의 민족통일관 자체와 직결되어 있음을 강조하지 않을 수 없다. 물론 북쪽 사회의 남쪽 역사에 대한 인식의 경우도 마찬가지다.

무력통일론자는 차치하고 흡수통일론자의 경우라도 8·15 이후 북쪽 역사의 상대적 정당성은 말할 것 없고 그 자체적 역사성마저 인정하기 어려울 것이다. 따라서 북쪽은 정복하거나 그 변형일 뿐인, 흡수해야 하는 대상으로 볼 수밖에 없으며, 이럴 경우 그 역사는 반역의 역사이거나 없어야 했을 부정의 역사로 될 수밖에 없을 것이다. 이 점에서는 북쪽 흡수통일론자 내지 무력통일론자의 남쪽 역사에 대한 인식도 마찬가지일 것이며, 어느 쪽도 평화통일 지향의 역사인식이 아님은 더 말할 것 없다.

남쪽에서는 얼마 전부터 민간 출판사들이 간행하는 우리 역사의 현대사 부분에 8·15 이후의 북쪽 역사를 '북한사'라는 이름으로 따로 부속하는 경우가 있었고, 『북한사』라는 단행본도 나온 것으로 안다. 그 『북한사』가 역사적 객관성이 얼마나 수립된 저술이냐 하는 문제도 있지만, 과거 중국의 『25사』에 부속된 「조선전」과 같이 '북한사'를 따로 떼어 남쪽 중심 현대사에 부속하는 방법이 온당한가 하는 문제도 있다. 이 역시 「남북합의서」에 나타난 남북 대등통일 원칙에 어긋나는 서술 방법이 아닐 수 없다.

그렇다면 어떻게 할 것인가? 우선 1945년 이후 우리 역사의 구체적 사실에 대한 연구는 남북을 일단 따로 다루어 서로 비교할 수 있다 해도, 서술하고 가르치는 경우는 남쪽 역사와 북쪽 역사를 따로따로 다루어서는 안 된다는 생각이다. 우리 현대사를 남북 두 개의 분국사(分國

史)가 아니라, 그동안 남북에서 일어난 사실이 같은 위상과 분량으로 다루어진 '하나의 역사'로 서술하여 가르쳐야 한다는 말이다. 그것이야말로 「남북합의서」가 가진 남북 대등통일 원칙에 합당한 우리 현대사의 서술방법이요 교육방법이라 할 수 있다.

8·15 이후의 우리 현대사를 두 개의 역사가 아니라 남북이 대등한 하나의 역사로 서술하고 교육하기 위해 어떤 방법론을 수립할 것인가를 추구하는 일이 민족통일의 시대를 바라보는 지금의 남북 역사학계 최대의 과제가 아닐 수 없다. 그리고 이같은 서술방법을 위한 분단시대 남북 역사 전개 과정의 연결고리는 아무래도 통일문제가 되지 않을 수 없을 것이다. 1민족 1국가 1정부 1체제의 완전통일이 이루어지기 전이라 해도 남북 정부와 학자들이 합의하여 '하나의 현대사' 교육을 위한 교과서를 작성하는 단계까지 가는 것이 바람직하다. 지금의 시점에서는 그것에 앞서 우선 남쪽 학계만이라도 학술회의 등을 통해 그 방법론을 강구해볼 만하다.

3. 시대구분의 문제

전체 분단시대를 통해 남북 역사학 사이에 조성된 큰 차이점의 하나로 시대구분 문제를 들 수 있다. 우리가 알다시피 북쪽 역사학은 유물사관적 시대구분법에 따라, 고대 노예제사회, 중세 봉건제사회, 근대 자본주의사회, 현대 사회주의사회를 일단 확정해놓고 있다. 이에 비해 남한 역사학은 고대·중세·근대·현대를 설정하는 근거가 학설에 따라 일정한 차이가 있으나, 전체적으로 봐서 남북 사이의 차이가 큰 부분은 고대사 부분이다. 북쪽 학계가 3국시대 이전을 고대로 보는 데 비해, 남쪽 학계는 대체로 3국시대를 고대로 보고 있는 것이다.

통일에 대비하는 역사학이라 해서 시대구분법이 반드시 통일될 필요가 있는가 하는 문제도 있으나, 통일 후 바로 닥칠 역사교육상의 문제 때문에 분단시대를 통해 제시된 남북한 역사학의 시대구분론을 종합 연구하여 통일에 대비한 시대구분법을 마련하는 노력이 반드시 있어야 할 것 같다.

분단시대에 남쪽 학계에서 논의된 것과 같이 우리 역사 시대 전체를 유물사관적 방법론으로 시대구분할 수 있는가 하는 문제도 있지만, 그에 못지않게 그렇다면 왕조 중심 구분법이 아니면서 우리 역사의 시대구분에 알맞은 방법론이 무엇인가 하는 문제에 대해서도 쉽게 답을 얻을 수 없었다.

그 위에 종전에는 유럽 중심으로 그후 아시아 지역까지 포함해서 유물사관에 따른 세계사적 시대 구분이 어느정도 가능했으나, 제2차 세계대전 후에는 아프리카나 라틴아메리카 지역을 제외하고 세계사를 논할 수 없게 되었다. 따라서 그 지역까지 포함해서 지금까지 적용한 이른바 세계사적 방법론으로 시대구분하는 것이 가능한가 하는 문제도 이미 제기되었다.

결국 유럽 중심 방법일 수밖에 없었던 세계사적 시대구분론이 21세기 역사학에도 그대로 지속될 것인가, 아니면 세계가 지역공동체화하는 현상과 관련하여 역사학에서도 지역공동체 단위의 새로운 시대구분 방법론이 고안될 수 있을 것인가 하는 문제를 생각해보지 않을 수 없게 되었다. 그런 문제와 관련하여 동아시아 지역 전체 역사의 발전과정을 염두에 두면서 통일에 대비한 우리 역사 시대구분 방법론의 수립이 요긴하다 하겠다. 통일지향 역사학이 반드시 관심을 가져야 할 부분임은 말할 나위가 없다.

맺음말

일제식민지시대의 우리 역사학이 민족의 해방을 전혀 전망하지 않기야 했을까마는, 그 해방이 우리 역사의 어떤 단계가 되어야 하는가, 해방을 앞당기고 해방 후에 새롭게 전개되어야 할 역사교육을 위해 가능한 범위 안에서나마 무엇을 해야 할 것인가를 고민한 흔적이 남아 있는지, 과문한 탓인지 알지 못한다. 다만 해외에서 활동한 민족해방운동전선의 일부 이론가들이 민족해방이 역사적으로 무엇이어야 하는가를 추구하려 노력한 흔적들이 일부 남아 있음을 알고 있다.

일제식민지시대의 역사학은 가혹한 이민족의 탄압 아래 있었기 때문에 해방에 대비할 수 없었다고 변명할 수 있겠다. 비록 분단국가 권력이라 해도 제 민족의 정권 아래 있는 분단시대의 역사학이 민족의 통일을 앞당기고 나아가서 통일 후의 역사교육을 준비하기 위해 무엇을 해야 한다고 고민하고 있는가 자문해보지 않을 수 없다.

더구나 남북 두 정권 사이에 민족통일의 대헌장이라 부르는 「남북합의서」가 교환됨으로써 통일의 대원칙이 수립된 지 몇 년이 지나도록, 학계의 어느 부분에서도 그 원칙에 따른 통일과정을 순조롭게 하거나, 통일 자체를 앞당기기 위해 또 통일 이후를 대비하기 위해 역사학이 무엇을 해야 할 것인가를 토론해보는 학술회의 하나 마련하지 않고 있는 실정이다.

우리가 지적한 남북 사이의 역사인식상의 차이를 좁히기 위해 노력하는 일, 북쪽에서 생산된 논저의 총목록을 작성하는 일, 역사적 사실에 대한 남북 역사학 사이의 해석상의 차이점을 비교·정리하는 일, 하나로 된 분단시대사의 서술방법론을 추구하는 일, 완전통일 전이라도 공동의 교과과정 내지 교과서를 마련하려 노력하는 일 등을 남북학계가 공동으로 할 수 있으면 더할 나위 없이 좋은 일이다. 그러나 정치적 상황 때문에 그것이 불가능한 경우라 해도 우선 남쪽 학계만이라도 자체의 학술회의 등을 통해 일정한 방법론 내지 의견을 추출해둘 수 있어야 할 것이며, 정치적 상황이 풀리면 즉시 북쪽 학계와의 공동작업으로 확대시킬 수 있어야 할 것이다.

분단시대의 일부 역사학계는 정치권력의 요구에 따라 분단국가권력의 정당성 수립을 뒷바라지하고 또 가르쳐왔다. 1972년 이후 국정 국사 교과서가 군사독재권력의 정당성 수립을 위해 뒷바라지했다가 문민정권이 들어서자 이번에는 또 그 정권의 요구에 따라 군사정권의 반역사성을 지적하기에 이르렀다. 국정교과서에는 그렇게 썼다 해도 개인의 연구방법론은 '객관적'이었다고 변명할 수 있을지 모르지만, 뒷날의 사학사는 국정교과서의 내용에 따라 그 필자들의 학문 성향을 가늠해낼 것이다.

21세기를 목전에 둔 시점에서 우리 역사학은 종래의 분단시대적 연구방법론을 극복하고 통일시대 방법론으로 전환해야 할 전환점에 섰다고 할 수 있다. 다행하게도 이제 분단국가주의적 역사인식에서 벗어나 전체 민족주의적 역사인식을 바탕으로 우리 역사, 특히 현대사를 재조명하려는 연구자들이 조금씩 불어나고 있다. 아직은 학계의 일부에 지나지 않고, 따라서 그 힘이 약하지만, 기성세대 연구자들의 분단국가주의적 역사인식에 동화되지만 않는다면, 그들이야말로 민족통일시대를 위해 새로운 방법론을 개척해가는 연구자들이 될 수 있을 것이다. (1997년 4월)

'하나로 된 우리 현대사'의 서술을 위하여

머리말

돌이켜보면 일제식민지시대 우리 민족해방운동전선의 이론가들은 좌우익 진영을 막론하고 해방이 우리 민족사의 어떤 단계여야 하는가 하는 문제를 생각하면서, 그들의 시대인 식민지시대사가 어떻게 인식되고 서술되어야 하는가 하는 문제에도 관심을 가졌었다. 그들의 해방에 대한 민족사적 단계론과 식민지시대사 인식론이 사람과 노선에 따라 달라질 수밖에 없었지만, 이들 이론가들은 민족의 해방을 가깝게 전망하면 할수록 그 단계론과 인식론들 사이의 차이를 좁히려는 노력을 보여주고 있었다.

20세기 후반기를 통해 계속되던 우리 민족사 위의 분단시대가 20세기를 마무리하는 시점에서 극복되려는 조짐을 짙게 보이고 있다. 통일이 우리 민족사의 어떤 단계가 되어야 하는가 하는 문제를 절실하게 생각해봐야 할 시기가 된 것이 아닌가 한다. 그리고 이 문제는 분단시대가 우리 민족사에서 무엇이었던가, 그것이 민족사회의 어떤 통일을 위해 어떻게 극복되어야 하는가, 분단시대를 역사적으로 극복하기 위해 그 시대사를 어떻게 인식하고 서술하여야 하는가 하는 문제들을 함께 가지고 있다.

20세기 후반기 분단시대 한반도의 역사는 두 나라의 역사로서 따로 서술되기보다 '하나로 된 역사'로 서술되는 것이 바람직하다. 그러나 같은 민족사회이면서 지금까지만도 반세기 가까이 전혀 이질적인 정치·경제·사회·문화 체제를 이루고 있었던 두 지역의 역사를 하나의 역사로 서술할 수 있는 학문 내외적 조건이 이루어지기란 결코 쉬운 일이 아니다. 그것은 아직까지 한반도의 8·15 이후 역사를 '하나로 된 역사'로 엮어놓은 개설류나 시대사가 전혀 없었다는 사실로도 증명되고 있다.

그러나 삼국시대나 통일신라시대와 같이 역사시대 이후 처음으로 민족적 통일을 이루어가는 과정에 있던 시대의 역사가 아닌, 세계사가 하나로 되어가는 현대사회의 한 민족의 역사가 또 하나의 남북국 시대사로 서술되어도 되겠는가, 그것이 분단극복적 통일지향적 분단시대사 인식 내지 서술이 될 수 있겠는가 하는 문제들이 있다. 이렇게 생각해보면 민족의 통일이 어느 때보다 가깝게 전망되고 있는 지금의 시점에서 우리 역사학계가 당면한 중요한 과제의 하나는 '하나로 된 우리 현대사'를 서술하기 위한 방법론을 개발하는 일이 아닌가 한다.

'하나로 된 현대사' 서술의 필요성

우리는 흔히 8·15 후의 우리 역사를 '한국현대사'로 부르면서 대체로 남한만의 역사를 서술하거나 가르치고 있다. 이는 '한국'이라는 명칭이 식민지시기 이전에는 대한제국을, 8·15 이후에는 38도선 및 휴전선 이 남의 대한민국을 가리키며, '현대사'란 8·15 이후의 역사를 말하기 때문에, 이 경우의 '한국'이란 실제로 남한만을 지칭하며, 남한만의 역사를 '한국현대사'로 불러야 한다는 역사인식의 소산물일 수도 있다.

그러나 지금의 '한국현대사'가 8·15 후 남한만의 역사를 서술하거나 가르치는 것은 그런 역사인식에 의한 것은 아닌 것 같다. 한반도 전체를 가리키는 영어의 '코리아'가 흔히 '한국'으로 번역되는 경우가 많은 것과 같이 '한국'이란 명칭 속에는 한반도 전체를 가리키는 의미가 들어 있는 경우가 많음에도 불구하고, '한국현대사'는 남한만의 역사를 가리키고 있는 것이다. 더구나 최근에는 8·15 이후의 북한 지역 역사를 '북한사'로 부르면서 '한국현대사'에 넣지 않고 따로 서술하는 경우도 있다.

8·15 이후의 우리 민족의 역사가 '한국현대사'와 '북한사'로 나뉘어 인식되고 서술되고 또 일부 가르쳐지고 있는 것은, 두말할 것 없이 한반도지역이 분단되어 두 개의 권력구조에 의해 지배되고 있기 때문이다. 남한의 경우를 예로 들면 '이북 5도청'이 있고 관료들까지 임명되어 있지만 그 행정권이 미치지 못하는 이상 북한 지역을 실제로 통치할 수 없고, 그것이 역사인식상에도 반영되어 '한국현대사' 인식도 어쩔 수 없이 남한 지역에만 한정되고 있는 것이라 할 수 있다.

북한 지역이 현실적으로 '한국'의 통치권이 미치지 못하는 지역이라 해도 분단국가주의적 역사인식에 얽매이지 않고, 8·15 후의 한반도지역 전체를 식민지시기나 그 이전의 시대와 같이 하나의 역사 단위로 볼 수 있는 역사인식이 일반화되어 있었다면, 북한 지역의 역사도 당연히 우리 민족의 현대사 속에 포함시킬 수 있었을 것이다. 그러나 북한 지역의 역사가 남한에서 연구되고 서술되고 교육되는 우리 현대사에 포함되기 위해서는, 무엇보다도 먼저 그 지역의 역사가 객관적으로 연구되고 또 가르쳐질 수 있는 학문 내외적 조건이 이루어져야 함도 당연하다.

그러나 우리 역사학은 식민지시대적 유산에 의해 동시대사로서의 현대사 연구를 기피하는 경향이 짙었고, 이 때문에 8·15 후에도 현대사로서의 북한사는 고사하고 남한사에 대한 연구도 대단히 부진했던 것이 사실이다. 따라서 각급 학교에서의 남한사에 대한 교육도 학계의 객관적 연구결과를 근거로 하여 서술된 현대사가 가르쳐진다기보다 주로 정책적 목적에 의해 서술된 현대사가 교육되고 있을 뿐이라 할 수 있으며, 북한 지역에 대한 교육은 정책적 목적성이 더 짙어질 수밖에 없었다.

북한 지역은 지금까지 적성 지역으로 간주되어왔다. 이 때문에 그 지역은 정보활동의 대상이나 멸망시켜야 할 대상은 되었을지언정 그곳에서 일어난 정치·경제·사회·문화적 사실들을 객관적으로 평가할 수 없는 실정이었다. 이런 조건 아래서는 8·15 후 북한 지역에서 일어난 사실들을 역사적 사실로 간주할 수 없었으며, 다만 남한 지역의 역사를 정당화하는 목적에 부합되는 범위 안에서의 '북한 지역사'가 다루어졌을 뿐이었다. 이 때문에 남북한 지역의 역사 전체를 하나의 민족사로 보고 객관성 있게 다룬 '우리 현대사'가 성립되기란 더욱 어려운 일이었다.

그러나 역사는 변하게 마련이어서 강화 일로만 치닫던 냉전 분단체제를 그 기초에서부터 무너뜨려가기 시작했다. 특히 1980년대 후반기 이후 사회주의권에서 시작된 세계사의 격변은 민족사에도 큰 영향을 미쳐 분단된 민족문제의 평화적 해결을 한층 더 가깝게 전망할 수 있게 하고 있다. 그리고 그것은 또 우리 역사학계로 하여금 어쩔 수 없이 남북한 지역을 통튼 객관성 있는 '하나로 된 우리 현대사'를 연구하고 서술하기 위한 방법론을 생각하지 않을 수 없게 하고 있다.

평화적 방법에 의한 민족문제 해결의 일정한 진전은 북한 지역을 계속 적성 지역으로 간주하거나 그 지역의 역사를 반역의 역사로 두거나, 남한만의 역사를 우리 현대사로 간주할 수만 없게 하고 있다. 그뿐만 아니라 객관성있는 '하나로 된 우리 현대사'의 수립이야말로 지금의 우리 역사학이 당면한 분단 극복사론 정립의 또 하나의 과제임을 강조해주고 있는 것이다.

1970년대 우리 역사학의 일각이 우리의 시대를 '해방 후의 시대' '대한민국시대'로만 인식하지 말고 그것이 전체 민족사에서 불행한 시대로서의 '분단시대'임을 함께 인식함으로써 그 극복론을 수립하는 것이 우리 역사학의 당면 과제의 하나라 인식할 수 있었다면, 같은 역사인식 선상에서의 1990년대 우리 역사학은 한층 더 가깝게 느껴지게 된 민족의 평화적 통일에 대비하면서 8·15 이후의 전체 한반도지역을 하나의 역사단위로 인식하고 '하나로 된 우리 현대사'를 연구하고 서술하기 위한 방법론 수립을 당면 과제의 하나로 삼을 수 있을 것이다.

'하나로 된 현대사' 서술을 위한 역사인식

'하나로 된 우리 현대사'의 수립을 위해서는 8·15 이후 한반도지역의 역사를 어떤 처지에서 볼 것인가 하는 역사인식상의 문제가 먼저 제기되어야 할 것 같다. 민족이 분단되어 대립하는 두 개의 국가권력이 성립된 시기의 민족사를 객관적으로 연구하고 서술함으로써, '하나로 된 역사'로 만들려는 목적의식을 가진 역사연구자는 그가 현실적으로 소속된 분단국가 권력적 차원을 넘어 민족사회 전체를 객관적으로 인식하는, 다시 말하면 그의 역사인식이 분단국가주의적 차원을 넘어 통일민족주의적 차원으로 나아갈 수 있는 조건을 갖추는 일이 요긴할 것 같다.

분단민족의 경우 그 역사연구자도 현실적으로 분단국가의 어느 한쪽에 소속될 수밖에 없다. 그러나 그의 역사인식이 민족의 분단을 청산되어야 할 부정적 상황으로 인식하는 한, 그리고 민족의 재통일을 민족사적 당면 과제로 인식하는 한, 분단국가주의적 차원을 넘어 분단시대의 남북한에 걸친 민족사회 전체를 하나의 객관적 역사 단위로 파악할 수 있는 역사인식상의 조건을 갖출 수 있어야 한다는 말이 되겠다.

현실적으로 분단되어 있는 한반도지역 전체를 둘이 아닌 하나의 역사단위로 인식한다 해도 그 역사서술이 남북한 두 지역에서 '일어난 사실'만을 평면적으로 나열하는 방식의 서술에만 그칠 수는 없으며, 그렇다고 해서 민족 분단의 원인이기도 했던 기존 이데올로기를 배경으로 하는 역사관, 즉 자본주의적 역사관이나 현실 사회주의적 역사관 중 어느 하나를 바탕으로 하여 분단시대의 한반도지역 전체 역사를 '하나로 된 현대사'로 서술할 경우 종래의 분단체제적 현대사 서술의 차원을 넘어서기 또한 어려울 것이다.

한편 분단시대의 역사를 '하나로 된 현대사'로 연구하고 서술하는 경우, 그것이 분단극복사론과도 연결된다는 점과 관련하여 그 역사연구자의 민족통일론 인식과도 연계되지 않을 수 없다. 구체적으로 말하면 무력통일론이나 혁명통일론적 역사인식, 그 변형의 하나에 지나지 않는 흡수통일론적 역사인식에 근거한 역사연구자의 경우, 그가 인식하거나 서술하는 '하나로 된 우리 현대사'도 어쩔 수 없이 그 통일방법론과 깊이 연결되지 않을 수 없기 때문이다.

무력통일론이나 혁명통일론, 흡수통일론적 역사인식에 선 역사연구자라면 '하나로 된 현대사' 서술도 그가 무력통일·혁명 통일·흡수통일을 달성하는 주체가 되어야 한다고 생각하는 쪽에 역사적 정통성이나 정당성이 주어지는 '하나로 된 현대사'가 될 것이며, 반대로 그것을 당하는 쪽의 역사는 부정적이고 종속적인, 심한 경우 반역적인 역사가 될 것이다. 따라서 이 경우 '하나로 된 현대사'를 서술하기 위한 방법론이란 사실상 단순할 수밖에 없으며, 역사연구자라 해서 특별히 고심할 이유도 없을 것이다.

그러나 지금의 우리가 '하나로 된 현대사' 서술방법론을 운운하게 된 것은, 남북한 쌍방의 집권세력까지도 적어도 표면상으로는 무력통일·혁명통일은 물론 독일식 흡수통일까지도 부인하는 상황 아래서 분단국가 권력 사이의 평화통일 교섭이 시시각각으로 진행되고 있는 현실적 조건을 배경으로 하고, 앞으로 비무력·비혁명·비흡수 평화통일 노선의 발전에 이바지할 수 있는 8·15 이후의 남북한 전체 역사, 즉 '하나로 된 우리 현대사'를 어떻게 연구하고 서술할 것인가 하는 문제에 당면해 있기 때문일 것이다.

이렇게 생각해보면 '하나로 된 우리 현대사'를 연구하고 서술하기 위한 올바른 역사인식은 무엇보다도 먼저 비무력·비혁명·비흡수 평화통일 노선의 역사인식일 수밖에 없다고 할 수 있다. 따라서 종래의 이데올로기를 배경으로 한 역사관은, 그것이 자본주의적 역사관이건 사회주의적 역사관이건, 적어도 민족의 재통일 과정에서는 비무력·비혁명·비흡수 평화통일 노선의 역사인식의 부차적 내지 하위적 개념일 수밖에 없다고 할 수 있다.

그렇다고 해서 비무력·비혁명·비흡수 평화통일 노선의 역사인식이 민족의 평화적 재통일 목적에만 한정될 뿐, 전체 한반도지역 역사 자체의 발전 문제와 무관하다는 말은 결코 아니다. 다만 지금의 시점에서는 종래적 이데올로기를 배경으로 한 어느 역사관보다 비무력·비혁명·비흡수 평화통일 노선 '역사관'에 의한 연구와 서술 자체가 바로 전체 한반도지역의 역사 발전 그것과 철저히 직결되어 있다는 사실에 논의의 초점이 있다.

비무력·비혁명·비흡수 평화통일 노선의 '역사관'에 선다는 말은, 한

마디로 말해서 앞으로 남북한 두 지역의 역사가 대등한 위치와 처지에서 공생공영하면서 발전할 것이며, 민족사적 '필연'으로서의 두 지역의 통일은 그 공생공영의 연장선상에서의 변증법적 발전에 의한 결합이 될 수밖에 없다는 역사인식 위에 서게 된다는 말이다.

이같은 역사인식 아래서 '하나로 된 우리 현대사' 서술을 위해 8·15 후의 한반도 전체 역사를 바라보는 경우, 남북의 어느 한쪽이 일방적으로 정당성이나 정통성 같은 것을 가지고 다른 한쪽이 부당성이나 반역사성을 가지는 것이 아니라, 쌍방이 비록 정치·경제·사회·문화 체제는 다르다 해도 다같이 일정한 역사성을 가지며, 상이한 역사성이 각기 그때마다의 시대적 역할을 다하면서 변증법적 발전을 이루어 나아가는 과정으로 이해될 수 있을 것이다.

하나의 민족사회가 분단으로 각기 다른 체제를 이루어 서로 대립하고 적대하고 쟁투하는 상황 아래서는 두 체제를 객관하는 사상적·학문적 공간이 마련되기 어렵다. 그리고 이런 조건 아래서 현실적으로는 어느 하나의 체제에 소속되기를 강요당할 수밖에 없는 역사연구자가 역사인식 면에서 그 분단체제를 넘어서는 하나의 위치를 확보하면서 민족사 전체의 올바른 발전 방향을 조망(眺望)하기란 결코 쉬운 일이 아니다. 그러나 이 일을 감당해낼 수 있는 점에 바로 역사학의 존재 이유가 있기도 하다. 비무력·비혁명·비흡수통일 지향의 '하나로 된 우리 현대사'를 연구하고 서술하기 위한 방법론이야말로 이같은 분단체제 자체를 역사적으로 객관할 수 있는 역사인식이 미리 갖추어지지 않고는 도출될 수 없는 것임은 더 말할 나위가 없다.

'하나로 된 현대사'를 위한 역사적 배경

8·15 후의 한반도지역이 분단된 직접적 원인은 미·소 양군의 분할 점령과 민족 내부의 사상적·정치적 갈등에 있었지만, 그 근원적 원인은 일본제국주의의 한반도에 대한 식민지배에 있었다. 그리고 식민지시기의 민족해방운동전선에서 이미 이데올로기적 대립이 있었지만, 이 대립을 극복하고 해방 후 통일민족국가를 수립하기 위한 통일전선운동이 꾸준히 계속된 것도 사실이다.

그러나 불행하게도 일본제국주의의 패망은 미·소 양군의 한반도 분할점령과 함께 왔고, 그 영향으로 통일전선을 이루어가던 민족해방운동전선이 한때 다시 분열되어갔지만, 다른 한편에는 민족분열의 위기 앞에서 식민지시기부터의 통일전선운동 세력을 중심으로 내외의 분단 책동을 분쇄하고, 통일민족국가 수립을 위한 활동이 꾸준히 추진된 것 또한 사실이었다.

식민지시기 후반기와 8·15 공간에서의 이같은 통일전선운동 내지 통일민족국가 수립운동이 내외로부터의 분단 책동을 극복하지 못하고 실패했음도 움직일 수 없는 사실이지만, 민족의 평화적 재통일을 전망하는 지금의 시점에서 보면 그것은 비무력·비혁명·비흡수 평화통일을 위한 중요한 역사적 자산이 되지 않을 수 없으며, '하나로 된 우리 현대사'의 빼놓을 수 없는 배경이 되지 않을 수 없다.

식민지시기 민족해방운동사 전체를 통일전선운동 내지 통일민족국가 수립운동의 측면에서 조망하면, 3·1운동 후 1920년대 전반기는 임시정부 수립을 통한 통일전선운동기라 할 수 있으며, 1920년대 후반기는 국외 전선의 민족유일당 운동과 국내 전선의 신간회운동을 통한 통일전선운동기라 할 수 있다. 그리고 1930년대 이후는 국내외 전선의 각 운동노선들이 민족의 해방과 통일민족국가의 수립을 한층 더 가깝게 전망하면서 통일전선운동을 적극적으로 펴나가던 시기라 할 수 있다.

이 과정을 좀더 구체적으로 보면, 3·1운동 후 민족해방운동의 총본부로 성립된 임시정부 자체가 당초에는 사회주의적 세력과 우익의 무장투쟁 노선·외교독립 노선·실력양성 노선 등이 사상적 노선의 차이를 극복하고 성립시킨 연합정부의 성격을 가진 것이었다. 임정이 사상적·노선적 차이를 극복하지 못하고 분열될 조짐을 나타내었을 때 전체 민족해방운동전선이 이를 극복하기 위해 개최한 민족대표자회는 결국 실패하고 말았지만 뒷날의 통일전선운동에 큰 자산으로 인정되었다.

임시정부 운동이 약화되고 우익 진영의 일부가 타협 노선으로 돌아선 1920년대 후반기에는, 국내외 전선을 막론하고 비타협적 우익 노선과 좌익 노선이 함께 통일전선운동으로서의 민족협동전선을 형성하는 방향으로 나아갔고, 국외 전선에서는 성공하지 못했으나 국내 전선에서 신간회의 성립으로 나타났다. 특히 1925년에 성립된 조선공산당도 비타협적 우익세력과의 이 민족협동전선 운동에 적극적으로 참가했던 사실을 주목해야 한다.

1920년대 후반기 민족해방운동전선에 성립되었던 전선 통일운동으로서의 신간회는 1930년대로 들어서면서 '만주사변' 도발과 함께 파쇼체제화한 일제의 탄압이 심화하는 한편 좌익 전선 쪽의 노선 변화가 있어 결국 해소되었으나, 중국 관내 전선에서는 1932년 한국대일전선통일동맹(韓國對日戰線統一同盟)의 성립, 1935년 조선민족혁명당의 성립 등을 통해 다시 통일전선운동이 추진되어갔다.

통일전선 정당으로 성립된 조선혁명당이 그대로 정착되지 못하고 다시 분열현상이 일어나기는 했으나, 일본제국주의의 침략전쟁이 중일전쟁, 태평양전쟁으로 확대됨으로써 오히려 민족해방에 대한 전망이 밝아져갔다. 따라서 민족해방운동전선의 정치적·군사적 통일의 필요성은 한층 더 높아졌고, 그것을 현실화시키기 위한 움직임도 활발해져갔다.

1938년의 한국광복운동단체연합회와 조선민족전선연맹의 성립은 중국 관내 지역 민족해방운동의 좌익전선과 우익전선이 각각 통일을 이룬 것이었으며, 1939년 전국연합진선협회(全國聯合陣線協會)의 성립은 한때나마 이들 좌우익전선이 통일전선을 이루려 노력한 결과였다. 이와 같은 단체연합 방식의 통일전선 결성은 난항을 거듭했으나, 1940년대로 들어가면서 중국 관내 지역 우리 민족해방운동전선은 민족의 해방에 본격적으로 대비하면서 임시정부 중심의 통일전선을 이루어나갔다.

1943년에는 조선민족전선연맹 쪽이 임시의정원에 참가했고, 뒤이어 임시정부에도 참가하여 종래 한국독립당 중심이었던 임시정부를 통일전선 정부로 바꾸었고, 조선민족전선연맹의 군사력인 조선의용대원 중 중국 공산군 지역으로 가지 않은 대원은 임시정부의 군사력인 한국광복군에 편입되었다. 한편 임시정부를 중심으로 형성된 통일전선은 또 중국 공산군 지역에 성립된 조선독립동맹과의 전선 통일에도 합의함으로써 통일전선의 범위를 확대해갔으나, 곧 일본제국주의가 패망하여 중단되었다.

1930년대로 들어서면서 반일투쟁이 더욱 활발해진 '만주' 지방에서 동북인민혁명군 동북항일연군에서 활동한 조선인들은 국제공산주의 운동의 인민전선 노선 영향으로 1936년에 조국광복회를 조직하여 통일전선을 지향했고, 1930년대 이후 국내에서 비합법운동으로 전개된 조선공산당 재건운동도 국제공산주의 운동의 인민전선 노선을 일부 수용하고 있었으며, 1944년에 국내에서 조직된 건국동맹도 좌우익세력의 통일전선적 성격을 가진 비밀단체로서 연안, 중경 등지에 있는 해외전선과의 전선 연결에 일부 성공하고 있었다.

이렇게 보면 1930년대 이후의 우리 민족운동전선은 좌우익, 국내외 전선을 막론하고 한층 더 가깝게 전망된 민족해방에 대비하면서 일제히 전체 전선에서 당면 과제로 등장한 통일전선운동을 추진하고 있었음을 알 수 있다. 이 점이 바로 식민지시기 민족해방운동 전체의 특징이요 결산이었다고 할 수 있다. 식민지시기 민족해방운동전선을 관류한 이와 같은 통일전선운동은 좌우익 전선의 대립을 해소하고 전투력을 강화하는 데 목적이 있었지만, 나아가서 해방 후의 통일민족국가 수립을 위한 기초 작업이기도 했다.

8·15 후 미·소 양군의 분할점령 아래서 좌우익세력이 다시 분열·대립되고 국내외로부터의 분단 책동이 강화되어갔을 때 식민지시대의 국내외 전선에서 통일전선운동을 주도하던 김규식, 여운형 등을 중심으로 좌우익의 대립을 극복하고 통일민족국가를 수립하기 위한 좌우합작운동이 추진되었다. 이 운동은 그 중요한 고비에서 여운형이 암살됨으로써 추진력을 잃고 말았으나, 유엔 결정으로 민족분단의 위험이 높아지게 되자 통일민족국가 수립운동은 1948년 남북협상으로 이어졌다.

유엔이 남한만의 단선·단정을 결정함으로써 민족분단의 위험이 높아졌을 때 역시 식민지시기 통일전선운동의 주역이던 김구, 김규식, 김두봉 등에 의해 주도된 남북협상은 이승만 세력과 한민당 세력을 제외한 모든 식민지시기 민족해방운동 세력, 즉 한국독립당 세력, 민족혁명당 세력, 독립동맹 세력, 건국동맹 세력, 조국광복회 세력, 조선공산당 재건운동 세력, 혁명적 노동운동 세력, 그리고 국내의 양심적 민족세력 등이 모두 참가한 평화적 통일민족국가 수립운동이었으나, 분단 책동을 극복하지는 못했다.

이후 남북에 분단국가가 성립되고 뒤이어 6·25전쟁이 발발함으로써 평화적 통일민족국가 수립운동은 상당한 기간 설 땅을 잃었다. 그러나 분단시대 민족사의 바른 노정으로서의 평화통일운동의 맥락은 끊어지지 않고, 1950년대 말기 진보당의 평화통일운동과 4·19 후의 평화통일운동, 그리고 그것에 뿌리를 두었다고 할 수 있을 7·4공동성명과 1970, 80년대의 평화통일운동으로 계속되다가, 1980년대 후반기 이후로는 이제 분단국가 권력이 이 운동들의 끈질긴 요구를 수용하지 않을 수 없는 단계로 접어들고 있다.

이상에서 말한 식민지시대와 8·15공간과 4·19공간, 그리고 1970, 80년대를 통해 추진된 통일전선운동과 평화적 통일민족국가 수립운동의 역사성을 제대로 이해하지 못할 경우 분단체제의 반역사성을 제대로 이해하기 어려우며, 따라서 비무력·비혁명·비흡수 평화통일을 지향하는 '하나로 된 우리 현대사'를 연구하고 서술할 수 있는 역사인식을 옳게 갖추기 어려울 것이다. '하나로 된 우리 현대사' 서술방법론을 말하는 이 글이 식민지시기의 통일전선운동과 8·15 이후 평화적 통일민족국가 수립운동의 역사를 지루하게 그 배경으로 논급하는 이유도 바로 이 점에 있다고 할 수 있을 것이다.

'하나로 된 현대사'의 서술방법론

동양의 전통적 역사서술 방법에는, 같은 시기 같은 지역 안에 하나 이상의 국가권력이 성립되어 있은 경우 흔히 그중의 하나에다 정당성을 부여하여 그것을 정통 권력으로 하고, 나머지 권력은 그것에 대한 부차적 혹은 종속적, 경우에 따라서는 반역적 권력으로 간주하는 경우가 있었다. 그리고 정통 권력과 부차적 혹은 종속적 권력을 구분하는 데는 정복과 피정복 관계나 외교적 종속관계가 기준이 되는 경우도 있었고, 권력의 도덕성 같은 것이 기준이 되는 경우도 있었다.

우리 역사의 경우 김부식은 『삼국사기』를 쓰면서 삼국 중 고구려·백제를 정복한 신라를 정통 국가로 하여 서술했고, 실학자들의 일부가 발해를 우리 민족의 국가로 보고 통일신라시대를 남북국시대로 인식하려한 경우가 있었으며, 오늘날의 역사학에도 이런 관점을 계승하려는 일면이 있으나 역시 역사서술 면에서는 통일신라에다 정통성 같은 것을두고 있는 실정이다. 또한 연구자에 따라서는 신라의 통일을 민족통일의 성립으로 보지 않고 고려 건국에다 그런 의미를 부여하려는 관점도있으나 이것은 조금 다른 문제라 할 수 있겠다.

이후 한반도지역에 같은 시기에 한 개 이상의 권력이 성립된 것은 우리가 '현대'라 부르는 8·15 이후부터 지금에 이르는 시대뿐이다. 신라통일이나 '고려 통일'은 역사시대 이후 처음으로 민족적 통일을 이루어가는 과정이었다고 할 수 있지만, 이후 고려시대와 조선시대, 그리고 일제식민지시대를 통해 계속 하나의 권력에 의해 지배되고 있던 한반도지역이, 8·15 이후부터 그 북반부는 사회주의 권력에 의해 지배되고 그남반부는 자본주의 권력에 의해 지배되었다.

일제식민지시대의 한반도는 그 북반부가 남반부에 비해 농토가 좁은반면 공업 자원이 다소 풍부했고, 그 때문에 북반부 쪽에 일본제국주의의 대륙 침략을 뒷받침하기 위한 중공업 시설이 약간 설치되었던 반면,남반부는 그 지리적 조건에 의해 북반부보다 농업생산이 더 높은 지역이기는 했지만, 두 지역 사이의 이같은 사회·경제적 차이가 사회 발전단계론적 차이를 인정해야 할 정도는 전혀 아니었다고 할 수 있다.

그 위에 한반도지역이 분단시대를 청산하고 앞으로 통일되어 하나의 역사단위로 나아가기 위한 방법은 현실적으로 어느 한쪽의 체제가 다른 한쪽 체제를 일방적으로 극복하는 방법을 반대하는 비무력·비혁명·비흡수통일 방법이 지향되고 있다는 사실 자체가, 일제식민지시대의 역사는 말할 것도 없고, 8·15 후 분단시대의 역사에서도 남북한 두 지역의 이질성보다 동질성을, 차등성보다 동등성을 더 부각시켜야 할 필요성을 가지고 있다.

따라서 8·15 이후 한반도지역 전체의 역사를 다루어야 할 '하나로 된 우리 현대사' 서술이, 가령 편의적인 예를 든다면, 일제식민지시대가 식민지 자본주의시대였으므로 8·15 후에는 그 식민지적 성격을 벗고 본격적 자본주의시대로 가야 할 단계에 있었다든지, 북반부가 사회주의 사회로 간 것은 잘못이었다든지, 또 가령 일제식민지시대가 식민지 반봉건사회였기 때문에 8·15 후에는 인민민주주의 혁명을 통해 그것을 청산하고 사회주의사회로 가는 것이 역사의 바른 노정이었다든지, 이 시기의 남한 지역이 '신식민지' 및 '종속적' 자본주의사회로 간 것은 올바른 역사 노정이 아니었다는 식의 사론(史論) 등에 의해 서술되기는 어려워진 것 같다.

1980년대 이후의 사회주의권의 변화가 앞으로 사회발전 단계론적 역사인식 및 그 시대구분론 전체를 전혀 무의미한 것으로 만들고 새로운 역사발전론 인식 및 세계사 시대구분론을 수립하지 않을 수 없게 할 것인지 아직은 섣불리 단정하기 어렵지만, 적어도 비무력·비혁명·비흡수 방법에 의한 한반도지역의 통일을 지향하거나 그것에 이바지할 수 있는 역사인식에 의한 '하나로 된 우리 현대사'의 서술에는 이들 기존 사론들이 적용되기 어렵게 된 것이 아닌가 생각되기도 한다.

8·15 이후 분단시대 한반도지역의 역사를 기존의 사론이나 시대구분론에 의해 '하나로 된 현대사'로 쓰기 어렵다 하여, 김부식의『삼국사

기』가 세 나라의 본기(本紀)를 따로따로 쓴 것과 같이 남북한의 역사를 각기 따로 쓰고 그것을 한 권의 책 속에 넣는 것으로써 '하나로 된 우리 현대사'가 성립되었다고 할 수는 없을 것이다. 그뿐만 아니라 개설류나 시대사류의 8·15 이후 부분에, 지금과 같이 남한만의 역사로 채우지 않고 북한 역사를 넣는 경우, '남북국 시대'로 규정하여 따로따로 서술할 수도 있겠으나 그것도 '하나로 된 우리 현대사'와는 거리가 먼 것이 되고 말 것이다.

8·15 이후 남북한의 역사를 '하나로 된 역사'로 서술하기 위해 우선 그 시기구분이 이루어져야 할 것이며, 시기구분의 기준은 남북한 사이의 통일운동의 전개 및 통일 교섭의 전개과정을 중심으로 할 수 있을 것이다. 예를 들면 1945년 8월 '해방'에서 1950년 6월의 전쟁 발발 때까지는 대한민국이나 조선인민공화국의 성립 과정이 아니라, 신탁통치문제를 둘러싼 좌우익 대립의 심화, 미소공동위원회의 실패, 한반도문제의 유엔 이관과 유엔의 '가능한 지역 안에서의 선거안' 등을 극복하면서 추진된 남북협상과 같은 평화적 통일민족국가 수립운동의 추진과 좌절을 중심으로 서술할 수 있을 것이다. 그리고 이 기간에 추진된 남북 지역에서의 식민지 유제 청산, 예를 들면 토지개혁 문제, 친일파 숙청 문제 등의 추진 과정과 남북한의 경제적 실정 등이 객관적으로 비교되면서 서술될 수 있을 것이다.

1950년대는 아무래도 6·25와 그 뒤처리의 시대로 서술될 것이다. 민족내전으로의 출발과 국제전으로의 확대 과정, 휴전 성립 과정과 제네바회담, 그리고 남북 쌍방의 전쟁 후 복구 과정 등을 중심으로 한 '하나로 된 역사'로 정리될 수 있을 것이다. 서술자의 6·25전쟁사 인식에 따라 다르겠지만, '하나로 된 현대사' 서술에서는 종래 분단시대적 역사인식이 강조했던 어느 쪽이 먼저 이 전쟁을 도발했는가 하는 문제보다 오히려 무력 방법이나 혁명적 방법으로는 한반도지역이 통일될 수 없음을 증명해준 전쟁으로 평가되고 서술될 가능성이 더 클 것이다.

이런 관점에서의 1960년대사의 서술은 역시 4·19, 그것도 장면정권 성립 후의 평화통일운동 전개에다 높은 비중을 두고 다룰 수 있을 것이다. 물론 4·19는 남한에서 폭발한 운동이었지만, 특히 그것의 평화통일운동으로의 전개는 남북한을 통한 전체 민족문제로 확산되지 않을 수 없었으며, 그것을 좌절시킨 5·16군사쿠데타는 그 나름대로의 평가를 받지 않을 수 없을 것이다. 또한 1960년대 남북 쌍방의 경제적·사회적 변화도 그 국내정치 면의 변화와 함께 비교검토되면서 서술될 수 있을 것이다.

'하나로 된 우리 현대사'의 1970년대에 대한 서술은 역시 7·4공동성명을 낳게 한 한반도 정세 및 그것을 둘러싼 국제정세의 변화와 남북적십자회담 남북조절위원회의 성립과 활동 및 중단 과정 등을 핵심 문제로 하여 서술될 수 있을 것이다. 또한 남북관계가 다시 단절된 후 쌍방의 통일을 빙자한 독재체제의 강화 과정이, 그리고 남한에서의 자본주의 경제체제의 일정한 진전과 그것이 가진 문제점, 북한 사회주의 경제체제의 일정한 방향 상실 등이 서로 비교되면서 서술될 수 있을 것이다.

1980년대를 다루는 '하나로 된 우리 현대사'는 남한에서의 민간 통일운동의 활성화, 남북 쌍방 정부가 제시하는 통일방안 사이의 일정한 접근, 특히 1980년대 후반기 이후의 사회주의권을 중심으로 하는 세계사적 변화와 그것에 영향을 받은 남북 각 국내 정세의 변화와 통일문제의 일정한 진전 등을 축으로 하여 서술되면서, 분단국가들 내부의 정치·경제·사회·문화부문의 구체적 사실들이 통일지향적 역사인식을 바탕으로 비교·서술될 수 있을 것이다.

요컨대 분단시대 두 분단국가의 역사를 '하나로 된 우리 현대사'로 서술하는 방법론은 이 시기 우리 민족사회 전체가 추구하는 통일방법론으로서의 비무력·비혁명·비흡수통일론적 역사인식을 바탕으로 하여, 이 시기 민족사의 발전 방향이면서 또한 분단시대 남북한 역사의 실질적 접합점이기도 한 통일문제의 구체적인 발전 과정을 중심축으로 하여 서술할 수 있을 것이다. 그리고 전체 분단시대를 통한 남북한 역사의 실질적 접합점으로서의 통일문제의 진전 과정은 일정하게 시기 구분되고 각 시기마다 남북 분단국가들 내부의 정치·경제·사회·문화적 추이가 궁극적으로는 그 동질성을 부각시키는 방향에서 비교·서술될 수 있을 것이다.

맺음말

　민족통일문제의 진전과 함께 분단시대의 '둘로 된 역사'를 통일을 지향하면서 '하나로 된 역사'로 인식하고 서술해야 할 필요성이 높아가고 있다. 그러나 '둘로 된 역사'를 평면적으로 접합시킨다 해서 '하나로 된 역사'가 되는 것은 아니다. 둘로 보던 역사를 어느 쪽에 치우침 없이 하나로 볼 수 있는 역사인식상의 변화가 앞서야 하며, 그 인식의 변화를 근거로 하여 '하나로 된 역사'를 서술하는 구체적인 방법론이 개발될 수 있을 것이다.

　'있었던 모든 사실'이 역사가 되는 것은 아니며, 이 때문에 "역사란 선택이다"라는 명제가 성립될 수 있다. 남북 사이의 정치·경제·사회·문화 체제가 전혀 다른 분단시대의 역사를 '하나로 된 역사'로 되게 하기 위해 무엇을 '선택'하여 서술할 것인가 하고 생각해보면, 이 시기의 분단국가적 차원을 넘어선 민족사 전체의 흐름이나 방향은 비무력·비혁명·비흡수통일을 이루려는 방향이며, 따라서 이 흐름 속에서의 사실들이 가장 중요한 사실로 '선택'되어 서술될 수 있을 것이다.

그렇다고 해서 '하나로 된 우리 현대사'가 '평화통일운동사'로 되어야 한다는 뜻이 아님은 더 말할 나위가 없다. 8·15 이후 분단시대의 남북한 각각의 역사가 그 나름대로 시기 구분될 수 있겠으나, 두 분단국가 나름의 독자적 시기 구분으로 '하나로 된 현대사'를 서술할 수는 없을 것이다. 8·15 이후 남북한 역사 전체를 통틀어 시기 구분할 수 있는 근거와 이 시기 역사 전체를 관류하는 하나의 흐름이 설정될 필요가 있으며, 이 근거와 흐름을 평화통일운동의 전개과정에 두어야 한다는 뜻이다.

앞에서 '분단시대 남북한 역사의 실질적 접합점'이라 표현한 평화통일운동의 전개과정을 축으로 하고, 각 시기마다 전개된 남북한의 정치·경제·사회·문화적 사실(史實)에 대해 각각 그 역사성을 인정하는 한편, 그 전체적 방향을 평화통일에 초점을 둔 사실의 '선택'에 의한 '하나로 된' 분단시대사의 서술이 요청된다는 말이다. 그것은 아직 분단시대가 계속되고 있음에도 불구하고, '하나로 된 우리 현대사'가 요청되고 있는 의미에 부합하는 일이 될 것이다. (1992년 12월)

남북 역사학의 갑오농민전쟁 인식의
같은 점과 다른 점

머리말

같은 시대의 같은 국가 안에서도 학자에 따라 역사인식상의 차이가 있음은 당연하다. 우리 민족의 경우 중요한 분단 원인 중 하나가 이데올로기적 차이에 있었기 때문에 분단 이후 남북 역사학계 사이에 역사인식상의 차이가 있음은 오히려 당연한 일이기도 했다.

금년(1994년)은 갑오농민전쟁 발발 100주년이어서 여러가지 기념행사들이 추진되었지만, 하나의 역사적 사건이 당초 동학란으로 불리다가 동학혁명 혹은 동학농민혁명 또는 갑오농민전쟁 등으로 불리게 된 사실만으로도 지난 100년을 통해 우리 민족사회의 역사인식의 변화와 발전이 얼마나 컸던가를 알 수 있다.

지난 50년간의 남북 분단과 대립을 통해 역사인식 면에서 다른 점도 많았지만 또 유사하게 발전한 점도 많았다. '동학란'의 경우를 두고 보아도 남쪽에서는 동학혁명으로 불리다가 동학농민혁명으로 불리게 된 한편, 갑오농민전쟁으로 부르는 경우가 많아졌으며, 이 경우 적어도 명칭에서는 남북이 일치해가고 있음을 볼 수 있다.

앞으로 민족통일이 이루어지는 경우도 역사인식 문제까지 통일될 이유는 물론 없다. 그러나 민족분단 50년을 통해 남북 사이의 역사인식상의 차이가 어떤 것인가를 이해하는 일은 중요하다. 그것은 앞으로 우리 민족사회 전체 역사학의 발전을 위해서도 필요하며, 앞으로 민족통일 문제를 원만히 이루어나가기 위해서도 분단 50년간을 통해 남북 사이의 역사인식의 차이가 얼마나 있었던가를 정확하게 이해하는 일은 중요하다.

갑오농민전쟁은 유물사관적 관점이나 비유물사관적 관점을 막론하고, 우리 근대사에서 대단히 중요한 위치를 차지하는 큰 사건이다. 그것은 또 피지배 농민층이 중심이 되어 일으킨 역사적인 대사건이었다는 점에서 그것에 대한 유물사관적 관점과 비유물사관적 관점이 어떻게 다른가를 가늠할 수 있는 하나의 중요한 시금석 같은 것이 될 수 있는 사건이기도 하다.

이런 점에서 100주년이라 해서 특별히 다루지 않는다 해도 갑오농민전쟁을 보는 남북 역사학의 눈이 어떤 점이 같고 어떤 점이 다른가를 정확히 이해하는 일은, 분단 50년을 통한 남북 사이의 역사인식상의 차이와 남북 역사학 사이의 연구 수준의 차이가 어느 정도인가를 이해하는 데 크게 도움이 될 수 있다.

이 글을 쓰면서 남쪽의 연구 업적은 정창렬의 1991년 연세대학교 박사학위 논문 「갑오농민전쟁연구 — 전봉준 사상과 행동을 중심으로」와 1993년 일조각에서 간행한 신용하의 『동학과 갑오농민전쟁연구1』[1]를

---

1) 이 책에 실린 9편의 논문 중 제1편, 2편은 1990년대에 쓰여졌고, 나머지는 모두 1980년대 후반기에 쓰여졌다.

주로 이용했고, 북쪽의 업적은 1962년에 사회과학원 역사연구소에서 편찬하고, 남쪽에서는 1988년에 도서출판 한마당이 출판한 『조선근대혁명운동사』와 1980년에 과학백과출판사에서 간행한 『조선전사』 13권을 주로 이용했다.

남쪽의 경우 1990년대 이후의 연구 업적을 중심으로 한 데 비해 북쪽의 경우 1990년대 업적을 구하지 못하여, 1980년대 초의 업적을 이용하였기에 남북의 업적을 함께 놓고 비교·분석하는 데 문제가 있다고 생각되지만, 지금으로서는 『조선전사』 이후의 북쪽의 연구 업적을 구할 수 없기에 부득이하다. 학술 부문의 남북교류가 시급함을 다시 한번 절감하게 된다.

남북의 갑오농민전쟁 인식을 비교·검토하려 할 때 주로 어떤 문제를 중심으로 할 것인가 하는 문제가 있으며, 그것은 관점에 따라 다를 수밖에 없다. 이 글에서는 문제를 주로 갑오농민전쟁이 우리 근대사에서 차지하는 위치와 그 역사적 성격을 구명하는 데 초점을 맞춘다는 뜻에서 종교로서의 동학과 농민전쟁의 관계 문제, 다시 말하면 갑오농민전쟁의 사상적 배경 문제와 농민전쟁의 주체 문제, 집강소 활동의 성격 문제, 농민전쟁군의 토지에 대한 요구 등을 중심으로 입론하기로 한다. 논의 과정에서는 남북을 막론하고 선행 업적을 먼저 다루기로 한다.

농민전쟁과 동학의 관계 문제

동학란이 갑오농민전쟁으로 된 가장 중요한 이유의 하나가 이 사건을 일으키고 추진한 주체를 동학교도나 교단으로 보기보다 농민으로 보는 것이 사실에 가깝다는 점, 그리고 이 사건을 일어나게 한 사상적 배경을 동학사상으로 보기는 어렵다는 점 등에 있었다고 할 수 있다.

북쪽의 경우 『조선근대혁명운동사』(이하 『운동사』)는 동학사상이 종교적 신비주의가 들어 있는 것은 사실이지만 그밖에 봉건사회의 부패성을 비판하고 외국의 침략을 반대하는 요소를 가졌던 점을 인정하면서, 그 지도층에 반정부적 인사와 개혁주의자들이 있었다고 보았다.[2]

그리고 동학교도들이 일본 영사관 벽에 반일 격문을 붙여 큰 충격을 준 것으로 보아 "동학의 교조신원운동이 종교적 외피를 가진 인민대중의 반침략·반봉건 투쟁이었다는 것을 명확히 보여주고 있다"[3]고 했다. 그러면서도 동학교단의 교조신원운동에 대해서는 "보은집회를 계기로 동학 상층 지도부의 위신은 모조리 땅에 떨어져 그들에 대한 교도와 농민 대중의 신망은 실망으로 변하였다"[4]고 했다.

『운동사』는 동학사상이 가진 반봉건·반외세성은 어느정도 인정하면서도 동학교단이 주도한 교조신원운동이 그대로 농민전쟁으로 연결되었다고는 보지 않았다. 그러나 교조신원운동이 실패한 후에도 동학도와 농민들이 계속 항쟁했다 하고, "특히 주목을 끄는 것은 그들의 항쟁이 인접한 각 포, 각 접 간의 긴밀한 연락의 기초 위에서 집단적으로 전개되었다는 사실이다" 하고, 농민전쟁은 고부민란을 도화선으로 하여 일어났다고 보았다.[5]

결국 『운동사』의 단계에서는 동학사상의 반봉건성과 반외세성은 어느정도 인정하면서도, 농민전쟁의 주체와 동학교단과는 분리했고, 이 때문에 동학란이나 동학혁명이 아니라 농민전쟁이라고 보았던 것이다.

---

2) 사회과학원 역사연구소 편 『조선근대혁명운동사』, 도서출판 한마당 1988, 73면 참조.
3) 같은 책 74면.
4) 같은 책 75면.
5) 같은 곳.

『운동사』보다 18년 뒤에 간행된 『조선전사』(이하 『전사』)에서도 동학에는 그 교리를 만든 최제우가 가진 몰락 양반들의 계급적 제한성이 일관되게 반영되었다 하고, "동학과 그 교리의 본질적 약점은 그것이 사람들의 사회적 의식 발전에 해독적 후과를 미치게 되는 환상적인 종교미신적 형태를 띠고 나온 것이었다"[6] 하여 동학이 가진 '환상적인 종교미신적' 약점을 인정하면서도, "동학은 봉건적 지배사상인 성리학적 세계관을 반대하며 농민 대중의 반봉건적 지향을 종교적 교리의 형식을 빌려서 대변한 것이었다. 동학에는 또한 반침략적 지향도 표현되어 있었다"[7]고 했다.

동학이 '환상적인 종교미신적' 형태와 반봉건·반침략적 지향을 함께 가졌다고 보는 경우 그 가운데 농민전쟁과 연결되는 것은 당연히 후자가 될 수밖에 없을 것이다. 따라서 "농민전쟁의 시작을 선포한 창의문이 동학의 환상적이고 허황한 종교적 교리와는 관계없이 당시의 시대적 요구와 농민들의 지향을 반영한 투쟁구호를 명백히 제기하였으므로, 광범한 인민들 속에 커다란 영향을 줄 수 있었다"[8]고 보았다.

따라서 "농민 출신의 동학 하층 교도들은 상층 교인들과는 달리 동학 자체의 신앙보다도 기아와 빈궁의 운명에서 벗어나려는 염원이 더 강렬하였으므로, 그들의 대중적인 종교운동은 반봉건적 투쟁과 연결될 수 있었다"[9]고 하여 동학교인의 상층과 하층을 나누면서, 고부 농민 폭동에서 "전봉준은 동학의 기층 조직인 '포'와 '접'을 이용하여 이웃 지방들과의 긴밀한 연계를 맺었으며, 투쟁을 당시의 '민란'들에서는 볼 수

---

6) 사회과학원력사연구소 『조선전사』 13권, 과학백과사전출판사 1980, 53면.
7) 같은 책 52면.
8) 같은 책 297면.
9) 같은 책 293면.

없었던 1만여 명의 군중이 참가한 큰 폭동으로 발전시킬 수 있었다"[10)
고 했다.

　요약하면 북쪽 학계가 보는 동학과 농민전쟁과의 관계는 종교로서의
동학이 가진 '환상적인 종교미신적' 부분은 농민전쟁과는 연결되지 않
았고, 그 반봉건·반침략적 성격만이 연결되었다고 보는 점, 농민전쟁군
이 동학의 사상 그 자체보다 그 교단이 가진 조직을 이용했음을 강조하
는 점, 동학교도를 상층부와 하층부로 구분하고, 그 하층부가 일반 농민
과 함께 농민전쟁의 주력이 되었다고 보는 점 등이 그 특징이라 할 수
있다.

　한편 남쪽 학계의 경우 신용하는 보은취회가 교조신원운동에서 반외
세운동으로 전환하는 계기가 된 동시에 동학의 포접제를 확립시키는
계기가 되었다 하고, 종래의 '동학혁명설' 및 '동학 외피설'을 넘어 동학
과 농민전쟁의 '결합설'을 주장한다 하고, "동학이 종래의 민란과 결합
하면서 민란에 조직과 사상(특히 평등사상)을 주어 종래의 민란을 농민
전쟁으로 규모와 내용에 있어서 한 차원 더 높였으며 갑오농민전쟁을
발발시켰다"고 보았고, "보은취회는 이듬해 1894년 갑오농민전쟁의 전
주곡에 해당하는 것이었다고 볼 수 있는 것이다"[11)라고 했다.

　신용하는 종래 민란 차원에 한정되었던 농민 저항에다 조직과 평등사
상을 불어넣어 그것을 농민전쟁으로 상승시킨 것이 동학이라 하고, 동
학만의 혁명이나 동학의 외피에 의한 농민층만의 혁명설 내지 전쟁설에
반대하면서 동학과 농민의 결합설을 주장한 것이다. 그러나 같은 남쪽
의 연구자 정창렬은 동학사상과 농민전쟁의 연결성을 부인하고 있다.

---

10) 같은 책 294면.
11) 신용하『동학과 갑오농민전쟁연구』, 일조각 1993, 48~49면.

정창렬에 의하면 동학사상에서는 현실적 질곡의 원인을 '불순천리(不順天理)'와 같은 윤리의 형해화에서 찾고, 바람직한 미래상을 '후천개벽(後天開闢)'이나 '보국안민(輔國安民)' 등에서 찾았는데, 그것은 "관념·환상의 영역에서만 존재할 수 있는 추상물에 지나지 않았고, 따라서 동학은 사상 그 자체로서는 아무런 정치·경제·사회적 실체가 없는 것이었다"[12]고 보았다.

동학사상의 현실변혁성이나 혁명성을 인정하지 않으려 하는 경우 교조신원운동과 농민전쟁은 구분되지 않을 수 없게 된다. 정창렬은 동학교단 주도의 보은취회가 열리고 있을 때, 전라도 금구에서 남북접 중심 교단 세력과는 다르되 남접과는 일정한 관계를 가진 전봉준이 주도하는 별도의 금구취당(聚黨)이 있었으며, 보은취회를 종교운동보다 정치운동으로 유도하려 했던 이 세력이 서울 복합상소 때 이미 외국기관에 벽보를 부치는 등 반외세운동을 폈고, 보은취회 이후에는 고부민란 주도세력으로 연결된다는 사실을 증명하려 노력하고 있다.[13]

이상의 논급을 중심으로 남북 학계에서 보는 동학과 농민전쟁의 관계를 다시 정리해보면 남북을 막론하고 농민전쟁군 쪽에서 동학이 가진 조직력을 이용했다는 점에서는 일치한다. 또한 북쪽 학계의 경우 동학이 가진 종교적 부분보다 반봉건·반외세 사상이 농민전쟁의 사상적 배경이 되었다고 보고 동학의 종교적인 부분은 역시 외피일 뿐이라 했다.

남쪽 학계의 경우 정창렬에서 보는 것과 같이 동학의 조직을 제외한 종교나 사상 부분에서는 농민전쟁과의 연결이 없었다고 보는 입장과 신용하에서와 같이 동학의 조직뿐만 아니라 그 사상, 특히 평등사상이

---

12) 정창렬『갑오농민전쟁연구』, 연세대학교 1991, 41면.
13) 정창렬「교조신원운동과 金溝聚黨」, 같은 책 참조.

농민층과 연결되면서 민란을 농민전쟁으로 상승시킨 것이라 보는 입장으로 나뉜다.

동학과 농민전쟁 사이에 일정한 사상적 연결성이 있다고 보는 경우 동학이 가진 사상 중 종교사상 부분이라 할 수 있을 환상적이고 미신적인 부분과 사회사상 혹은 정치사상 부분이라 할 수 있을 반봉건·반외세적 부분 및 평등사상 부분이 왜 어떻게 공존할 수 있었는가, 그것이 농민전쟁의 사상적 배경이 될 때는 왜 두 가지 부분이 따로 분리되어 그중 한쪽만 농민전쟁의 배경으로 적용될 수 있었는가 등에 대한 설득력 있는 논증이 필요할 것 같다.

한편 정창렬의 경우 동학사상 중의 반봉건·반외세성과 평등사상 등이 그에게는 왜 잘 보이지 않았는가 하는 문제가 있다. 이 점을 해명하기 위해서는 동학사상에 대한 한층 더 치밀한 분석이 요청된다고 할 수 있다. 그리고 정창렬의 경우 동학이 농민전쟁의 사상적 배경이 될 수 없다면 이 거대한 사건의 사상적 배경을 어디에서 찾을 것인가 하는 문제가 있다.

정창렬은 농민군이 "'정다산 비결'이 녹두 일파의 '비적(匪賊)'을 선동하였다고 하여 정약용의 유배지 부근의 민가와 고성사, 백련사, 대둔사 등 사찰을 수색한 일까지 있었다"고 한[14] 최익한(崔益翰)의 논문을 근거로 하여 실학사상이 농민전쟁의 배경이라 말한다. 그러나 자료적 근거가 빈약하기도 하지만, '혁명적' 여전론(閭田論)에서 '현실적 타협주의적' 정전론(井田論)으로 변해갔다고 말하는 정약용의 비혁명적·개량주의적 실학사상이 갑오농민전쟁군에 이어지면서 왜 무력투쟁을 택할 만큼의 혁명적 사상으로 전환될 수 있었는가에 대한 논증이 필요하다.

---

14) 같은 책 218면.

농민전쟁의 주체세력 문제

1894년에 전봉준 등에 의해 일어난 이 사건을 갑오농민전쟁으로 부르는 이유는 그 주체가 농민층이라 보기 때문이다. 그러나 특히 개항기의 농민은 사회·경제적으로 여러 계층으로 구성되어 있었으며, 농민전쟁이 일정한 지도층의 성립 없이 소작농이나 빈농층만으로 계획되고 조직되고 야기된 집단행동이었다면, 문호개방 전의 지역적이고 산발적인 민란 수준으로 끝났지 농민전쟁으로 상승되기는 어려웠을 것이다.

농민전쟁의 주도층이 넓은 의미의 농민인 지주층은 아니었다 해도, 이 시기에 일부 성장하고 있었다고도 하는 부농층이었는가, 아니면 역시 소작 농민층이나 빈농층이었는가에 따라, 이 농민전쟁 전체의 성격 및 역사적 위치 등이 달라질 수밖에 없다. 다시 말하면 갑오농민전쟁이 역사적으로 농촌 부르주아에 의해 주도된 부르주아 민족운동으로 평가될 것인가, 부르주아가 주도하지 못하고 소작 농민과 빈농층이 주도한 '부르주아 없는 부르주아 운동'으로 평가될 것인가, 아니면 통시대적인 농민 저항으로 평가될 것인가 하는 문제가 달려 있는 것이다.

북쪽 학계의 경우『운동사』에서는 "1894년 농민전쟁은 그 규모로 보나 또 격렬했던 점으로 보나 우리나라 역사상 유례없는 인민대중의 무장봉기였으며, 여기에는 농민을 기본으로, 업신당하고 가혹한 착취를 받던 피압박·피착취 인민들이 참가하였다"[15]고 하여 조금 막연한 의미의 '농민'과 '피압박·피착취 인민들'이 그 주체라 했다.

그러면서도 "1984년 농민전쟁은 우리나라에 있어서 부르주아 민족

15)『조선근대혁명운동사』92면.

운동이 선진적 계급의 지도가 없음에도 불구하고 혁명적 대중에 의해 힘차게 심화·발전된 역사적 과정이었다"[16]고 하여, 갑오농민전쟁을 선진적 부르주아지의 지도 없이 '혁명적 대중'에 의해 추진된 부르주아 민족운동으로 그 역사적 성격을 부여했다.

이럴 경우 전쟁은 농민층이 주도한 농민전쟁이면서 그 역사적 위치는 갑신정변을 '부르주아 없는 부르주아 운동'으로 보는 경우와 같이 갑오농민전쟁도 부르주아가 주동하지 않은, '부르주아 없는 부르주아 민족운동'이라 보는 것이다. 이 경우 전봉준, 김개남, 손화중 등 전쟁 지도층을 '농민'과 '피압박·피착취 인민들'의 지도자로만 보고 말 것인가, 아니면 그들을 이 시기에 일부 성장하고 있었다고 말해지는 부농층과 연결되어 그 이익을 대변한 농민지도층으로 볼 것인가 하는 문제가 있다.

『전사』의 경우도 전쟁 주체로서의 농민층을 구체적으로 분석하지 못한 점은 같지만, 다른 계급과 농민의 관계에 대한 논급은 좀더 구체적이다. 따라서 그것을 통해 농민전쟁의 주체에 대한 인식을 조금은 더 심화시킬 수 있을 것 같다. 우선 『전사』는 "당시 우리나라에서 자본주의 발전의 미숙성으로 말미암아 농민들은 민족 부르주아지의 영도를 받을 수 없었고, 더구나 노동계급의 영도에 대해서는 생각조차 할 수 없는 일이었다"[17] 하여 부르주아지나 노동자층의 영도를 받지 못한 '순수'한 농민층 주도 전쟁이었음을 강조하고 있다.

문호개방 후 19세기 후반기에는 개화파 신지식인층을 중심으로 하는 부르주아 세력이 어느정도 성장하고 있었고, 그들이 권력에도 일부 접근하는 한편 독립협회 운동과 같은 부르주아 민족운동을 추진했다. 그

---

16) 같은 곳.
17) 『조선전사』 13권 351면.

러나 역시 부르주아 민족운동으로서의 농민전쟁이 농민만의 주동으로
이루어진 점에 대해『전사』는 "당시 부르주아 세력을 대표하는 정치적
역량인 혁신세력이 있었으나, 그들의 취약성으로 말미암아 농민군은
혁신세력과 동맹을 실현할 수 없었다"[18]고 했다.

『전사』는 계속해서 "봉건제도를 반대하는 투쟁에서나 외래 침략 세
력을 반대하는 투쟁에서 부르주아 세력을 대표하는 정치적 역량인 혁
신 세력과 농민 대중 사이에는 동맹을 실현할 수 있는 현실적 가능성
이 있었다. 당시 혁신파가 정권을 틀어쥔 조건에서 그리고 농민군이 민
족적 단합을 적극적으로 제기하는 조건에서 농민군과 혁신파의 동맹
은 능히 실현될 수 있는 문제였다. 그러나 혁신세력은 민족적 입장과 양
반 출신 관료로서의 계급적 입장 사이에서 심히 동요하였으며, 그러는
사이에 마침내 일제침략자들과 그 앞잡이들에 의하여 제압되고 말았
다"[19]고 했다.

북쪽 학계는 여기서 초기 갑오개혁을 주도한 온건 개화파와 농민군
사이에 합작이 이루어질 가능성이 어느정도 있었으나 무위로 되고, 갑
오농민전쟁은 그대로 농민군만의 주도로 추진되었고 또 실패했다고 보
고 있다. 앞에서도 지적했지만 북쪽 학계는 농민군의 지휘부와 그 하부
군졸 사이의 사회·경제적 차이를 인정하지 않고 모두 농민으로 통칭하
면서, 농민군과 이른바 혁신 관료층의 동맹 가능성을 말하고 김옥균의
혼이 갑오농민전쟁군을 지휘한다는 말이 퍼졌다는 사실을 강조함으로
써, 갑오농민전쟁이 갑신정변과 같은 맥락에 있는 부르주아 민족운동
임을 강조하고 있다.

---

18) 같은 곳.
19) 같은 곳.

남쪽 학계의 신용하는 잔반층이나 부농층에서 농민전쟁의 주도세력을 찾으려 했던 종래의 학설에 반대하면서 "갑오농민전쟁의 주체세력은 사회신분에 있어서는 '양민층'과 '노비를 중심으로 한 천민층'이었고, 사회계급에 있어서는 '소작농을 중심으로 한 빈농층'이었다"[20]고 했다. 그리고 농민군의 총대장 전봉준, 총관령 손화중, 총참모 김덕명, 영솔장(領率將) 최영창 등에 대해서는 「판결선고서원본」을, 김개남은 『오하기문(梧下記聞)』을 이용하여 이들이 모두 평민이었고 직업은 농업이었다고 밝히고 있다.[21]

그는 또 갑오개혁에서의 봉건적 사회 신분제의 폐지는 "장기에 걸친 밑으로부터의 농민운동의 흐름과 위로부터의 개화운동의 흐름이라는 두 개의 흐름이 1894년의 시점에서 합류하여 이루어진 것이며, 원천적인 힘은 양인 신분층과 천인 신분층의 소작농을 주체세력으로 한 갑오농민전쟁에서 나왔다고 볼 수 있다"[22]고 했다. 개화파와 농민전쟁군이 직접 연합한 것은 아니지만, 농민전쟁의 결과로서의 갑오개혁은 농민군과 개화파의 변혁운동이 합류하여 이루어진 것이라 보는 것이다.

신용하는 농민전쟁을 부르주아 민족운동이라고 직접적으로 말하지는 않았지만, "우리나라의 철벽 같은 봉건 구체제를 붕괴시킬 능력이 없던 개화파들은 양인 신분층과 천민 신분층의 하층 농민들이 봉건 구체제를 붕괴시켜주자, 그 토대 위에서 세계사에 보조를 같이하는 시민적 개혁을 단행한 것이었다고 이해된다"[23] 하여 농민전쟁에 밀려 추진

---

20) 신용하『동학과 갑오농민전쟁연구』114면.
21) 같은 책 63면, 201면에서 전봉준은 토지 3두락을 경작하는 빈농이었다고 했으나, 김개남, 손화중 등의 재산 정도는 밝히지 못했다.
22) 같은 책 116면.
23) 같은 책 117면.

된 갑오개혁이 시민적(부르주아적-필자) 개혁이었음을 언급하고 있다.

신용하의 경우도 북쪽 학계와 같이 농민전쟁의 주체인 농민을 소작 농과 빈농층으로 보고 있으며, 농민전쟁군의 지휘부 전봉준, 김개남, 손화중 등을 평민 농민이라 하여, 그 하부구조인 소작 농민 및 빈농과 구분하지 않고 있다. 그러면서 이들의 활동과 진보적 양반 세력 혹은 상층 부르주아라고 할 수 있을 개화파의 개혁 의지가 '합류'하여 부르주아적 개혁으로서의 갑오개혁을 가져올 수 있었다고 보는 것이다.

이에 비해 정창렬은 농민전쟁군을 주력층과 동조층과 주도층으로 나누고, 「전봉준판결선고서」에 나타난 농민군의 27개 개혁 요구사항 중 "13개 항목이 농민생활에 관한 것이라는 점이 농민전쟁의 주체는 농민임을 드러내고 있다"[24] 하고 "농민군의 다수는 상민 신분이었다"[25] 하여 역시 농민전쟁의 주체는 상민 농민층이었다고 했다.

그는 농민전쟁의 주도층을 따로 설정하여 "제1차 농민전쟁의 주도층은 남접의 접주들이었다. 그 접주에는 두 종류가 있었다. 하나는 본래 접주였지만, 동학 신도의 입지에서가 아니라 농민군의 입지에서 전쟁을 수행한 접주들이었다. 다른 하나는 본래는 동학 접주가 아니었지만, 농민전쟁에 참여하면서 동학 조직을 차용, 활용하는 새로운 접주들이었다"[26]고 했다.

농민전쟁을 주도한 것은 동학의 접주들이었지만 그들도 동학 접주로서가 아니라 어디까지나 농민으로서 참전했고, 따라서 이 전쟁은 어디까지나 농민전쟁이란 것을 강조하고 있는 것이다. 전쟁의 주력층과 주도층을 구분했으면서도 주도층으로서의 접주들도 '농민'으로서 참전했

---

24) 정창렬『갑오농민전쟁연구』180면.
25) 같은 책 181면.
26) 같은 책 189~90면.

음을 강조할 뿐 그들이 소작 농민이었는지 자작 농민이나 자작·소작 농민이었는지 빈농층이었는지 부농층이었는지 분석하지 못한 점은 북쪽 학계의 경우나 신용하의 경우와 같다. 정창렬의 경우 부농층이나 중농층은 그 기회주의적 속성 때문에 전쟁의 주력층이나 주도층이 아닌 동조층이었을 뿐이다.[27]

북쪽 학계는 갑오농민전쟁을 주로 빈농층이나 소작 농민층을 가리킨다고 생각되는 농민층이 일으킨 부르주아 민족운동이라 보고 있다. 남쪽 신용하의 경우 빈농층과 소작 농민층이 일으킨 '밑으로부터'의 농민전쟁과 개화파 중심의 '위로부터'의 개혁이 합류하여 시민적(부르주아적)개혁은 이루어졌다고 했으나, 농민전쟁 그 자체는 부르주아 민족운동인지 아니면 어느 시대나 있을 수 있는 '초시대적'·'초역사적' 농민저항일 뿐인지 분명치 않은 것 같다. 또 정창렬의 경우는 농민전쟁의 주도층과 주력층을 구분하려 했으나, 주도층도 그저 농민이었고, 주력층 또한 농민으로 보았다고 할 수 있다.

문호개방 이전의 조선왕조 후기부터 이미 농민분화가 크게 진전되기 시작했고, 이같은 현상이 문호개방 후 자본주의 침략으로 한층 더 심화되었다는 주장은 통설이 되었다. 농민전쟁이 일어난 19세기 말기에는 농민들의 저항이 민란이 아닌 농민전쟁으로 될 만큼 농민분화 현상이 심화된 것이라 할 수 있다. 그럼에도 이 거대한 농민전쟁을 선도한 사회계층이나 그것에 동조한 세력을 모두 농민이란 이름으로 통칭하고 만다면, 농민전쟁의 주체를 잔반층이나 부농층으로 보면서 이 전쟁의 역사적 성격을 한층 더 명백히 가늠하려 했던 노력과는 상당한 괴리가 생긴다. 따라서 갑오농민전쟁의 주체를 분석하는 작업은 더 진행되어야

---

27) 같은 책 182~84면 참조.

할 것 같다.

집강소 운동의 역사성 문제

갑오농민전쟁은 전봉준 등과 같은 특출한 지도층이 형성되어 농민 저항의 규모를 거의 전국적으로 확대하였다는 점, 봉건세력들의 가렴 주구에 대한 규탄 외에도 '척양척왜'를 주장하여 농민 저항을 민족문제 차원으로 상승시켰다는 점 등에서 이전의 민란과는 뚜렷한 차이를 나타냈지만, 그 위에 농민전쟁군이 점령 지구에 집강소를 설치하여 한때나마 일정한 지역을 '통치'했다는 점에서 과거의 어떤 민란과도 비할 수 없는 뚜렷한 역사성을 가지고 있다.

남북 학계를 막론하고 갑오농민전쟁 연구가 집강소 활동에 중요한 초점을 맞추어온 것은, 농민전쟁군이 제시한 개혁요구안의 일부가 짧은 기간이나마 집강소 활동을 통해 실현되었으리라 보고 '개혁요구안'의 현실성을 인정하려는 점, 집강소의 '통치' 행위를 농민전쟁이 성공했을 때의 '통치' 형태와 같거나 비슷한 것으로 보고 집강소의 '통치' 행위를 통해 농민전쟁의 역사적 성격을 가늠하려는 점, 집강소 활동과 조선왕조의 지방행정기관 및 중앙정권의 관계를 밝힘으로써 집강소의 정치적 위치를 가늠하려는 점 등에 있었다고 할 수 있다.

먼저 북쪽 학계의 경우 『운동사』는 집강소를 말하면서, "농민군의 지도자가 여전히 봉건정권을 승인하고 있다는 것은 사실이지만, 그럼에도 불구하고 인민이 정치에 참여할 것을 요구한 것은 실로 커다란 정치적 진보였다",[28] "집강소는 본래 '전주화의' 조건을 실행하는 데 있어서 지방관이 모두 도망쳤거나 또는 처단되어 봉건정부의 지방통치 기구가 완전히 마비되었기 때문에 집강소 자체가 사실상의 정권기관의 기능을 수행하였다",29) "집강소는 그 경우가 한 개의 도 안에 한정돼 있었고 또 오래 계속되지 못했다고 하더라도 우리나라 역사상 최초로 나타난 인민의 지방자치기관이란 점에서 커다란 역사적 의의를 가지고 있다"30)고 했다.

『운동사』가 보는 집강소의 성격을 요약하면, 집강소를 중앙의 조선왕조 정권을 인정하는 범위 안에서 지방에서의 농민군의 자치적 권력기구로 보면서, 일부 지방에 한정된 것이기는 하지만 우리 역사상 최초의 인민 참정권 획득이라는 점에 그 역사성을 부여하고 있다고 할 수 있다. 그리고 집강소에 대한 이와 같은 관점은 『전사』에서도 크게 변하지 않고 있음을 볼 수 있다.

『전사』에서는 "집강소는 봉건 관료기구인 감영과 지방관청이 그대로 남아 있는 조건에서 활동하였으나, 사실상 지방자치기관으로서의 역할을 수행하였다",31) "집강소는 농민전쟁이 승승장구하면서 지방 봉건 통치를 마비시킨 것을 토대로 농민군이 세운 지방자치기관이었으며, 그 존재와 활동은 농민들의 수중에 장악된 군사력에 의하여 담보되었다"32) 하여 중앙정부는 물론 지방 감영과 군현이 온존하는 조건 아래서 농민군의 군사력을 배경으로 하여 유지된 지방자치기구로 보고 있다.

그러나 농민군 지휘부의 정치사상이 해명되지 않는 한 이 지방자치가 군주전제체제 아래서의 '지방자치'를 말하는지 입헌군주제 아래서

---

28) 『조선근대혁명운동사』 84면.
29) 같은 책 85면.
30) 같은 책 86면.
31) 『조선전사』 13권 318면.
32) 같은 책 320면.

의 지방자치를 말하는지 아니면 공화주의체제 아래서의 지방자치를 말하는지 분명하지 않게 된다. 자료 부족 때문에 농민군 지휘부의 정치사상을 밝히기가 어렵지만, 농민군의 지휘부가 일시적으로나마 대원군의 국정 관여를 말한 점 등에 주목하면서 그들의 정치사상을 해명하는 일에 더 주력해야 할 필요가 있다.

『전사』의 집강소에 대한 평가도 "농민들 자체의 계급적 불철저성 및 시대적 제한성으로 하여 집강소는 자기의 목적을 끝까지 달성할 수 없었으나, 집강소의 활동과 그가 추구한 개혁 강령은 반봉건투쟁이 종전보다 한 단계 심화되었다는 것을 보여주었다"[33] 하여 집강소를 통해 실천하려 했던 개혁 강령이 농민전쟁의 실패로 정착되지는 못했으나, 농민군에 의해 집강소가 설치된 그 사실 자체가 곧 역사 발전의 증좌라 설명하고 있다.

북쪽 학계가 집강소를 농민군 점령 지역에서의 지방자치 권력 정도로 제한해서 해석하는 데 비하면, 남쪽의 경우 집강소의 기능과 역사적 위치 및 성격을 한층 더 적극적으로 해석하고 있음을 볼 수 있다. 신용하는 "집강(執綱)이 (관이 임명한) 읍재(邑宰)의 감독권을 행사한 것이 아니라, 통치권을 장악하고 행사했음을 나타내는 것이다"[34] 하고, 황현의 『오하기문』을 인용하면서 "동학농민군 총대장 전봉준이 실권을 장악하여 전라도 일도(一道)의 통치를 전제(專制)하고 조선 조정이 임명한 전라관찰사 김학진(金鶴鎭)은 전봉준의 '괴뢰' 상태가 되어 행동을 자기 마음대로 하지 못하고 오직 문서에 형식상 서명하는 정도의 일을 하고 있었음을 증언하고 있는 것이다"[35]라고 했다.

---

33) 같은 책 321면.
34) 신용하, 앞의 책 210면.
35) 같은 책 211면.

그는 또 "집강소는 농민의 통치기관이며 농민혁명의 지방정권의 일형태라고 본다"[36] 했고, "집강소는 농민혁명운동의 권력기관임과 동시에 통치기관이었고, 그것도 농민의 혁명적 통치였음을 알 수 있게 된다"[37]고 했는가 하면, "한국 역사상 최초의 농민을 위한, 농민에 의한, 농민의 권력기관이었고 통치기관이었다"[38]고 했다. 또 "집강소는 이와 같이 통치권력을 완전히 장악하자 1894년 5월부터 11월 말까지 약 7개월간 전라도 일대에서 탐관오리 처벌 및 가렴주구 폐지뿐만 아니라, 사회신분제 폐지와 신분해방 및 지주제도 개혁 등 봉건적 구체제를 근본적으로 붕괴시키고, 농민들이 원하는 농민적 민주주의와 농민적 민주주의의 신체제를 수립하려는 농민 통치를 과감히 단행한 것이었다"[39]고 했다.

현실적으로 조선왕조체제가 유지되고 있는 영토의 한편에 가령 시민군이 지배하는 '부르주아 민주주의'나 농민군이 지배하는 '농민적 민주주의'가 실시되려면, 후자의 경우 그 지휘부인 전봉준, 김개남, 손화중 등의 계급적·역사적 성격이 부르주아적이건 농민적이건 정치적으로는 적어도 전제군주체제를 반대하는 입헌군주제 지향이나 완전한 공화주의 지향자가 되어 있어야 할 것이다.

비록 초기적이고 일시적인 상황의 산물이었다 해도 대원군의 '국정간여' 운운, 대원군과의 연합정부 운운하던 농민전쟁군 지휘부가 실시한 집강소 '통치'의 성격이 "근대사회의 확립의 길을 열었다는 면에서 매우 큰 역사적 의의를 가진"[40] '농민적 민주주의'였다고 하려면, 그동

---

36) 같은 책 246면.
37) 같은 책 247면.
38) 같은 책 207면.
39) 같은 곳.

안의 농민군 지휘부의 정치사상적 변화 과정은 어떠했으며, 집강소 '통치'와 조선왕조 봉건 중앙정부와의 관계 설정을 어떻게 하려 했는가, 대원군의 정치사상적 위치는 어떤 것이었으며, 농민군과의 관계를 어떻게 보아야 하는가 하는 문제 등에 대한 설명이 더 있어야 하지 않을까 한다.

한편 정창렬의 경우 집강소의 기능이나 성격이 신용하의 경우보다는 상당히 제한적이면서도 집강소의 설치와 운영 등이 농민군의 일방적 추진이라기보다 '개량적 개화파'와의 연합에 의한 것이라고 보는 경향이 강하다. 북쪽 학계의 경우 '혁신 관료'와 농민군이 연합할 가능성이 있었으나 실현되지 않았다고 보았고, 신용하의 경우 농민군과 개화파가 직접 연합한 것이 아니라 그들의 활동의 결과가 갑오개혁에서 합류된 것으로 보았는데, 정창렬은 갑오농민전쟁 중의 집강소 활동 등을 통해 두 세력 사이에 일시 합작이 이루어진 것으로 보고 있는 점에 특징이 있다.

정창렬에 의하면, "집강소와 기존의 행정기구가 병립되어 있었지만, 농민 집강소 측의 지배력이 우세한 상태였다고 생각된다"[41] "동학당의 수령인 전봉준은 5월 28일에 자신의 장악·지배한 지역에 방곡령을 실시하고 있었다"[42] "집강소는 군마와 공전 그리고 공곡을 관리하는 행정기관으로서의 성격을 갖게 되었고"[43] "전봉준은 귀화하였다고 일컫고 단신으로 감영에 들어와 감사(監司)의 일을 맡아 하였다. 순영(巡營)의 관문(關文) 감결(甘結)은 반드시 전봉준의 결재가 있은 연후에야 열

---

40) 같은 책 251면.
41) 정창렬, 앞의 책 202면.
42) 같은 책 207면.
43) 같은 책 211면.

읍(列邑)에서 거행하였다"[44] "지방 수령의 임면 문제도 양측(농민군과 조선왕조의 지방 행정기관-필자)의 합의에 의하여 결정하고 있었다"[45]고 하여 집강소의 기능을 구체적으로 밝혔다.

그러나 그것은 「폐정개혁 12조」와 함께 농민전쟁군과 '개량적 개화파'인 당시의 전라감사 김학진(金鶴鎭)의 관민 합작의 소산물이며,[46] '개량적 개화파'가 농민군과 합작하게 된 이유는 정교(鄭喬)가 쓴 것과 같이 "동도(東徒)가 초기(初起)했을 때 유길준(兪吉濬), 김학우(金鶴羽) 등은 승기(乘機)하여 민씨들의 집권을 타도하고 집권하고자 비밀리에 동도(東徒)에 통첩(通牒)하였다"고 한 상황의 결과였다고 했다.[47]

그러나 정창렬의 경우 '개량적 개화파'의 실체에 대한 논증이 더 요구되고 있다. 그가 말하는 '개량적 개화파'가 남쪽 학계 일각에서 말하는 '온건 개화파'나 북쪽 학계에서 말하는 '혁신 관료'를 말하는지, 아니면 김학진과 같은 그중의 일부를 말하는지, 혹은 이들과는 다른 개화파를 따로 설정하려는 것인지 더 설명되어야 할 것 같다.

북쪽 학계가 집강소의 활동에 대해 자본주의적 발전의 취약성과 함께 농민전쟁을 독자적으로 추진한 농민전쟁군의 계급적·사상적 한계성 및 제약성을 지적한 데 비해, 남쪽 신용하의 경우 농민전쟁군이 독자적으로 추진한 집강소 활동이 '농민적 민주주의'를 실현시켰다 하여 적극적으로 평가했다. 이에 정창렬의 경우 집강소 활동에 대해 일시적으로나마 '개량적 개화파' 활동과 연결시키려 하고 있는 것이다.

집강소의 '통치' 형태를 조선왕조 중앙권력과는 전혀 상관없이 농민

---

44) 같은 책 220면.
45) 같은 책 222면.
46) 같은 책 232면.
47) 같은 책 224면.

군 점령지구에 한정된 일시적으로 돌출된 '통치' 형태로 제한해서 이해할 것인가, 아니면 조선왕조 전체의 권력구조 및 지배질서의 변화와 연결시켜 이해할 것인가 하는 문제가 있다. 이 점 역시 농민군 지휘부의 조선왕조 중앙권력에 대한 인식과 태도가 더 밝혀져야 해명될 수 있는 문제라 하겠다.

또 북쪽에서와 같이 갑오개혁을 선도한 '부르주아에 의해 주도되지 않은 부르주아적 개혁'으로 볼 것인가, 신용하의 경우와 같이 부르주아 운동이 아니라 세계사에서 그 유례를 보기 어렵지만 농민에 의해, 농민을 위해 추진된 '농민 민주주의'의 실행으로 볼 것인가, 정창렬과 같이 농민군과 '개량적 개화파'의 연합을 인정하면서 '부르주아적 근대 민족주의를 주동적으로 확립시킨 농민운동'으로 볼 것인가 하는 문제가 있다. 역시 농민군 지휘부의 사회계급적 성격 및 그 정치사상이 더 해명되지 않고는 쉽게 말하기 어려운 문제라 하지 않을 수 없다.

토지의 평균 분작 문제

갑오농민전쟁의 역사적 성격 및 위치 문제와 관련하여 논의의 초점이 되는 일로 토지제도의 개혁 문제를 들 수 있다. 오지영(吳知泳)이 쓴 『동학사』의 「폐정개혁 12조」에 나오는 "토지는 평균으로 분작케 할 사(事)"를 소작지, 차경지를 고루 가지자는 것으로 볼 것인가, 아니면 농민의 토지 소유 자체를 고르게 하자는 요구로 볼 것인가 하는 문제를 두고 논란이 있음은 다 아는 일이다.

이 점에 대해 북쪽의 『운동사』는 "토지를 평균으로 분작하는 문제는 그것이 예의 봉건적 토지소유 관계의 전면적이고 철저한 청산을 의미하는 것은 아니라 할지라도, 지주들이 소유하고 있던 토지를 농민들에게 나누어주라는 요구가 기본적으로 반영되어 있다"[48] "직접적으로나 간접적으로 농민들이 정치에 참여하는 조건하에서 … 화의조약 제12조에 나타난 토지문제에 대한 규정은 그것이 전면적이고 철저한 것은 아니라 하더라도 농민적 토지소유 제도를 주장하였던 것이다"[49]라고 하여 다소 약하기는 하지만 토지소유권을 고르게 하자는 요구라고 해석했다.

그러나 『전사』에 오게 되면 "12조에서는 량반 관료들과 지주들에 의한 토지의 집중과 농민의 파산이 격심해진 조건에서 대토지 소유를 제한하고 땅을 고르게 경작하려는 농민들의 숙망이 반영되어 있다"[50] 하면서도, "봉건제도 개혁에서 근본 문제로 되는 토지문제 해결에서 균등경작을 제기하였을 뿐 봉건적 토지소유 관계를 철폐하고 토지를 농민들에게 분배할 데 대한 문제를 제기하지 못하였다"[51] 하여 토지를 농민에게 분배하도록 요구하는 단계까지는 못 갔던 것으로 '후퇴'하고 있음을 볼 수 있다.

남쪽 학계의 경우 이 문제에 대한 해석도 오히려 북쪽보다 적극적임을 볼 수 있다. 신용하는 동학 농민들이 도조(賭租)를 압수한 기록들과 토지문서를 빼앗으려 했던 자료들을 제시하면서, "동학농민군들이 지주제도에 대하여 적대 활동을 했으며, 지주제도를 개혁하거나 폐지하려고 한 의지를 나타낸 것이라고 볼 수 있다. 동학 농민들은 다산 정약용의 『경세유표』에서 제시된 정전법 토지개혁안을 자기 시대에 맞게 수정하

---

48) 『조선근대혁명운동사』 84면.
49) 같은 책 84~85면.
50) 『조선전사』 13권 320면.
51) 같은 책 84~85면.

여 발전시켜서 새로운 정전제 토지개혁을 실시하여 8구(區)의 사전은 농민에게 경작하게 해서 지주제도를 폐지하고 자작농 체제를 만들며, 1구의 공전은 '두레'를 장려해서 공동으로 경작하여 그 소출로 공세를 납부하도록 하는 토지개혁을 추구했던 것으로 이해된다"[52]고 했다.

한편 정창렬은 토지의 평균 분작을 『전사』와 같이 차경지의 분작으로 해석하면서 이를 농민군과 정부 쪽의 타협의 산물이라고 보는 점이 특이하다. 그도 농민군이 지주의 도조를 탈취한 사실을 들어 "농민군들이 지주전호제를 반대하고 토지소유를 지향하고 있었음이 드러나고 있다"[53]고 한 한편, "전봉준 측은 균산주의 이념에 입각한 경작 능력에 따른 득전안(得田案)을 제시하였는데, 전봉준 측이 양보하여 김학진 측의 안을 수용하였다고 짐작된다"[54]고 했다.

정창렬이 정약용의 토지개혁 사상의 영향을 받아 제시한 농민군의 '득전안'이 전라감사 김학진과의 교섭 과정에서 차경지 분작 안으로 후퇴했을 것으로 보는 근거는, 김학진의 참모 역할을 한 김성규(金星圭)의 지주제 개혁안이 "소작지의 균등 분작과 그 소작인의 상정화(常定化)를 전제조건으로 한 생산물의 4분의 1 수준에서의 항정도조법(恒定賭租法)이었다"[55]는 점에 있다.

북쪽 학계가 토지의 평균 분작 문제를 두고 당시 농민들의 토지소유 의욕을 인정하면서도 그것이 철저한 농민적 토지 평균 소유를 의미하는 것이 아니라 보는 것은, 사상사적으로 1920년대 후반기에 가서야 옳은 의미의 사회주의적 토지소유 사상이 확립된다는 문제와 연관된 것

---

52) 신용하, 앞의 책 227면.
53) 정창렬, 앞의 책 239면.
54) 같은 책 237면.
55) 같은 책 238면.

이 아닌가 한다. 남쪽의 신용하나 정창렬의 경우 실학자, 특히 정약용의 균산주의 영향과 연결시키는 경우 1890년대 농민들의 토지 평균 소유 요구도 사상사적으로 별 문제가 없기 때문에 성립될 수 있는 것이라 할 수 있다.

그러나 정약용의 토지개혁 사상이 갑오농민전쟁군에게 이어졌다는 근거가 약하거나 간접적이어서, 신용하는 "이해된다", 정창렬은 "짐작된다" 등으로 설명할 수밖에 없었던 것이 아닌가 하며, 또 정약용의 토지개혁사상이 여전론(閭田論)이나 정전론(井田論)에서와 같이 모든 경작지의 공유화 내지 왕유화를 지향한 데서 끝나는가, 아니면 공유화 내지 왕유화(王有化)한 후 농업의 '자본주의적 발전'의 길을 따라 다시 사유화할 방안까지 포함하고 있는가 하는 문제가 있다. 그러나 정약용의 저작물 중에서 후자까지를 논급한 부분은 아직 발견되지 않고 있다.

맺음말

1894년에 전봉준 등이 전라도 지방을 중심으로 일으킨 이 거대한 역사적 사건에 대해 남북 학계를 막론하고 '동학란'이라 부르지는 않게 되었다. 적어도 동학교단이나 동학교도가 주동한 사건은 아니라는 점이 분명해진 것이다. 남쪽에서는 아직 동학농민혁명 혹은 갑오농민전쟁 등으로 부르고, 북쪽은 갑오농민전쟁으로 확정한 것 같다. 남쪽 학계의 일각에서 동학농민혁명으로 부르는 것은 동학을 믿는 농민들이 일으킨 혁명이란 뜻도 될 수 있고, 동학도와 농민들이 함께 일으킨 혁명이란 뜻도 될 수 있다. 대체로 전자의 뜻으로 쓰는 것이 아닌가 하는데, 그렇다면 '동학·농민혁명'으로 표기하는 것이 정확할 것이다.

남쪽 학계의 일부와 북쪽 학계에서 이 사건을 갑오농민전쟁으로 부르는 것은 그것을 일으킨 주된 세력이 동학교단이 아닌 것은 물론 동학을 믿는 농민만도 아니며, 또 동학교도와 농민이 공동으로 일으킨 것도 아닌, 오직 농민만이 그 주된 세력이란 뜻이라 하겠다. 또 혁명이냐 전쟁이냐 하는 문제가 있는데, 쉽게 말하면 좀 엄격한 의미의 혁명은 지배계급이 바뀌는 사건이어야 하고, 덜 엄격한 의미라도 정권이 바뀌는 사건이어야 한다고 보기에 1894년의 이 사건을 혁명으로 보기는 부적당하다고 할 수 있다.

1949년에 중국에서 성공한 혁명의 주된 세력이 농민 그 자체라기보다 농민이 변신한 홍군이었다고 본다면, 세계사에서 농민이 직접 주된 세력이 되어 전쟁이나 혁명을 일으켜 성공한 예가 아직은 없었다. 농민이 주된 세력이라 해도 그것을 조직하거나 충동질하거나 앞서 끌고간 주도층이 있게 마련이며, 전쟁이 승리하여 혁명으로 이어진 경우 그것에 참전한 농민 전체가 집권세력이 될 수는 없고 그 주도층이 결국 집권층이 되겠는데, 갑오농민전쟁에서는 그 주도층이 어떤 사람들이냐 하는 문제가 있게 마련이다.

그 때문에 갑오농민전쟁의 경우 종래 그 주도층이 몰락 양반이니 부농층이니 했고, 이들이 주도한 전쟁을 부르주아 민족운동이라 규정하기도 했다. 그러나 이 글을 쓰면서 검토한 남북 학계의 최근 업적들은 종래의 이같은 관점에 상당한 이의를 제기하고 있는 부분이 있음을 알 수 있다.

남쪽 학계의 경우 갑오농민전쟁 자체만을 두고 부르주아 민족운동으로 볼 것인가 그렇지 않을 것인가 하는 문제가 있다. 신용하의 경우 농민전쟁 지휘부의 공화주의 지향 여부와는 상관없이 집강소 활동이 농민적 민주주의의 시행이었다고 했다. 그러나 이 농민적 민주주의가 농민군이 점령한 지역에서만 '우발적으로' 시행될 수 있었던 것인지, 아니면 1890년대의 조선왕조사회 전체에 적용될 수 있는 민주주의였는지 좀더 선명한 설명이 요청된다.

남쪽 정창렬의 경우 "근대 민족주의의 확립은 세계사적 통례에서는 농민계층의 몫이 아니라 부르주아 몫이었다. 19세기 말의 조선에서는 그것이 부르주아 계급에 의해서라기보다는 농민계층에 의하여 보다 더 본격적으로 시도되고 실천되었다는 점에 한국사의 특징이 있었다고 생각된다"[56] 하여 갑오농민전쟁을 부르주아 민족운동으로 보되 그 주도세력을 잔반층이나 부농층으로 보지 않고 농민층으로 보고 있다. 이 점은 농민전쟁을 부르주아 없는 부르주아 민족운동으로 본 갑신정변에 뒤이은, 부르주아가 아닌 농민층 주도에 의한 부르주아 민족운동으로 본 북쪽 학계의 관점과 거의 일치하고 있다고 할 수 있다.

남북 학계를 막론하고 갑오농민전쟁에 뒤이은 갑오개혁을 부르주아 개혁으로 보는 점에는 합의되었고, 갑오농민전쟁이 갑오개혁을 가져오게 했다는 점에도 합의되었다고 할 수 있다. 그러나 그것이 농민전쟁과 같은 전투적 방법으로 이루어지지 않고 '온건 개화파' '혁신 관료'들에 의해 비전투적·비혁명적 방법으로 이루어졌기 때문에 부르주아 개혁으로 뿌리내릴 수 없었다고 볼 수도 있겠지만, 그것에 앞서서 갑오농민전쟁군 지휘부의 제한적 정치의식 때문에 농민전쟁 자체의 혁명성이 미흡했다고 볼 수도 있을 것이다. (1995년 12월)

---

56) 정창렬, 앞의 책 273면

민족통일을 모색하는 국학

들어가는 말 — 국학과 한국학의 문제

1. 21세기 우리 국학의 방향과 과제

국학과 한국학이란 용어를 같은 뜻으로 사용하는 경우도 있지만 그렇지 않은 경우도 있다. 국학이 민족통일을 위해 무엇을 해야 하는가 하는 문제를 검토하기 전에 국학과 한국학이란 용어가 어떻게 쓰여왔는가 하는 문제에 대한 정밀한 이해가 앞서야 하지 않을까 한다. 국학이란 용어는 지난날 일본인들이 이름 지은 것이라 생각되지만, 우리의 경우 지금까지는 대체로 근대 이전 한반도지역의 정치·경제·사회·문화 등 문제를 대상으로 하는 학문을 말하는 것이 아니었던가 한다. 그것은 주로 인문과학, 즉 문(文)·사(史)·철(哲) 3개 학문 분야에서 다루었다고 생각되며, 근대 이전 사회의 문화와 사상 부문은 문학과 철학 분야가 주로 다루었고, 정치·경제·사회부문은 역사학이 주로 다루었다고 봐도 좋지 않을까 한다.

그렇게 보면 지금까지 한국의 사회과학, 즉 정치학·경제학·사회학은 우리 근대 이전 시대의 정치·경제·사회문제는 거의 학문대상으로 삼지 않았다고 할 수 있다. 다만 경제학의 경우 일제시대부터 정치학이나 사회학보다는 근대 이전의 시대를 연구대상으로 삼은 경우가 어느정도 있었는데, 그것은 물론 경제사학 부문에서 다룬 것이었다. 최근에 와서 국학이라는 용어 이외에 한국학이라는 용어가 쓰이기 시작했다. 그것은 국학이란 용어와 같은 뜻으로 쓰인 경우도 있었으나, 그렇지 않고 국학과는 의미가 다른 말로 쓰인 경우도 있었다.

국학이란 말이 앞에서 지적한 것과 같이 문학·사학·철학 등의 학문이 우리 전근대사회의 정치·경제·사회·문화 등 상태를 연구하는 학문을 가리키는 말이었다면, 한국학이란 주로 정치학·경제학·사회학 등의 사회과학이 우리의 정치·경제·사회문제를 연구대상으로 삼기 시작함으로써 붙은 이름이고, 그것은 주로 20세기 후반기, 즉 해방 후의 시대를 대상으로 한 것이었다고 할 수 있지 않을까 한다.

다시 말하면 종래 국학은 우리 사회의 주로 근대 이전 시대를 연구하는 학문이며, 그것을 주로 담당한 학문 분야는 문학·사학·철학 등이었고, 한국학이란 일반적으로 우리의 해방 후 현대사회 문제를 다루는 학문이며, 그것은 주로 정치학·경제학·사회학 등 사회과학이 다루었다고 말할 수 있지 않을까 한다.

문학의 경우는 고전문학과 현대문학으로 연구분야가 비교적 구분되어 있었으나, 역사학과 철학 등의 다른 인문과학은 우리 사회의 문제를 다룰 때 주로 근대 이전의 시대를 대상으로 했고, 이에 비해 사회과학은 일반적으로 해방 후의 현대사회 문제를 대상으로 했다고 보는 우리의 생각이 옳다면, 민족통일을 모색하는 인문과학 중심의 국학이 무엇을 어떻게 할 것인가 하는 문제와, 지금까지는 주로 사회과학이 중심이 된 한국학이 민족통일을 위해 무엇을 어떻게 해야 할 것인가 하는 문제는 다를 수 있다고 생각된다.

그러나 앞으로는 인문과학 중심의 국학과 사회과학 중심의 한국학이 그 연구대상 시대의 차이와 연구방법론상의 차이를 극복하고 서로 교류하면서, 다시 말하면 우리 인문과학 중심 국학의 보편성 및 세계성 확보와 사회과학 중심 한국학의 특수성 및 민족성 확보가 함께 이루어지면서 하나의 학문으로 결합되는 것이 바람직하다고 생각되며, 민족통일 문제에 대한 연구방법론 수립의 경우도 같다고 할 수 있다. 다만 이 글에서는 문제를 국학, 즉 우리 인문과학이 민족통일을 위해 무엇을 어떻게 할 것인가 하는 문제로 좁혀서 논급하려 한다.

통일을 앞당기는 국학

1. 민족통일의 역사성을 이해하는 일

왜 통일을 해야 하는가 하고 물으면, 가령 수천 년을 함께 살아온 같은 민족이기 때문에 통일하지 않을 수 없다고 대답할 수도 있다. 또한 좀더 실질적인 측면에서 접근해서 상당한 기간 자본주의체제의 전일화로 무한경쟁의 시대가 될 21세기를 앞두고, 우리 민족이 하나의 민족공동체를 형성하지 못한 채 분단된 상태로 대립되어 있으면 민족의 생존 자체가 위협받게 될 것이라 대답할 수도 있겠다.

그뿐만이 아니다. 21세기를 앞둔 세계사가 유럽연합(EU)·북미자유무역협정(NAFTA) 등과 같이 곳곳에서 지역공동체를 이루어가고, 장차 한반도를 포함한 동아시아에서도 그럴 가능성이 있는데, 한반도지역이 분단된 상태에서는 동아시아 공동체가 성립되기 어려우며, 그 때문에 남북 우리 민족사회뿐만 아니라 동아시아 지역 전체가 세계사 발전에 뒤지기 쉽다는 등 여러가지 이유가 제시될 수 있겠다.

그러나 통일을 위해서 국학, 즉 우리 인문과학이 무엇을 어떻게 해야 할 것인가를 옳게 이해하기 위해서는 먼저 통일이란 것이 우리 민족사에서 무엇이며 왜 불가결한 일인가를 정확하게 이해할 필요가 있다. 다시 말하면 통일의 역사성을 이해하는 일이 통일을 앞당기기 위해 중요하다는 말이며, 그것이 곧 인문과학이 담당해야 할 부분이라는 말이다.

세계사에서 각 민족사회가 정치적으로 근대화하는 길은 자본주의의 발달과 함께 국민주권주의를 바탕으로 하는 근대민족국가를 성립시키는 일이었다. 중국은 신해혁명을 통해 그것을 일단 이루었고, 일본도 메이지유신을 통해 여러가지 문제점과 한계성을 가졌으면서도 그것을 일단 달성했다고 할 수 있다.

그러나 우리 역사는 불행하게도 국민주권주의를 수립하지 못한 채 일본제국주의의 식민지로 전락했다. 대한제국의 군주주권체제를 국민혁명으로 청산하지 못하고, 군주주권체제인 채 식민지가 된 것이다. 이 때문에 식민지시대의 우리 민족사는 민족해방운동의 과정인 동시에 국민주권주의에 입각한 근대민족국가의 수립 과정이기도 했다.

3·1운동을 계기로 한 1919년의 상해임시정부 수립은 좌우익이 함께 민족해방운동을 지도하고 그 결과로 해방이 된 후 국민주권주의 국가를 수립하기 위한 준비 기관으로서의 임시정부를 만든 단계였다. 그러나 불행하게도 이 임시정부는 민족해방운동의 총지휘부가 되지 못했고, 따라서 그 주도 아래서 민족해방이 이루어지지 못했다. 연합국의 주도로 해방이 되면서 38도선이 획정되고 좌우익이 대립한 결과, 1948년에는 남북 두 개의 국민주권주의 국가가 성립되었다. 그러나 이들 두 국

가는 분단국가일 뿐 통일민족국가가 되지 못했다. 그 때문에 국민주권주의 통일민족국가 수립운동으로서의 민족운동은 해방 후에도 계속되었다.

대체로 갑신정변에서 시작되었다고 생각되는 우리 역사상의 국민주권주의운동, 즉 근대민족국가 수립운동은 상해임시정부의 수립과 해방후 남북 분단국가의 수립으로 연결되었고, 앞으로 통일민족국가를 수립하는 시점에서 일단 마무리될 것이다. 다시 말하면 우리 민족사에서의 남북통일은 근대민족국가 수립의 완성을 말하며, 그것을 통해서 우리 민족사는 비로소 국민주권주의 통일민족국가 수립 과정이라는 역사로서의 '근대'라는 하나의 시대를 넘어서게 되는 것이라 할 수 있다.

이렇게 보면 우리 민족사에서의 통일은 반드시 거쳐야 할 하나의 역사적 과정일 수밖에 없으며, 그것을 통해 비로소 역사적 의미의 '근대화'가 완성되는 것이라 할 수 있다. 사회과학적 방법론으로 민족사회의 현실적이며 실리적이며 구체적인 요구에 의한 통일의 방법론을 이론화하는 일도 중요하지만, 인문과학적 방법론으로 민족통일이 우리 역사에서 무엇인가 하는 문제를 역사적·이론적 측면에서 추구하는 작업 또한 불가결하다. 그것이 통일을 앞당기는 인문과학적 과제의 하나임은 말할 나위가 없다.

2. 통일민족주의 사관이 수립되어야 한다

민족분단시대 인문과학의 최고 과제이며 또 민족사 인식상의 최대 과제는 통일지향 역사인식을 수립해가는 일이다. 통일지향 역사인식은 또 현실적으로 각 시기마다의 통일방법론의 변화과정과 연결되어 있다. 8·15 이후 3년간의 '해방공간'에서는 일제식민지시대 민족해방운동전선에서 추진된 민족통일전선론 내지 그 운동의 영향으로 평화적 통일민족국가 수립 인식이 크게 확대되어 있었다.

그러나 '해방공간'이 마무리되면서 하나의 민족사회 속에 두 개의 분단국가가 성립되었고, 그 결과 1950년대에는 분단국가 사이에 전쟁이 폭발했다. 이 전쟁은 역사인식상 두 가지 경향을 강화하는 결과를 가져왔다.

그 하나는 식민지시대의 민족해방운동전선에서부터 발전해온 평화적 통일민족국가 수립론을 철저히 봉쇄했고, 또 하나는 남북을 막론한 한반도 주민 전체를 대상으로 하는 민족주의적 역사인식을 파괴한 대신 남북 각각 분단국가주의에 한정된 역사인식을 수립하고 강화해갔다. 그러면서도 남북 쌍방의 정권은 물론 그 역사학을 비롯한 인문과학들까지도 제각기 그 분단국가주의적 역사인식을 전체 민족주의적 역사인식이라 강변하게 되었다.

남북을 모두 포함한 전체 민족주의적 역사인식과 38도선 혹은 휴전선을 경계로 하는 분단국가주의적 역사인식이 다름은 말할 나위가 없다. 전자는 분단국가들 사이에 설정된 경계선을 넘어 한반도 전체 주민이 그 역사인식의 대상이며, 남북의 차별 없는 한반도 전체의 역사적 발전이 학문의 대상이 될 수밖에 없다.

분단 이전의 역사는 말할 것도 없고 분단된 후의 역사라 해도 남북 분단국가의 역사를 따로따로 두 개의 역사로 인식하는 것이 아니라, 한 민족의 하나의 역사로 인식하는 일이 중요하다. 이 경우 분단국가주의에 입각한 현실정치 세력은 남은 북을, 북은 남을 적대 지역으로 인식하게 마련이지만, 전체 민족주의적 역사인식이 그것을 넘어설 수 있어야 함은 당연하다.

반대로 분단국가주의적 역사인식은 그 인식대상이 38도선이나 휴전선을 경계로 하는 분단국가의 현실적 통치 범위에 한정되게 마련이다. 그 역사인식은 분단국가의 어느 한쪽 편에 분명히 서서 그 권력의 정당성을 인정하지 않을 수 없으며, 그 권력의 요구에 따라 분단된 민족의 다른 한쪽을 적대하지 않을 수 없는 역사인식이다. 그것은 또 분단국가의 어느 한쪽에 역사적 정통성과 정당성을 두지 않을 수 없는 역사인식이며, 그 분단국가 권력이 다른 한쪽의 권력에 대해 적용하는 적대성·배타성과, 제 권력의 최고성·절대성 강조를 인정하고 동조하지 않을 수 없는 역사인식이다.

그것은 무력통일이나 흡수통일로 하나의 분단국가가 일방적으로 다른 하나를 통일하지 않는 이상 민족분단의 역사가 지속되어야만 존속할 수 있으며, 진정한 의미의 평화적 민족통일과 함께 소멸되어야 할 역사인식이다. 따라서 특히 민족의 평화통일과는 이해관계가 상반되는 역사인식이며, 통일을 앞당기려는 역사인식이 아니라 분단상태를 지속시키고 통일을 지연시키는 역사인식이 될 수밖에 없다. 결국 그것은 분단체제를 유지하는 데 이바지하는 반통일적 역사인식일 수밖에 없다.

통일지향 역사인식이라 해도 무력통일 지향 역사인식은 실제로 분단국가주의적 역사인식과 다를 바 없다. 민족의 다른 한쪽을 무력으로 정복하기 위해서는 역시 그것을 적대하고 정복 대상으로 삼는 역사인식을 수립하지 않을 수 없으며, 그것을 위해 분단국가 권력의 역사적 정당성 내지 정통성을 강조하지 않을 수 없게 마련이다. 무력통일론에 봉사하는 역사인식이 바로 분단국가주의에 봉사하는 역사인식이었음은 분단시대 반세기의 사학사를 통해 충분히 증명되었다.

분단민족사회의 사회과학이 주로 평화통일을 위한 구체적·기술적·제도적 방법론을 연구하고 수립해야 한다면, 인문과학은 민족의 평화통일을 앞당기기 위해 무엇보다도 먼저 분단시대를 통해 세워진 분단국가주의 역사인식을 청산하고 남북을 통한 민족사회 전체를 그 인식대상으로 하는, 그리고 남북 전체 민족사회의 발전을 추구하는 통일민족주의적 역사인식을 수립하는 일이 중요하다고 할 수 있다.

3. 대등통일 인식이 수립되어야 한다

반세기 이상 지속되고 있는 분단국가주의적 역사인식도 통일방법론이 무력통일론에서 평화통일론으로 발전함에 따라 일정하게 변화하지 않을 수 없었다. 1970년대에 박정희정권이 7·4공동성명을 통해 평화통일론을 제시한 것은 설령 정권연장책, 즉 '유신'체제를 수립하기 위한 책략에 지나지 않았다 해도, 1970, 80년대를 통해 치열하게 추진된 민간통일운동과 세계정세의 변화가 그 후속 군사정권들로 하여금 공공연한 무력통일론으로 되돌아갈 수는 없게 했다.

통일방법론의 이같은 변화에 대해 역사학을 중심으로 한 우리 인문과학이 어떻게 대응해갔는가 하는 문제가 추구되어야 한다. 7·4공동성명 자체가 휴지화하기는 했지만, 역사학계를 포함한 인문과학계가 그것을 어떻게 받아들였는가 하는 문제가 있고, 1980년대의 치열한 민간통일운동 추진 과정을 통해 역시 역사학계를 비롯한 인문과학계 일반의 통일인식이 과연 옳은 의미의 평화통일론으로 돌아섰는가 하는 점에도 상당한 문제가 있는 것이다.

이후 독일의 통일과정을 겪으면서 그 흡수통일이 평화통일의 한 방법인 것처럼 인식되기 시작했고, 특히 시대의 추이에 따라 무력통일론을 공공연하게 표방할 수 없게 되었던 분단국가주의 역사인식 고수 세력에게 하나의 돌파구를 열어준 셈이 되었다. 그러나 독일식 흡수통일은 결과적으로는 민족의 다른 한쪽을 정복 혹은 병합하는 일에 지나지 않았다. 옳은 의미의 평화통일은 흡수통일과 같은 한쪽의 우위통일이 아니라 쌍방의 대등통일임을 확실히 인식하는 일이 중요하다.

실제로 1991년에 남북정권 사이에 체결된 「남북합의서」는 흡수통일이나 한쪽의 우위통일이 아닌 남북 쌍방의 대등통일을 분명히 약속했다. 남북의 어느 한쪽 정권이 무력통일은 말할 것 없고 흡수통일이나 우위통일을 공공연히 표방하거나 주장하거나 또 추구했다면 이런 합의서가 체결될 수 없었을 것임은 당연하다.

대등통일이 아닌 흡수통일이나 우위통일을 기도하는 상대와 화해·불가침·교류·협력을 할 수 없음은 너무나 당연하다. 따라서 「남북합의서」 교환과 함께 우리 인문과학계 일반의 통일인식 및 통일방법론 연구도 분단국가주의를 청산하고 명백한 비무력 평화통일론으로 전환하는 일, 그 평화통일론도 흡수통일론이나 우위통일론이 아닌 대등통일론으로 전환하는 일이 무엇보다 중요하다.

분단국가주의적 역사인식도 시대의 추이에 따라 무력통일론에서 흡수통일론으로 변화했지만, 이에 대해 분단국가주의의 한계를 넘어선 전체 민족주의적 역사인식 자체도 지난날의 단순한 평화통일론에서 「남북합의서」의 정신에 따른 남북 대등통일론으로 확실히 전환하는 일이 중요하다. 그것이야말로 평화통일시대의 불가결한 역사인식상의 전환이라 할 수 있으며, 곧 통일을 앞당기는 지름길의 하나이다.

경제적으로 곤경에 빠진 북쪽이 과거의 동독과 같이 갑자기 무너지고 그 때문에 남쪽에 의한 일방적 흡수통일이 이루어지기를 기대하는 세력이 남쪽에 일부 있는 것은 사실이다. 북쪽이 갑자기 무너졌을 때 한반도의 지정학적 위치와 관련하여 남쪽이 독자적으로 외세의 개입을 차단하면서 정치·경제·사회적으로 그 뒷감당을 할 수 있느냐 하는 문제가 있다.

또 설령 그것이 가능하다 해도 흡수통일 자체가 정복과 다름없는 결과를 가져올 것이기 때문에 북쪽이 동독처럼 무너져서는 안 된다고 생각하며, 또 북쪽과 동독과는 그 조건이 다르기 때문에 무너지는 일이 없으리라 생각하지만, 만의 하나라도 북쪽이 동독처럼 무너지는 경우가 있다 해도 그후의 통일과정은 역시 대등통일의 정신과 방법으로 추진되어야만 원만한 통일이 이루어질 수 있을 것이다.

설령 만의 하나라도 북쪽이 동독처럼 갑자기 무너진 후의 통일과정에서 철저한 남북 대등주의가 적용되지 않고 무너진 한쪽이 정복 지역처럼 다루어짐으로써 남북 사이의 정치·경제·사회·문화 면에서 상당한 기간까지 차등이 존속하게 된다면, 처절한 민족상잔을 겪은 역사적 조건 때문에 통일 후유증이 커질 것은 말할 나위가 없다. 그것을 방지하는 길은 한쪽이 무너지건 그렇지 않고 단계적으로 이루어지건 통일과정에 철저한 남북 대등주의 원칙이 적용되어야 할 것이며, 우리의 인문·사회과학은 단순한 평화통일 방법론이 아니라 대등통일 방법론을 수립하는 일을 과제로 삼을 수 있어야 할 것이다.

통일시대에 대비하는 국학

1. 분단시대사를 어떻게 다룰 것인가

이 대목에서는 문제를 역사학에 한정하여 생각해보기로 하자. 분단국가주의적 역사인식을 극복하고 통일민족주의적 인식이 수립되는 한편, 흡수통일 및 우위통일적 역사인식을 불식하고 대등통일 지향의 역사인식이 자리잡게 되면, 자연히 통일에 대비하기 위해 분단시대의 남북 역사를 각각 어떻게 인식하고 서술하며 가르칠 것인가 하는 문제가 뒤따르게 마련이다. 즉 통일을 지향하는 시대의 우리 역사학이 1945년 8월 이후부터 앞으로 완전 통일될 때까지의 남북 역사를 어떻게 서술하고 가르칠 것인가 하는 문제에 직면하게 된다는 말이다.

우선 남쪽만 두고 생각해봐도 8·15 이후의 북쪽 역사를 연구하는 역사학자가 극히 소수일 뿐만 아니라, 통일되기 전이라도 남북 사이의 이질감을 해소하고 바람직한 통일을 앞당기기 위해 분단시대 북쪽의 역사를 객관적으로 서술하고 가르쳐야 한다는 생각을 가진 이도 그다지 많지 않은 것 같다. 역사학계 일반이 아직도 북쪽을 적성 지역으로 간주하고 그 역사를 반역의 역사쯤으로 인식하고 있다면, 그야말로 분단국가주의적 역사인식에서 한 걸음도 전진하지 못했다고 할 수 있다.

거듭 강조하지만 8·15 이후의 북쪽 역사를 객관적으로 연구하고 서술하여 가르치는 일이야말로 평화통일을 앞당기는 길 중의 하나임은 말할 나위가 없다. 그러기 위해서는 우선 남쪽 역사학이 8·15 이후의 북쪽 사회가 가진 그 나름대로의 역사성 자체를 인정하는 일이 중요하다. 그리고 이 문제는 다시 남쪽 사회의 분단시대사 연구자와 서술자, 그리고 교육자의 민족통일관 자체와 직결되어 있음을 지적하지 않을 수 없다. 물론 북쪽 사회의 남쪽 역사에 대한 인식의 경우도 마찬가지다.

무력통일론자는 그만두고 흡수통일론자의 경우라도 8·15 이후 북쪽 역사의 상대적 정당성은 말할 것 없고, 그 자체의 역사성마저 인정하기 어려울 것이다. 따라서 북쪽은 정복하거나 그 변형일 뿐인 흡수해야 하는 대상으로 볼 수밖에 없으며, 이 경우 그 역사는 반역의 역사이거나 없었어야 했을 부정의 역사로 될 수밖에 없을 것이다. 이 점에서는 북쪽에도 흡수통일론자 내지 무력통일론자가 있다면 그의 남쪽 역사에 대한 인식도 마찬가지일 것이며, 어느 쪽도 평화통일 지향의 역사인식이 아님은 더 말할 것 없다.

남쪽에서는 얼마 전부터 민간 출판사들이 간행하는 우리 역사의 현대사 부분에 8·15 이후의 북쪽 역사를 '북한사'라는 이름으로 따로 부속하는 경우가 있었고, 『북한사』라는 단행본도 나온 것으로 안다. 그 '북한사'의 역사적 객관성이 얼마나 수립된 서술이냐 하는 문제도 있지만, 과거 중국의 『25사』에 부속된 「조선전」과 같이 '북한사'를 따로 떼어 남쪽 중심 현대사에 부속하는 방법이 온당한가 하는 문제도 있다. 그리고 이 역시 「남북합의서」에 나타난 남북 대등통일 원칙에 어긋나는 서술방법이 아닐 수 없다.

그렇다면 어떻게 할 것인가? 우선 1945년 이후 우리 역사의 구체적 사실에 대한 연구는 남북을 일단 따로 다루어 서로 비교할 수 있다 해도, 서술하고 가르치는 경우는 남쪽 역사와 북쪽 역사를 따로따로 다루어서는 안 된다고 생각한다. 우리 민족의 현대사를 남북 두 개의 분국사(分國史)로 서술하고 교육할 것이 아니라, 그동안 남북에서 일어난 사실들이 같은 위상과 분량으로 다루어진 '하나의 역사'로 서술되고 가르쳐져야 한다는 말이다. 그것이야말로 남북 대등통일 원칙에 합당한 우리 현대사의 서술방법이요 교육방법이라 할 수 있다.

8·15 이후의 우리 현대사를 남북 각각 두 개의 역사가 아니라, 남북이 대등한 하나의 역사로 서술하고 교육하기 위해 어떤 방법론을 수립할 것인가를 추구하는 일이 민족통일의 시대를 바라보는 지금의 남북 역사학계가 당면한 최대 과제가 아닐 수 없다. 그리고 이같은 서술방법을 위한 분단시대 남북 역사 전개과정의 연결고리는 아무래도 통일문제가 되지 않을 수 없을 것이다.

1민족 1국가 1정부 1체제의 완전통일이 이루어지기 전이라 해도 남북 정부와 학자들이 합의하여 '하나의 현대사'를 체계화하고, 교육하기 위한 교과서를 작성하는 단계까지 가는 것이 바람직하다. 그것이 현실적으로 불가능한 지금의 시점에서는 그것에 앞서 우선 남쪽 학계만이라도 학술회의 등을 통해 그 방법론을 강구해봐야 할 것이다.

2. 통일에 대비해서 어떤 연구작업을 할 것인가

우리 역사학을 비롯한 인문과학이 근대적인 방법으로 연구되기 시작한 것은 19세기 말엽 침략적 목적을 가진 일부 일본인 어용학자들에 의해서였다. 일제식민지시대를 통해 우리 학자들에 의한 인문과학 분야의 연구가 사회과학 쪽보다는 한층 더 진행되었으나, 식민지적 학문 분위기를 벗고 주체적 처지에서 연구하기 시작한 것은 역시 해방 후부터였다고 할 수 있다. 그러나 해방 후라 해도 1950년대까지는 남북을 막론하고 전쟁과 그 뒤처리에 바빴고, 1960년대부터 비로소 본격적인 연구업적들이 쌓이기 시작했다 해도 과언이 아니다.

1960년대는 전쟁 후의 상황 때문에 남북 사이의 학문 교류는 상상도 할 수 없었다. 남쪽 학계의 경우 한일협정이 체결되기 이전에는 일본에 전해진 북쪽 학계의 연구성과를 간접으로 수입할 상황조차 되지 못했고, 협정이 체결된 후에도 상당 기간은 어려웠다. 그런데다 1960년대는 남북이 체제적으로 철저히 이질화해가던 시기였으며, 이 때문에 이때부터 본격적으로 생산되기 시작한 남북 양 학계의 연구업적 사이에는 차이점이 많아졌다. 1970년대 이후 일본을 통해서 1960년대에 생산된 북쪽 학계의 성과가 남쪽에 일부 수입되기도 했으나 공공연하게 인용할 수 없는 상황이었다.

이와 같은 상황이었기 때문에 분단시대를 통한 남북 두 학계의 각 시대마다의 학문적 성과를 비교·검토하는 작업이 본격적으로 또 종합적으로 이루어지기는 어려웠다. 그동안 역사학 분야에 한정해서 보면 근대사와 고대사 부문 등에서 북쪽의 연구성과를 검토하거나 남북 학설을 비교검토한 성과가 일부 있었고, 또 북쪽의 개설서와 단행본 연구서 등이 일부 남쪽에서 간행되기도 했으나 극히 제한적이어서 통일의 시대를 대비하는 남북 학술교류가 되기에는 태부족이다. 문학과 철학 분야도 아마 크게 다르지 않을 것이라 생각된다.

통일에 대비하는 작업으로서는 우선 전체 분단시대를 통해 북쪽 학계에서 생산된 인문과학 분야의 논문과 저서들을 문학·사학·철학의 각 분야별로, 또 고대·중세·근대·현대 등 각 시대별로, 그 시대마다의 부문별로 나누어 수록한 논저 총목록을 만드는 일이 시급하다. 그동안 일본이나 미국 등지에서 생산된 우리 역사 연구 논저 목록 등이 상당히 작성된 것에 비해, 전체 분단시대를 통해 북쪽에서 생산된 인문과학 분야 논저의 총목록은 아직 작성되지 않고 있다. 정치적 상황과도 관계가 있지만, 그동안 남쪽 학계의 북쪽 학계에 대한 관심이 어느정도였는지 말해준다고 할 수 있다.

분단시대를 통해 북쪽 역사학계에서 생산된 논저의 목록을 작성하거나 그 내용을 검토하기 위해 북쪽에 직접 갈 수는 없다 해도 일본과 중국과 동유럽 등지에서 대부분의 자료를 구할 수 있을 것이다. 특히 중국과 러시아와 동유럽이 개방됨으로써 자료 입수가 훨씬 쉬워졌다고 할 수 있다. 그동안 북쪽에서 생산된 학문적 성과를 총괄적으로 파악하는 일이야말로 학문 분야에서 통일에 대비하는 요긴한 작업이 아닐 수 없다.

북쪽에서 생산된 논저의 총목록을 작성하는 일이 일단 이루어지고 나면, 그것을 근거로 하여 고대에서 현대에 이르는 각 시대마다의 중요한 역사적 사실에 대한 남북 학계의 관점의 다른 점과 같은 점을 객관적으로 또 상세히 비교·검토하는 작업이 뒤따라야 할 것이다. 이것은 앞으로의 남북 학계 공동연구를 위한 기초작업의 하나가 될 뿐만 아니라 통일을 앞당기기 위한 역사교육을 준비하는 작업이 될 수도 있다.

이 경우 현시점에서의 학설의 차이점만을 비교·정리할 것이 아니라 쌍방 학설의 변천과정까지 정리하면, 그것이 곧 분단시대의 남북을 합친 우리 사학사를 총정리하는 가장 중요한 기초 작업이 될 수 있다. 이런 작업은 역사학 분야뿐만 아니라 다른 인문·사회과학 분야에서도 함께 이루어져야 할 것임은 물론이다.

그런 작업이 이루어지고 나면 이제 한 걸음 더 나아가서 완전한 통일이 이루어지기 전의 시점이라 해도 먼저 남북 두 정부 사이에 합의가 되고 남북 학계가 동의만 한다면, 일단 분단 이전 시대까지를 대상 및 내용으로 하는 역사와 국어 교과서 등을 남북 학계가 공동으로 제작하여 교육할 수 있게 되는 것이 바람직하다. 그것은 완전통일을 앞당기고 통일 후에 드러날 남북 사이의 이질감을 미리 해소해가는 중요한 방법의 하나가 될 것이며, 통일에 대비하는 분단민족의 인문과학계가 반드시 성취해야 할 일이 아닐까 한다.

요컨대 우리 인문과학 연구가 민족의 재통일에 이바지하는 길은 두 가지 방향에서 찾을 수 있다고 생각된다. 그 하나는 평화적이며 주체적이고 또 남북간 대등한 통일의 방법론을 연구·개발하는 일이다. 또 하나는 통일문제와 직접 관련되지 않는 인문과학 분야라 해도 분단시대를 통한 남북 학계 사이의 서로 다른 방법론에 의해 빚어진 이질성과 차이성을 객관적인 시각에서 좁혀 들어가는 일이라 할 수 있다.

이 작업을 위해 북쪽 학계가 생산한 국학 관계 논저 목록의 작성과 그것을 통한 남북 학계의 견해 차이를 좁혀가는 일이 시급하다. 이 과정을 통일방법론을 원용하여 말하면, 남북 인문과학 사이의 거리를 좁혀가는 방법이 흡수통일의 방법이 아니라 대등통일의 방법이 적용되어야 한다는 말이 될 것이다.

통일 이후를 내다보는 국학

1. 통일은 민족사의 어떤 단계여야 하는가

앞에서도 논급한 것과 같이 일제식민지시대 민족해방운동전선의 이론가들은 우리 민족이 식민지배에서 해방되는 시점이 역사적으로 어떤 단계여야 하는가 하는 문제를 이론화하려고 노력했다. 국민혁명을 달성하지 못하고 군주주권체제인 채 식민지로 전락한 상황에서 민족의 해방은 정치체제 면에서 당연히 국민주권주의, 즉 공화주의의 달성이어야 했다.

그러나 민족해방운동이 추진되는 과정에서 도입된 사회주의사상의 영향 때문에 해방 후에 건설해야 할 민족국가, 즉 공화국이 유럽식 개념을 빌리고 또 극히 단순화시켜 말해서 부르주아지 중심의 민주공화국이냐 프롤레타리아트 중심의 인민공화국이냐 하는 차이가 있었다.

전체 민족해방운동전선은 이 차이를 극복하기 위해 민족통일전선운동을 추진해갔다. 해방 후에 수립할 민족국가의 정치적 헤게모니를 좌우익 중 어느 한쪽이 쥐게 될 것인데 그렇다면 어느 쪽인가, 아니면 좌우익 연립정권을 수립할 것인가, 그렇다면 그 비율은 어떻게 할 것인가 하는 문제 등에는 구체적인 합의가 이루어지지 않았다.

그러면서도 대체적으로 말해서 노동계급과 반일적 중소 자산계급을 중심으로 한 민족통일전선 정부의 수립에는 어느정도 합의되었다. 그리고 경제체제에서는 좌우익 전선을 막론하고 토지와 중요 기업의 국유화 및 중소기업의 사유화에 합의했고, 사회적으로도 친일파와 민족반역자의 숙청 및 모든 교육의 국비 의무교육화, 8시간 노동제 및 남녀평등화 등에 합의했었다.

이런 합의를 바탕으로 한 정치세력의 실체로서의 민족통일전선 세력이 미처 완성되기 전에 일본제국주의가 패망했고, 연합국에 의해 38도선이 그어짐으로써 결국 남쪽에는 우익 중심의 민주공화국이 성립되었고, 북쪽에는 좌익 중심의 인민공화국이 성립되었다. 그리고 반세기가 넘게 서로 체제를 달리하는 분단시대가 지속된 후 이제 민족통일의 분위기가 어느정도 성숙해가는 것이라 말해지고 있다.

그렇다면 자본주의체제와 사회주의체제를 평화적으로 하나로 묶어야 하는 민족통일은 또 우리 민족사의 어떤 단계가 되어야 하며, 그 단계에서 성립되어야 할 정치·경제·사회·문화체제란 구체적으로 어떤 것이어야 하는가 하는 문제에 대해 추구하는 일이 분단민족의 학문, 특히 그 인문과학과 사회과학이 당면한 중요 과제라 하지 않을 수 없다.

먼저 정치적인 면에서 우리 민족사에서의 20세기 전반기는 국민주권주의가 정착되어야 할 시기였으나, 일본제국주의의 식민지배를 받음으로써 국민주권주의 정치체제는 임시정부 형태로 유지되거나 만주 지역에 성립된 교포사회 조직인 신민부·국민부 등에서만 일부 실천되었다.

앞에서도 말한 바와 같이 이후 좌우익전선이 추구한 정치체제가 서로 달랐고, 해방이 가까워진 1930년대 이후의 민족해방운동전선은 거의 대부분 민족통일전선을 지향하면서 유럽식 개념의 부르주아 독재도 프롤레타리아 독재도 모두 부정하면서 통일전선 노선에 의한 민족국가의 수립을 지향했다.

통일전선 노선이 지향한 민족국가는 친일세력을 제외한 모든 계급구성원이 공동으로 참여하는 정권 혹은 좌우익의 연립성 정부 등이었으

나, 해방 이후 남북 분단국가가 성립되면서 민족해방운동전선이 지향
한 민족통일전선 정부는 물론 좌우익 연립성 정부도 실현되지 못하고
말았다. 우리 역사에서 민족해방의 단계와 민족통일의 단계가 다르기
때문에 통일 후에 수립될 민족국가의 정치체제가 1930년대 이후 '해방
공간'까지의 민족해방운동전선이 지향했던 통일전선 정권이나 연립성
정권과 똑같을 수 없는 것은 당연하다.

1991년에 체결된 「남북합의서」 정신에 의하면 현실적으로 실존하는
남쪽의 자본주의적 정치·경제·사회·문화체제와 북쪽의 사회주의적 체
제를 상당한 기간 그대로 둔 채 서서히 통합해가는 방법에 합의했다. 현
재의 20세기식 남북 권력구조를 함께 극복하고 민주주의 발전도가 훨
씬 높아진 21세기식 권력구조 및 경제·사회·문화체제를 발전시켜 남북
지역이 공동으로 채택할 수 있게 되는 것이 바람직하다 할 것이다. 남쪽
식 정치·경제·사회·문화체제와 북쪽식 그것을 상승적으로 통일·발전
시킨 21세기형·남북 통일형 체제를 개발하는 일이야말로 통일을 대비
하는 우리 인문과학과 사회과학이 학문적 정력을 쏟아부어야 할 부분
이라 할 수 있다.

경제적으로 해방 당시의 좌우익 통일전선은 토지와 중요 기업의 국
유화정책에 합의했었다. 토지의 대부분과 대기업이 모두 일본의 기관
이나 개인 소유로 되어 있었고, 조선인 대토지 소유자의 대부분이 친일
세력으로 간주되던 당시의 상황으로서는 좌우익을 막론하고 토지의 국
유화와 농민에의 분배 및 대기업의 국유화가 당연한 것처럼 되었고, 그
것이 좌우익 통일전선이 형성되기 쉬운 조건의 하나가 되기도 했다.

해방 후 분단체제 아래서의 반세기를 통해 남쪽은 토지와 기업이 철
저한 사적 소유제로 되었고, 북쪽은 기업과 토지가 철저한 국유체제로
되어 큰 차이가 나게 되었다. 경제적 측면에서의 민족통일은 우리 역사

에서 어떤 단계가 되어야 하는가 하는 문제와 함께 우리 인문·사회과학은 전혀 다른 이 두 경제체제를 평화적으로 합리적으로 단일화해가야 하는 문제와 맞부딪치게 되었다.

그러나 철저한 국유화를 채택한 국가사회주의 경제체제가 격심한 생산력의 저하를 가져와서 사회주의체제 자체가 몰락하는 중요한 원인의 하나가 되었다. 국가사회주의 정치체제를 유지하는 중국 등에서도 경제적으로는 이미 시장경제체제를 도입했고, 북쪽의 경우도 그 선례를 따르려는 조짐을 보이고 있다.

그렇다고 해서 경제체제의 통일과정이 남북 모두 남쪽의 재벌 중심 자본주의 경제체제로 통일되어야 하느냐 하는 데에도 문제가 있다. 사적 소유제가 가져오는 재부의 편재화와 불균등화를 막기 위한 국영기업과 공영기업의 장점이 충분히 살려지는 경제체제, 사유기업이 가진 생산성 제고의 이점이 살려지는 동시에 분배 정의가 한층 더 높은 단계로 진전되는 경제체제 등의 혼합 체제가 추구되어야 할 것이다. 이 점 역시 앞으로 이루어져야 할 1국가 1정부 1체제가 될 때까지의 통일과정에서 우리 인문·사회과학이 그 이론과 구체적인 방법을 추구해야 할 중요한 과제가 아닐 수 없다.

사회적으로 인류의 역사는 만민평등을 꾸준히 지향하고 있으며, 우리 민족사의 경우도 전혀 예외일 수는 없다. 21세기는 세계사와 민족사를 막론하고 20세기보다 훨씬 더 만민평등에 접근하는 사회가 되어야 할 것이다. 우리 민족사회의 경우 통일이 사회적으로는 어떤 단계가 되어야 하는가 하는 문제를 두고 생각해보면, 통일 이후가 분단시대의 그것보다 만민평등이 한층 더 진전된 사회가 되어야 함은 당연하다. 그러기 위해서는 권력과 금력에 의한 사회적 불평등이 한층 더 해소되어야 하고, 그것을 위해서는 또 정치적 민주화와 경제적 균등화가 더 진전되어야 할 것인데, 그 방법론의 수립 문제 역시 인문·사회과학의 몫이다.

문화·사상적인 면에서 통일의 역사적 단계 문제와 관련하여, 분단시대를 통해 이질화의 길을 걷기만 한 민족문화의 동질성 회복 문제와 우리 민족문화 전체의 세계화, 즉 보편화 문제가 연결되어 있다. 이 문제는 절을 달리하여 좀더 차분히 논급해볼 필요가 있다.

2. 문화의 세계화와 남북 동질성 회복의 길

1990년대로 들어와서 남쪽에서 강조되고 있는 세계화 정책이 일정하게 역사성이 뒷받침된 것인가 아니면 한때의 정치적 표방에 지나지 않는가 하는 문제가 있다. 사회주의체제가 절멸되다시피 하고 자본주의체제가 독주하는 상황에서 초국적 자본의 발달에 수반한 세계화 내지 국제화론의 급진전 그 자체가 세기말적 현상의 두드러진 부분이라 하지 않을 수 없다. 초국적 자본의 주도에 의한 경제 중심의 국제화 내지 세계화가 어디까지 추진될지 예측하기 어렵지만, 이 경우의 세계화는 경제적으로는 분명히 세계의 획일화를 말한다.

초국적 자본이 이윤 추구의 극대화를 위해 상품의 생산구조와 유통구조와 소비 기반을 대량화·획일화하고, 그것을 바탕으로 세계경제체제를 획일화한 후 결국 인간의 의식구조까지를 획일화해갈 가능성이 크다고 할 수 있다. 어느 하나의 민족사회가 이같은 세계화에 동참한다는 사실은 어떤 면에서는 자본주의 선진국 대열에 동참하는 일로 인식될 수도 있겠으나, 특히 식민지시대를 겪음으로써 아직 문화적 주체성이 확립되지 못한 민족사회의 경우 그것은 자기상실의 길이 될 수밖에 없을 것이기도 하다. 그리고 그것이 옳은 의미의 세계화가 아님은 두말할 나위가 없다.

세계화를 자본주의 경제체제 안에서의 선진국화로 인식하거나 선진 자본주의 경제체제와 문화체제로의 획일화로 인식하지 말고, 각 민족사회의 다양한 경제적·문화적 독자성과 고유성이 유지되고 그것들이 모여 조화롭고 다양하고 특징 있는 한 시대의 세계경제체제 및 세계문화체제를 이루는 것으로 인식하는 일이 중요하다.

각 민족이 제 문화 고유의 됨됨이와 빛깔을 잃고 몇몇 자본주의 선진국 문화의 됨됨이와 빛깔을 닮아가는 일, 세계가 자본주의 선진국의 됨됨이와 빛깔 일색으로 획일화되는 일은 옳은 의미의 세계화가 아니다. 지금의 시점에서 남한의 문화가 자본주의 선진국의 됨됨이와 빛깔로 획일화되어가는 세계화를 지향한다면, 그 쉬운 길은 서구화나 미국화가 아니면 일본화의 길밖에 없을 것이다.

세계화의 문제를 이런 각도에서 파악하고 나면 국학, 즉 우리 인문과학의 세계화가 무엇을 말하는지 이해할 만하다. 한마디로 말해서 국학은 한반도지역의 전체 역사시대를 통해 그 정치·경제·사회·문화가 가진 고유의 됨됨이와 빛깔을 가능한 한 정확하게 밝혀내는 학문이라 할 수 있다.

그러나 그것만으로 끝나는 것은 아니다. 한반도지역 전체 역사시대의 정치·경제·사회·문화상을 정확하게 밝혀내되, 그것을 세계의 꽃밭에, 세계의 학문 마당에 내어놓을 수 있는 방법으로 다듬어야 하는 문제가 있다. 세계의 꽃밭에 내어놓았을 때 다른 사람들이 이질적인 꽃으로만 보고 넘기는 것이 아니라, 그 고유한 특징과 우수성 속에 들어 있는 보편성을 이해할 수 있게 다듬어놓아야 하는 것이다. 그것이 국학이라는 우리 인문과학의 세계화라 할 수 있다.

지난날 한반도지역 전근대시대의 정치·경제·사회·문화를 연구한 국학은 그 고유성을 밝히는 데는 어느정도 성과가 있었다 해도, 세계라는 꽃밭에 내어놓을 수 있는 '제품'으로 가공되지 못한 경우가 많았다. 다시 말하면 그 방법론적 보편성이 취약해서 세계성을 가지기 어려웠다.

한편 주로 해방 후 우리 사회를 연구대상으로 한 흔히 한국학이라 불린 우리의 사회과학은, 그 방법론이 외국에서 배운 것 그대로여서 그것으로 우리 사회나 문화를 연구했다 해도 우리 사회나 문화의 고유성과 특수성을 부각시키기는 어려웠다. 우리 문화나 사회를 연구해도 그 결과물은 우리의 것이 아니라, 그 방법론을 배워온 외국 것으로 된 경우가 많았다고 할 수 있다. 그래서 '학문의 보세 가공'이란 말이 생긴 것이다.

앞에서 우리 인문과학 중심 국학의 세계화와 사회과학 중심 한국학의 민족화가 함께 이루어지면서 하나의 학문으로 결합되는 것이 바람직하다고 했다. 국학적, 즉 인문과학적 방법론이건 사회과학적 방법론이건 그것이 우리 사회나 문화를 연구한 것인 이상 우리의 고유성을 밝히고 잘 다듬어서 세계문화의 꽃밭에 출품할 수 있어야 한다는 점이 중요하다.

비유해서 말하면 종래 국학적 방법론의 장점이었던 고유성 '제조기술'과 사회과학적 방법론의 장점이었던 세계성으로의 '가공 기술'이 따로따로 기능하지 말고 하나로 잘 결합되어 국학을 '세계학'의 일환으로 재구성하는 일이 시급히 요구되는 시점이라 할 수 있다. 그것이야말로 21세기를 바라보는 시점에서 국학을 세계화하는 옳은 방법론이라 할 수 있다.

한편 20세기를 마감하는 시점에서 특히 남쪽을 중심으로 주로 사회·경제·문화 면의 세계화가 주장되고 있지만, 이 문제는 남쪽만의 문제가 아니라 전체 민족적인 차원에서도 그 방법론이 다시 검토되어야 할 것 같다. 남북 두 분단국가 사이의 경제체제 및 사회·문화체제가 자본주의와 사회주의체제로 현격히 다르면서도 지금의 시점에서는 사실상 자본주의화를 말하는 남쪽만의 세계화가 일방적으로 주장되고 있는 상황이다.

그 때문에 남쪽만의 세계화가 추진되면 될수록 남북 사이의 정치·경제·사회·문화적 이질화가 심화한다는 사실을 간과할 수 없다. 설령 국가사회주의체제가 거의 무너지고 상당한 기간 자본주의체제의 전일화가 유지될 가능성이 크다는 점을 감안하고라도, 민족의 평화통일과 대등통일을 위해서는 분단민족의 한쪽에서만 세계화가 가속도로 추진되기에 앞서서 정치·경제·사회·문화 면의 남북 이질화를 극복하고 민족동질성을 회복하는 노력이 요긴하고도 시급한 것이라 하겠다. (1996년 11월)

제4부

20세기를
넘기면서
역사를
생각한다

20세기를 넘기면서 역사를 생각한다

20세기 세계사를 되돌아보면

사람이 아직은 백 년을 살기가 어렵다. 따라서 어느 한 사람이 백 년 만에 한 번씩 오는 세기의 바뀜을 경험하기란 쉬운 일이 아니다. 20세기 전반기에 태어난 사람으로서 그 많은 어려운 고비를 넘기고도 21세기를 맞을 수 있게 되었다면, 그것만 해도 다행스러운 일이 아닐 수 없다. 더구나 역사학을 전공하는 사람이 하나의 세기가 바뀌는 순간을 경험하게 된다면 행복이 아닐 수 없다.

역사학 전공자들이 제가 살아온 세월을 세계사나 민족사의 흐름과 연결하여 하나의 '역사'를 쓰는 경우를 더러 볼 수 있었다. 그러나 이 땅의 역사학 전공자들, 그것도 제 개인의 생활신조나 역사인식 같은 것을 식민체제나 분단체제 따위에 매몰시키지 않고 다소나마 의식의 객관적 공간을 유지하려는 역사학 전공자들의 경우, 제 개인이 살아온 세월과 민족사의 흐름을 하나의 궤도 위에 올려놓고 들여다본 '역사'를 쓰기란 참으로 어려운 일이 아닌가 한다. 아직 우리에게 그런 선례가 없음이 그 어려움을 말해주고 있는 것이다.

세계사의 20세기는 그야말로 명암이 엇갈린 시대였다고 할 수 있다. 두 차례의 처참한 세계대전을 겪고도 6·25와 중동전쟁·베트남전쟁 등 국지전이 계속된 세기였다. 그러나 다행히 많은 역사학자들의 예상에도 불구하고 제3차 세계대전은 일어나지 않았다. 그 이유는 제2차 세계대전에서 인류사회가 최초로 파괴력이 엄청난 핵무기를 만들었고, 그 결과 가지게 된 공멸(共滅)의 위기의식 때문이기도 하지만, 어쩌면 두 번의 처참했던 세계대전을 통해 인간의 평화 의지나 양심 같은 것이 그만큼 증대한 결과인지도 모른다.

20세기는 또 지구상에서 최초로 사회주의혁명이 성공하여 사회주의체제의 국가가 탄생한 세기이기도 했다. 사회주의체제의 등장 자체가 자본주의체제가 가진 모순을 타파하기 위한 것이기도 했지만, 특히 제2차 세계대전 이후 동유럽 지역과 중국 대륙과 베트남 및 북한 지역이 사회주의체제화함으로써 그 권역이 크게 넓어져갔다. 따라서 반드시 유물사관론자가 아니라 해도 20세기가 자본주의체제와 사회주의체제가 교체하는 출발점이 되리라 생각하는 경우가 많았다.

그러나 성립된 지 70여 년 만에, 그리고 제2차 세계대전 후 그 권역이 크게 확대된 지 불과 40여 년 만에 국가사회주의체제는 대부분 무너졌다. 다만 코민테른 성립 후 그 타도 대상이던, 자본주의체제와의 공존을 인정하는 유럽식 사회주의가 지금은 세계사 속의 사회주의를 대표하는 상황처럼 되었다. 심지어는 맑스에 의한 사회주의는 완전히 실패하고 자본주의 전일체제가 계속되리라 하여 '역사의 종언'을 주장하는 역사철학도 나온 상황이다. 이는 유럽식 사회주의의 확대·발전마저 불가능하리라고 보는 것이다.

시장경제체제를 도입하고도 사회주의국가를 자칭하는 대표적인 나라 중국을 8년 전부터 시작해서 일곱번째 다녀왔다. 자본주의 앞에 내놓은 바다 쪽은 말할 것 없고 내몽골 초원 지대까지 가보아도 처음 갔을 때 느낄 수 있었던 '사회주의적 분위기' 같은 것은 불과 8년 동안에 거의 찾아볼 수 없었다. 눈빛이 맑고 순박해 보이던 사람들은 간 곳이 없고 영리에 길들어져가는 영악한 인간상만을 대하게 되었으니, 자본주의 세상 밖에서 살아보지 못한 사람으로서 그 위력에 새삼 놀라지 않을 수 없었다.

그런 것을 보면 '역사의 종언'을 말하는 언설이 주목을 받을 만하고, 사회주의적 인간형 운운이 하나의 빈말에 지나지 않는 것처럼 생각하게도 되었다. 그렇다면 21세기를 살아갈 사람들은 이제 사상적 고민이나 체제적 갈등 같은 것은 가질 필요가 없고, 자본주의체제에만 모든 것을 맡기고 그것이 가져다줄 물질적 풍요만을 기대하면서 그저 살아가기만 하면 되는 것일까? 역사라는 것이 무엇이며 어디로 가는 것인가 다시 한번 생각하게 한다.

역사의 진행방향을 생각해보면

그러나 세계의 역사학계 일반은 자본주의체제의 전일화에 의한 '역사의 종언'을 말하는 언설은 좀 성급한 것으로 보는 경우가 많은 것 같다. 다만 20세기에 들어와서 제국주의화에 박차를 가함으로써 반역사의 수렁으로 빠져들던 자본주의체제를 케인즈식 수정주의가 힘겹게 구제하여 지속되게 했고, 그것이 오히려 국가사회주의의 몰락으로 연결된 것은 사실인 것 같다. 그러나 국가사회주의의 몰락과 함께 자본주의체제는 이제 케인즈식 수정주의도 거부하면서 이른바 신자유주의체제를 강화하는 방향으로 줄기차게 나아가고 있는 것도 사실이다.

개인주의적 자유시장경제 '신앙'을 복권시키고, 복지비와 교육비 증가를 제한하는 한편, 기업과 부유층의 세금 부담을 경감시키며, 시장원리에 의한 경제 활력의 회복을 기대하면서 공영기업을 민영화하고, 노동조합을 약체화하고 노동시장을 경쟁적으로 재편하는 일련의 정책을 펴는 신자유주의가 계속 강화되고 있는 것이다. 이같은 신자유주의 경제체제가 자본주의체제를 다시 반역사의 수렁으로 인도하는 길잡이가될 것인지, 아니면 자본주의 전일체제를 지속시키는 기둥 노릇을 할 수있을 것인지 의문이다.

국가사회주의의 몰락과 신자유주의의 강화 현상에도 불구하고, 적어도 세상을 역사적 시각에서 보는 경우에 한 가지 분명한 것이 있다. 닥쳐올 21세기가 20세기보다 정치·경제·사회·문화적인 면에서 민주주의가 한층 더 전진하는 세기가 될 수밖에 없다는 사실이다. 20세기까지의인간역사가 추구해온 최고의 발전 가치를 한 마디로 요약하면 민주주의의 발전이라 할 수 있으며, 아직까지 그것을 지속적으로 저지하는 어떤 체제도 역사는 결코 허용하지 않았다는 엄연한 진리를 강조하지 않을 수 없다.

모든 인간이 권력과의 관계에서 한층 더 자유로워지는 정치적 민주주의, 생산력이 높아지고 물질적으로 풍족해지면서도 그것의 균점(均霑)이 반드시 이루어지는 경제적 민주주의, 권력과 경제 면에서의 차별성을 극복하고 만민평등을 실현해가는 사회적 민주주의, 사상과 언론의 자유를 계속 확대시켜가는 문화·사상적 민주주의 등을 한층 더 발전시켜가는 길로 인간사회의 역사는 계속 전진해왔고 앞으로도 전진해가게 마련인 것이다.

인간역사가 원시시대를 벗어난 이후 정치적 자유의 확대와 생산력

발전에 따르는 재부(財富)의 균점화와 사회적 평등화와 무한한 사상의 자유화를 지향하면서, 그 무대인 지구 자체를 하나의 평화공동체로 만들어가려는 노력을 계속해왔으며 또 계속해가고 있다. 자본주의체제가 봉건체제를 극복한 것은 전자가 이같은 자유화·균등화·평등화에서 한층 더 진전된 체제였고, 인간의 그런 욕구를 충족시켜줄 만한 체제였기 때문이었다. 그리고 봉건주의와의 투쟁에서 이긴 자본주의가 이제 그 자유화·균등화·평등화의 길에서 정체하거나 역행하게 되었을 때, 그것을 혁명적으로 진전시키기 위한 새로운 체제로서 국가사회주의가 창안되었고, 많은 투쟁 끝에 20세기에 와서 일부 실현되었다.

그러나 자본주의체제와의 치열한 투쟁을 통해 그 권역을 확대해가던 국가사회주의체제가 그 과정에서 오히려 정치적 자유와 특히 생산성 발전 면에서 상당한 정체와 후퇴를 면하지 못하게 되었다. 특히 자본주의체제와의 힘겨운 무력경쟁에 휘말려 생활경제 면에서 오히려 자본주의체제보다 뒤떨어지게 되었고, 결국 체제 붕괴의 길을 걷게 된 것이다. 국가사회주의체제가 무너진 원인에 대한 추구는 21세기 역사학 최대의 연구과제가 될 것이다.

20세기 말기를 통해 나타난 이같은 현상이 프랑스혁명 후에도 나뽈레옹 제정기가 있었던 것처럼 역사 이행기 내에서의 일시적 반동현상일 뿐인지, 아니면 국가사회주의체제 자체가 하나의 역사시대를 담당할 만한 정밀한 체제가 되지 못한 것인지, 그렇다면 유럽식 사회주의가 과연 자본주의 전일체제를 종식시키고 그 후속 체제로서 세계사의 한 시대를 담당할 수 있을 것인지. 그것도 아니면 신자유주의체제가 모순을 급격히 심화하여 20세기식 국가사회주의나 그 수정형(修正形)이 기 사회생이라도 할 수 있을 것인지. 자본주의도 사회주의도 아닌 21세기 인류사회를 새롭게 조직할 새로운 체제가 창안될 수 있을 것인지. 아직은 어느 쪽도 예상하기 어려운 것 같다.

다만 21세기 세계사가 자본주의 전일체제의 지속으로 인한 '역사의 종언'이 되리라고는 보지 않는 것이 역사학계 일반의 진단이요 '확신'이 아닌가 한다. 왜냐하면 인간사회는 정치·경제·사회·문화적 민주주의를 발전시키는 길로 끊임없이 변화해왔고 또 변화해갈 것이기 때문이다. 인간사회에 이 변화가 있는 한 어떤 형태의 체제도 영원할 수 없기 때문이다. 세상에 아무것도 믿을 것이 없어도 역사가 발전하는 쪽으로 변한다는 사실만은 믿을 수 있다는 확신이 역사학을 성립시킨 가장 중요한 요인이라 할 수 있다.

20세기 민족사를 되돌아보면

식민지배에서 벗어난 민족사회의 역사학은 대부분 상당한 기간 팔이 안으로 굽는 식으로 제 민족사를 인식하게 마련이다. 피지배 기간 동안에 훼손된 민족적 자존심을 회복해야 한다는 요구 때문이라 할 수 있다. 그러나 그런 시기가 어느정도 지나고 나면 또다시 제 역사를 냉철하게 들여다보려는 노력이 생겨나게 마련이다. 지금에 와서 20세기 한반도지역의 역사를 엄격히 되돌아보면 실로 실패를 거듭한 역사였다고 할 수밖에 없다.

동아시아 지역의 역사 속에서 근대 이전의 한반도지역은 좋게 말해서 대륙 쪽과 깊은 관계를 가지고 있었고, 솔직히 말하면 그것에 종속되어 있었다. 그러나 근대사회로 오면서 해양 쪽의 일본이 강대국으로 변모했고, 그 위에 같은 해양세력으로서의 영국과 미국이 대륙세력 러시아의 한반도지역을 통한 태평양 지역으로의 진출을 막기 위해 일본을 도와주게 되었다. 이 때문에 대륙과 일본 열도 사이에 가로놓인 반도 지역으로서의 한반도문제가 복잡하게 얽히게 된 것이다.

한 걸음 앞서 근대국가로 변모한 해양세력 일본이 한반도를 그 세력권 속에 넣으려 하는 한편 대륙세력 청국은 한반도지역을 근대 이전처럼 계속 그 종속 지역으로 확보해두려 했다. 그러나 청국은 청일전쟁에서 패함으로써 한반도에서 후퇴할 수밖에 없었다. 한반도지역과 국경을 접하게 된 다른 대륙세력 러시아가 일본의 한반도 독점을 대신 저지하면서 태평양으로의 출구를 마련하려 했으나, 영국과 미국의 도움을 받은 일본과의 러일전쟁에 패함으로써 역시 물러날 수밖에 없었다.

이런 상황 속에서 한반도지역이 국가적 독립을 유지할 수 있는 최선의 길은 스스로 부국강병책에 성공하여 외세침략을 저지하는 길이었다. 조선왕조는 이름을 대한제국으로 바꾸는 등의 변화를 기도했으나 전제주의체제로서는 역부족이었다. 한편 한반도를 영세 국외중립지대가 되게 하여 독립을 유지하는 방법이 거론되었고, 대한제국 정부도 한때 중립을 선언했다. 그러나 영국과 미국의 원조를 받는 일본의 강압으로 실패하고, 결국 해양세력 일본의 식민지로 전락하고 말았다.

일본의 한반도 강점에 반대하는 의병이 4만 명이 넘게 전사했고, 일제시대 35년간 간단없이 지속된 민족해방운동전선에서는 우익전선, 좌익전선을 막론하고 꾸준한 투쟁을 계속했다. 그런데도 정직하게 말해서 우리 민족해방운동군의 독자적 전투만으로 일본을 이기고 그 식민지배에서 해방될 가능성은 거의 없었다. 그 때문에 중일전쟁 후에는 좌우익전선을 막론하고 소일전쟁과 미일전쟁을 전망하면서 우리 민족해방운동군이 그들 연합군의 일원으로 참전하여 승리함으로써 독립을 쟁취할 수 있을 것이라 전망하고 노력했다. 그러나 민족해방운동군의 어느 쪽도 연합군의 일원으로 참전하지 못한 채 일본제국주의가 패망했다.

　그 결과 한반도 전체가 연합국의 요구에 따라 일정 기간 신탁통치를 받은 후 독립할 것인가, 아니면 미소 양국의 분할점령에 편승하여 좌익 따로 우익 따로 분단국가를 만들어 민족분열을 가져올 것인가의 기로에 서게 되었다가 결국 후자의 길이 선택되고 말았다. 분단국가를 성립시킨 후에야 북쪽과 남쪽에서 각각 한 차례씩 무력통일을 기도했으나 한반도지역이 가진 지정학적 위치가 주된 원인이 되어 외세가 개입했고, 그 때문에 남북이 모두 무력통일에 실패했다. 이데올로기나 체제 문제가 없다 해도 한반도가 대륙세에 의해 통일되는 것을 해양세가 용납하기 어려웠고, 반대의 경우 대륙세가 용납하기 어려웠는데, 거기에 이데올로기와 체제 문제까지 겹쳤으니 더 어려울 수밖에 없었다.

　어떻든 20세기 후반기 우리 민족사의 최대 과제는 통일이었으나, 분단되어 무력통일전쟁에 실패한 민족사회가 평화적으로 통일되기란 참으로 어려운 일이었다. 민족상잔의 시대 1950년대를 넘기고 1960년대로 들어서면서 4·19 후에야 비로소 민간운동 차원에서 평화통일 주장이 나오기 시작했으나 5·16쿠데타로 압살되었고, 1970년대에 들어와서야 양쪽 정부 차원에서 주체적·평화적 통일이 거론된 '7·4공동성명'이 나왔다. 그럼에도 실존하는 두 개의 국가를 어떻게 평화적으로 통일시킬 것인지 그 구체적인 방법론이 수립되기 전에 성명 자체가 '휴지화'되고 말았다.

　1980년대에 들어와서야 국가와 정부를 분리해서 다루려는 지혜가 생겨남으로써 평화통일 방안에 큰 진전이 있었다. 북쪽에서 국가는 하나로 하되 정부와 체제는 상당 기간을 둔 채로 두자는 방법을 제시했고, 남쪽에서는 당분간 국가와 정부와 체제를 모두 둔 채로 두고 우선 신뢰 회복을 위한 사업을 벌여야 한다는 방안을 제시했다. 국가를 당장 하나로 할 것인가 당분간 둘인 채로 둘 것인가 하는 데에는 의견이 달랐으나, 정부와 체제를 상당한 기간 둘인 채로 두자는 데에는 남북이 합의한 것이다.

이 합의가 중요한 것은 남북이 모두 상당한 시간을 두고 상대방과 대등한 처지에서 서서히 통일하자는 데 합의했다는 점이다. 특히 독일이 흡수 방법으로 갑자기 통일됨으로써 많은 후유증을 낳은 것과는 대조적으로, 남북이 대등한 처지에서 점진적으로 통일하는 데 합의한 것은 베트남식은 물론 독일식도 아닌 한반도식의 새로운 제3의 합리적 평화통일 방법이 고안된 것이라 할 수 있다.

이 합의를 바탕으로 1990년대로 들어오면서 '남북불가침조약'이 체결되었고, 남쪽에 문민정권이 성립되면서 남북정상회담이 합의되기에 이르렀다. 20세기를 넘기는 시점에서 이제 평화통일의 문턱에 들어선 것이었다. 그러나 대단히 불행하게도 1차 회담을 앞두고 한쪽 정상이 갑자기 죽음으로써 정상회담이 실현될 수 없게 되었을 뿐만 아니라, 조문문제로 남북관계가 급격히 악화되었다. 정상회담이 합의되었을 때는 전혀 반대가 없었고, 따라서 죽지 않았으면 남쪽 대통령과 무릎을 맞대고 민족문제·통일문제를 의논했을 북쪽 주석이 죽고 나니, 갑자기 '6·25의 원흉'이 되어 조문을 해야 한다는 사람은 마치 불순분자요 반역자인 것처럼 되어버리고 만 것이다.

조문문제로 남북관계가 급격히 악화하더니 핵문제·잠수함 사건·쌀원조의 역효과 등이 겹쳐 결국 3년을 허송하고 말았다. 문민 김영삼정권으로서는 과거의 군사정권들보다도 민족문제·통일문제에는 뚜렷한 업적이 없을 뿐만 아니라 오히려 후퇴했다고 하지 않을 수 없게 되었다. 훗날의 역사가 김영삼정권시대를 서술할 때 내정에는 쓸 만한 것이 있을지 모르지만, 통일문제에는 정말 기록할 만한 업적이 없음을 실감할

것이다. 이는 김정권을 위해서나 전체 민족사를 위해 대단히 불행한 일
이 아닐 수 없다.

민족사의 21세기를 내다보며

식민지배에서 해방된 민족이라 해도 이제 제 민족사를 냉철히 들여다
볼 때가 되었다고 말했지만, 20세기 100년의 우리 민족사를 두고 보면
그 전반기는 식민지시대이고, 그 후반기는 민족분단의 시대여서, 모두
역사의 방향을 잘못 선택한 불행한 시대였다고 할 수밖에 없다. 그럼에
도 그 시행착오와 불행을 딛고 제2차 세계대전 후 독립한 민족사회 중에
서는 어느정도 선두 그룹에 들게 된 것도 사실이다. 그러나 그것은 결코
어느 개인의 지도력이나 일부 집단의 공로 때문은 아니다. 근대 이전부
터 우리 민족사회가 가졌던 높은 문화 수준과 민족적 저력이 다소 늦게
나마 큰 힘을 가지고 발휘된 것이 그 근본적인 원인이라 할 수 있다.

식민지로 되고 분단이 된 불행을 가져온 역사적 원인은 물론 대단히
복잡해서 한마디로 지적하기 어렵다. 그럼에도 반도로서의 그 지정학
적 위치에 주목하면서 주변 정세 문제와 관련하여 원인을 요약해보면
이렇게 말할 수 있을 것이다. 제국주의 침략이 만연했던 20세기 초에는
군사·경제·외교 면에서 주변의 어느 민족국가보다 강하지 못했던 한반
도지역이 영세 국외중립 지대가 되어 독립을 유지하는 방법이 그래도
바람직했다. 그러나 그것에 성공하지 못하고 결국 식민지로 전락하고
말았다. 한반도를 식민지화한 일본은 이를 발판으로 '만주'와 중국 대륙
을 침략하여 동아시아 전체를 전쟁 속으로 몰아넣었다가 결국 패전하
고 말았다.

일본의 패전으로 제2차 세계대전이 끝난 시점의 한반도는 연합국이 합의한 대로 좌우익이 협력하여 통일된 연립 임시정부를 만들고 5년간 전승국들의 신탁통치를 받은 후 통일 독립 민족국가를 수립하는, 분단을 막을 수 있는 길이 있었다. 그러나 찬탁·반탁 노선이 갈려 통일 임시정부 수립 자체가 불가능하게 되었고, 결국 분단국가들이 성립되었다가 통일을 핑계한 민족상잔으로 연결되었다. 전쟁은 통일을 목적으로 한 민족내전으로 시작되었으나, 거듭 말하지만 그 지정학적 위치 때문에 국제전으로 발전했고, 많은 희생을 치르고도 분단은 반세기 이상 계속되고 있다. 한반도 분단으로 주변 강대국들이 대결 속의 세력 균형을 이룬 것이다.

지정학적 위치 문제에 얽매이는 숙명론적 역사인식을 유발할까 두렵지만 다시 한번 냉엄하게 되돌아보자. 19세기와 20세기를 통해서 한반도지역은 대륙세 청국이 강했을 때 그것에 종속되었다가, 미국과 영국을 배경으로 한 해양세 일본이 강해지자 그 식민지로 되었고, 제2차 세계대전이 종결되자 대륙세 소련과 해양세 미국이 동아시아에서 대결 속의 세력 균형을 유지해야 할 필요가 있을 때 분단되었다. 21세기에 들어가서 한반도는 동아시아에서 어떤 양상으로 존재해야 할 것인가 하는 문제가 중요한 것이다.

과거에도 식민지화와 민족분단을 막으려는 정치세력이 없지는 않았지만, 어느 경우도 성공하지 못했다. 20세기를 통해 한반도의 지정학적 위치는 부정적으로만 작용했다 해도 과언이 아니다. 그것이 21세기에도 계속 불리하게 작용해서는 안 되며 그것을 유리하게 작용하도록 바꾸어놓는 일이 중요하다. 새로운 대외관계사를 개척해나아가야 한다는 말이다. 21세기의 한반도지역은 중국을 중심으로 하는 대륙세에도 또 일본을 직접적인 압력세력으로 하는 해양세에도 휩쓸리거나 치우치지 않고, 그 자체가 동아시아의 대륙세와 해양세 사이에서 제3의 세력으로 확립되어 두 세력 사이의 대립과 분쟁을 조절하는 지역으로 존재하는 것이 바람직할 것이다.

인구 약 7천 만에 어느정도 경제력을 갖추게 될 한반도지역이, 식민 지가 되었거나 또 분단되었던 20세기적 상황과 조건을 극복하고 동아 시아의 평화를 담보하는 역할을 다할 수 있으려면, 무엇보다도 이 지역 의 평화적 통일이 전제 조건이다. 그리고 어떤 형태의 평화통일이 이루 어지느냐 하는 문제와 통일 후의 한반도가 동아시아의 국제관계 속에 서 제3의 세력으로 확립될 수 있느냐 하는 문제가 연결되어 있다. 평화 통일을 달성해서 제3의 세력으로 존재하기 위해서는 먼저 20세기의 한 반도가 식민지가 되고 분단이 된 역사적 조건을 파악하는 일이 중요하 며, 그것을 극복하고 21세기의 통일된 한반도가 동아시아에서 어떤 양 상으로 존재해야 하는가를 정확하게 이해하는 역사인식의 확립이 중요 하다.

그같은 21세기적 역사인식을, 식민지시대와 분단 과정을 겪으면서 그것에 일정하게 역할을 다하기도 한 지금의 기성세대가 체득하고 실 천하기란 어려운 일이다. 그것은 식민지시대를 살지 않았고 분단 과정 에 역할을 하지 않았으며, 특히 6·25를 경험하지 않은 젊은 세대가 가질 수 있는 역사인식이라 할 수 있다.

구체적으로 말하면 6·25를 직접 겪은 세대에게는 북한이 총부리를 서로 겨누고 싸운 적이었고, 남한 국토의 대부분이 점령된 상황에서 유 엔을 움직여 도와줌으로써 완전 점령을 막아준 미국이 혈맹의 우방이 었다. 그런데 무력통일이 아닌 평화통일은 '타협통일'을 말하며 '타협 통일'은 또 어느 쪽도 망하거나 흡수당하지 않는 '공존통일'을 말한다. 따라서 민족의 다른 한쪽을 적으로 보는 민족인식이나 역사인식으로서는 '타협통일'이나 '공존통일', 즉 옳은 의미의 평화통일이 불가능한 것이다.

다행히도 6·25를 겪지 않은 젊은 세대에서는 기성세대식 민족인식 및 역사인식의 끊임없는 주입에도 불구하고 북한을 적으로 보기보다 동족으로 보는 민족인식이, 그리고 미국도 혈맹의 우방이기보다 하나의 타국으로 보는 역사인식이 일반적임을 볼 수 있다. 통일해야 할 민족의 다른 한쪽을 적으로 보는 세대보다 동족으로 보는 세대가 옳은 의미의 평화통일을 담당할 만한 세대임은 더 말할 나위가 없다. 이렇게 보면 기성세대와 젊은 세대 사이에 민족인식이나 역사인식의 차이가 있는 것이 당연함을 알 수 있게 된다.

자주 강조하는 말이지만, 만약 기성세대와 젊은 세대의 민족인식이나 역사인식이 같아지면, 모든 부문에서 기득권을 가지고 있는 기성세대 쪽으로 같아지기 쉽다. 그런 경우 그 민족사회는 앞으로 나아가지 못하며 정체하고 멸망하게 될 것이다. 같아서도 안 되고 같아질 수도 없는 역사인식이나 민족인식을 같아야 한다고 고집할 경우 두 세대의 의식 사이에는 파탄이 오게 마련이다. 반대로 같아서는 안 된다는 사실을 알고 달라야 함을 인정하게 되면, 두 세대의 의식 사이에 조화가 이루어지기 쉽다.

다행히도 지금 젊은 세대의 민족관이나 역사관은 기성세대의 그것과는 차이가 크다. 지금의 기성세대와 그 윗세대 사이에 있었던 차이보다 더 크다는 말이며, 바로 이 점이 민족사적 희망이다. 민족의 다른 한쪽을 적으로 보지 않고 동족으로 보는 이 민족관과 역사관이 바로 21세기의 한반도가 옳은 의미의 평화통일을 달성하는 원동력이 될 것이기 때문이다.

그리고 통일된 한반도지역은 중국과 러시아 중심의 대륙세와 미국이 배후에 있는 일본 중심의 해양세 사이에서 제3의 세력으로 확고히 위치하면서 양대 세력의 대립을 중화시킴으로써, 동아시아의 평화와 세계 평화에 기여하게 될 것이다. 나아가서 동아시아 지역공동체 같은 것이 성립된다면 그 지정학적 위치를 유리하게 살려 제3의 위치가 그 공동체의 중심 국가로 발전할 수 있게 될 것이다. (1997년 11월)

21세기 한국사회의 역사적 조망

21세기 세계사의 조망

1980년대 말기 이후 동유럽과 소련권에서 국가사회주의체제가 와해된 것은 비록 20세기에 일어난 일이지만, 그것은 21세기 세계사의 전주곡이라 할 수 있다. 반드시 유물사관적 역사인식에 서지 않은 역사학자라 해도 1917년의 러시아혁명을 계기로 세계사가 자본주의 단계에서 사회주의 단계로 본격적으로 이행하리라 예상하는 경우가 많았다. 그러나 그 국가사회주의체제가 20세기를 불과 20년 남겨놓은 시점에서 거의 무너지고 말았다. 중국과 같은 일부 국가가 정치적으로는 설령 국가사회주의체제를 유지하고 있다 해도 경제적으로는 대부분 시장경제체제로 전환하고 있는 것이다.

21세기에 들어가서 국가사회주의체제는 완전히 소멸하고 초국적 자본의 발달에 의한 자본주의 전일 체제가 계속되는, 이른바 '역사의 종언'이 올 것인가, 아니면 사회주의체제의 도전이 없어지고 전일화한 자본주의체제가 오히려 그 모순을 급격히 심화시킴으로써 거의 멸망 상태에 빠진 국가사회주의체제가 회생하여 다시 자본주의체제에 도전하는 역사가 전개될 것인가, 아니면 사회주의의 도전이 없어지고 전일화한 자본주의체제의 심화된 횡포에 도전하기 위해 국가사회주의체제가 아닌 다른 사회주의체제가 성립될 것인가, 그것도 아니면 인간의 손이나 발이 아닌 바로 두뇌의 기능을 확대시킨 컴퓨터의 발달과 같은 획기적인 과학의 발달을 바탕으로, 20세기까지의 인류사회가 성립시킨 자본주의체제도 국가사회주의체제도 아닌 21세기적 제3의 체제가 성립될 것인가, 아직은 무엇도 예단할 수 없는 것 같다.

20세기를 마감하는 시점에서 인류의 역사가 이렇게 '혼돈' 상태에 빠진 것이 사실이며, 따라서 어느 세기말보다도 다음 세기의 역사 전개 상황을 조망하기 어려운 것도 사실이다. 그러나 이런 경우라 해도 인류역사의 앞길을 내다보고 잴 수 있는 잣대가 전혀 없는 것은 아니다. 잘 생각해보면 지금까지의 인류사회가 고안해내고 성립시킨 봉건주의체제니 자본주의체제니 사회주의체제니 하는 것도 인간이 스스로의 생활을 한층 더 나은 상황으로 만들어가기 위해 그때그때 고안하고 성립시켜 놓은 길고도 긴 인간역사 도정(道程)의 한때의 체제에 지나지 않는 것임을 알 수 있다.

그렇다면 전체 역사시대를 통해 지구상에서 살았거나 살고 있거나 또 살아갈 인간들이 그들의 생활을 한층 더 나은 상태로 만들어가는 길이라는 것을 어떻게 요약해서 파악할 수 있느냐를 생각해볼 필요가 있다. 그것은 정치적인 면에서는 인간들이 역사시대 이후 생성된 권력의 속박을 덜 받고 사는 길, 권력을 가진 사람만이 정치적으로 자유롭다는 말이 사실이라면 정치적으로 자유롭기 위해 모든 인간이 권력을 가지는 길, 다시 말하면 정치적 민주주의를 한층 더 발달시키는 길이 곧 인간의 생활을 한층 더 나은 상태로 만들어가는 길이라 할 수 있다.

경제적인 면에서는 인간은 역사시대 이래 그들의 생활을 한층 더 나은 상태로 만들어가기 위해 계속 생산력을 높여왔다. 그러나 생산력을 높이는 일만이 모든 인간이 잘살게 되는 길은 아니었고, 생산력의 발달로 축적된 재부(財富)를 고루 분배하는 일이 또한 중요했다. 자본주의체제는 인류역사상 생산력을 최고도로 향상시킨 체제였으나, 반면 재부의 편재(偏在)가 심해서 그것의 균배(均配)를 위해 차라리 사유를 금하고 완전한 공동소유제를 실현해야 한다는 사회주의사상을 발달시켰다. 과연 인간사회가 재부의 완전 공유를 달성할 수 있을 것인지는 속단하기 어렵지만, 적어도 재부가 균점(均霑)되는 길, 다시 말하면 경제적 민주주의가 발달하는 길이 전체 인간생활을 한층 더 나은 상태로 만들어가는 길임은 확실하다.

　이밖에도 사회적인 면에서 인간의 생활을 한층 더 나은 상태로 만들어가는 길은 만민평등을 이루어가는 길이라 할 수 있다. 근대사회로 오면서 양반·상놈·하인·노비 등의 신분은 청산되었지만, 아직도 권력과 경제력의 차이로 인한 인간사회의 불평등은 크다. 또 문화·사상 면에서 인간의 생활을 한층 더 나은 상태로 만들어가는 길은, 생각하고 말하는 자유를 계속 확대시켜 나아가는 길이라 할 수 있다.

　이런 인간사회의 역사의 길은 역사시대 이래 끊임없이 계속 걸어온 길이다. 봉건주의체제·자본주의체제·사회주의체제 등도 이 길을 그 앞 체제보다 한층 더 전진시키려는 생각을 바탕으로 하여 성립된 체제들이었다. 자본주의체제보다 이 길을 더 전진시키려 했던 국가사회주의체제가 오히려 무너지고 일시적으로 자본주의 전일 체제가 유지된다 해도, 그 전일 체제보다 정치적 자유의 확대, 경제적 균점의 확대, 만민평등으로의 접근, 사상 자유의 확대 등을 한층 더 진전시키려는 인간사회의 욕구와 노력은 21세기에도 중단없이 계속되게 마련이다.

21세기 동아시아사의 조망

한반도를 둘러싼 동아시아 정세는 19세기 말엽 청일전쟁을 시발점으로 하여 러일전쟁, 일본의 한반도 강점과 만주 침략과 중국 본토 침략, 한반도에서 6·25 등의 전쟁과 침략의 연속으로 얼룩졌다. 6·25가 휴전된 후 세계사 전체가 그러했지만, 동아시아사에서도 미소 냉전체제가 심화하는 가운데 중국과 소련이 같은 사회주의권이 되고 일본과 미국이 또 같은 자본주의권이 되는 상황에서, 한반도가 남북으로 분단되어 북쪽은 사회주의권, 남쪽은 자본주의권에 속하게 되었다. 1990년대에 들어와서 소연방이 무너질 때까지 미일 세력과 중소 세력은 한반도의 분단 희생을 바탕으로 한 냉전체제에서 '안정'을 유지할 수 있었다.

소연방이 무너지고 중국이 이른바 시장경제체제를 도입하면서 한반도를 둘러싼 동아시아 정세에 일정한 변화가 오기 시작했다. 남한과 소련 및 그 후신인 러시아의 국교, 그리고 남한과 중국의 국교가 열렸다. 이와 같은 변화가 있었다 해도 한반도지역이 분단 상태로 있는 것은 여전하다. 그리고 중국과 남한의 국교가 열렸음에도 북한과 중국의 관계는 큰 변화 없이 유지되고 있으며, 한편 1965년의 한일협정 이후 미국 세력을 배경으로 하여 남한과 일본의 정치·경제 관계가 깊어지기만 했다.

소연방이 무너짐으로써 동아시아에서도 미소 대립구도가 무너지고 미국을 배경으로 한 일본과 중국의 대립구도가 점차 굳어가고 있다. 그런데도 한반도지역은 분단된 채 그 북쪽은 중국과의 관계가, 남쪽은 일본과의 관계가 더욱 깊어져가고 있다. 이런 상태로 가면 곧 닥치게 될 21세기의 동아시아 정세는 한반도의 휴전선을 경계로 하여 북한 지역과 중국이 결합된 하나의 세력권과 남한 지역과 미국을 배경으로 한 일본이 결합된 또 하나의 세력권으로 대립될 가능성이 커지고 있다.

국가사회주의가 결판나고 이데올로기가 무너지면서 세계가 자본주의체제 일색이 되어가는 상황에서, 이런 새로운 대립구도를 상정할 수 있느냐는 생각을 할 수도 있다. 그러나 국가사회주의와 자본주의가 대립하기 전에도 동아시아에서 한반도문제를 둘러싼 중국과 일본의 대립, 한반도 및 만주 문제를 둘러싼 러시아와 미영 세력을 배경으로 한 일본과의 대립, 만주 문제로 인한 중국과 일본의 대립 등은 있었고 결국 모두 전쟁으로 치닫고 말았다. 제2차 세계대전 이후 한반도의 분단은 이 지역의 지정학적 위치와 이데올로기 대립이 겹친 결과라고 할 수 있다.

20세기 후반기의 동아시아사는 대부분 미소의 대립구도 속에 있었다. 21세기에 들어가서도 한반도가 분단 상태로 있는 한 동아시아는 한반도 북반부와 중국을 묶은 하나의 세력권과 그 남반부와 일본을 묶은 또 하나의 세력권으로 대립할 가능성이 높아져가고 있다. 청일전쟁이나 러일전쟁 직전과 같이 이 지역이 두 개의 큰 세력권으로 나뉘어 대립하면 평화가 지속되기 어려웠고 결국 전쟁으로 가지 않을 수 없었다. 21세기에 들어가서 동아시아가 한반도의 분단선을 경계로 남한과 일본, 북한과 중국의 두 세력권으로 대립되는 형국이 되는 것을 피하려면, 한반도가 평화롭게 통일되어 중국과 일본 사이에서 제3의 세력으로 위치함으로써 중국과 일본 두 세력의 맞부딪침을 견제하고 중화하는 형세로 되는 것이 이 지역의 평화를 위해 바람직하다고 전망한다.

21세기 한반도사의 조망

동아시아에서 중국·러시아 등 대륙세력과 일본·미국 등 해양세력 사이에 다리처럼 걸린 한반도지역은, 그 전체 역사시대를 통해 수많은 외세의 침략을 받아왔다. 근대로 들어와서 이같은 지정학적 위치에 있으면서도 정치·군사·외교·경제적으로 주변의 어느 지역보다 강하지 못한 한반도지역이 국제적인 분쟁의 장이 되는 것을 막고, 그 국가적 독립을 유지하기 위해 영세 국외중립지대로 되어야 한다는 의견도 있었다. 그러나 실현되지 못하고 러일전쟁의 결과 일본에 의해 강점되었고, 일본제국주의가 패망한 제2차 세계대전 후에는 전승국 미국과 소련의 동아시아에서의 세력 균형 필요성이 원인의 하나가 되어 남북으로 분단되었다.

그 분단을 무력으로 청산하려는 6·25전쟁이 뒤따랐으나 한반도지역 전체가 대륙 쪽 사회주의 세력권으로 포함되거나, 반대로 해양 쪽 자본주의 세력권으로 포함되는 것이 동아시아에서의 대륙세력과 해양세력, 사회주의세력과 자본주의세력 사이의 균형을 파괴하는 결과가 되는 것이어서 어느 쪽으로도 통일되지 못하고, 38선이 휴전선으로 바뀌었을 뿐 분단 상태는 계속되었다. 20세기를 통해 한반도의 지정학적 위치가 불리하게 작용한 결과 그 전반기는 해양세력의 식민지로 된 채였고 그 후반기는 남북으로 분단된 채로 있었다고 할 수 있다.

그렇다면 21세기의 한반도지역은 그 지정학적 위치 문제를 감안하면서 한반도 자체와 나아가서 동아시아 전체의 평화와 발전을 위해 어떻게 되는 것이 바람직한가 생각해보지 않을 수 없다. 과거 한반도지역은 그 지정학적 위치가 대체로 불리하게 작용하기만 해서 전근대시대와 같이 대륙세가 강할 때는 그 종속적 지역이 되는 경우가 많았고, 근대 초기와 같이 해양세가 강해질 때는 그 식민지로 되었으며, 제2차 세계대전 후와 같이 동아시아에서 대륙세와 해양세가 균형을 이루어야 할 필요가 있을 때는 분단되었다고 할 수 있다. 이렇게 보면 21세기 한반도

지역의 평화로운 발전을 위해서는 그 지정학적 위치를 유리하게 만들어 이용할 수 있게 되는 일이 중요하다고 볼 수 있다.

어느 한 지역의 불리하게 작용했던 지정학적 위치가 가만히 있어도 세월이 지나기만 하면 그냥 유리한 위치로 전환되는 것은 물론 아니다. 거기에는 지혜와 실력이 따라야 함은 더 말할 나위가 없다. 20세기 초 해양세의 식민지로 될 무렵의 한반도는 전제주의체제 아래서 국왕은 무능했고 관료들은 부패했으며 국민들은 세계정세로부터 완전히 고립되어 있었다. 정치·경제·사회·문화 등 모든 면에서 주변의 어느 민족국가보다 뒤떨어져 있었고 군사력도 불과 8천여 명뿐이었는데, 사실 그것마저도 유지하기 어려운 실정이었다. 이런 조건에서는 영세 국외중립 같은 것을 실현할 계제가 아니었고, 약육강식의 제국주의 논리가 난무하는 속에서 결국 일본의 식민지로 전락할 수밖에 없었다.

그때부터 1세기가 채 못된 지금 한반도지역은 내외적으로 많은 변화가 있었다. 비록 분단 상태이긴 하지만 남쪽은 어떻든 개인소득 1만 불시대가 되었고, 북쪽은 경제적으로 곤란한 상태에 있기는 하지만 1960년대까지만 해도 남쪽보다 경제가 오히려 앞섰던 저력이 있으며 또 잘 훈련되고 부지런한 주민들을 가지고 있다. 정치·경제 면에서 남쪽과 협력만 잘 되면 북쪽의 정치·경제적 회복과 발전은 그다지 어렵지 않을 것이다. 통일과정을 무난히 넘기기만 하면, 한반도에는 비교적 높은 수준으로 교육되고 훈련된 인구 약 7천만 명을 가지고 경제나 기술 면에서 상당한 수준에 오른 남부러울 것이 별로 없는 동아시아 국가 하나가 탄생하게 될 것이다.

문제는 통일을 어떻게 평화롭고 조화롭게 이루어내느냐에 달려 있다. 분단시대 반세기를 통해 남북의 관계는 동족으로서의 동질성과 친화력과 응집력은 계속 약화되고 적대감이 강화된 반면에, 북쪽은 중국과, 남쪽은 미국 및 일본과의 결속력이 강화되기만 했다. 중요한 것은 민족적 차원에서 보아 이같이 역류해온 물길을 바로 돌려놓을 수 있는 결정적 계기를 어떻게 마련하느냐에 달려 있다고 할 수 있다. 물길을 돌려놓는 일이야말로 식민지가 되고 또 분단된 두 번의 실패한 역사를 한꺼번에 만회하는 일이 될 것이며, 21세기 이후의 민족사를 성공적인 방향으로 가져가는 출발점이 될 것이다. (1996년 12월)

20세기 한국사회의 경제사적 이해

머리말

　우리 근현대사는 그야말로 파란의 역사 그것이었다. 근대사회로 들어오는 길목에서 근 40년간이나 일본에 강제지배되었다가, 해방되면서 바로 남북으로 분단되어 3년간의 처절한 민족상잔을 겪게 되었다. 전쟁이 일단 멈춘 후에도 근 반세기 동안이나 남북의 대치가 계속되고 있다.

　그럼에도 불구하고 남쪽의 경우 특히 1960년대 이후부터 제2차 세계대전 후 독립한 민족국가 중에서는 선두 그룹에 확실히 들어갈 수 있을 만큼 경제적으로 크게 발전했고, 북쪽도 1960년대까지는 남쪽을 능가할 만큼의 경제적 발전을 이루었다. 북쪽은 특히 1980년대 이후 주·객관적 원인이 겹쳐서 경제적으로 하향 곡선을 긋게 되었지만, 남쪽은 1990년대 전반기까지도 경제적으로 성장일로에 있다가 그 후반기로 들어서면서 이른바 IMF체제로 들어서고 말았다.

　한국 경제가 왜 IMF체제로 가게 되었는가를 반성하고, 그것에서 탈출하는 가장 현명한 길이 무엇인가를 이해하기 위해서는 그 근현대사가 걸쳐 있는 20세기 한국사회의 경제사적 흐름을 이해하는 일이 중요하다. 그리고 그 내용은 일본의 강제지배를 받기 전의 한국경제는 어떤 상태에 있었는가, 일본의 강제지배 기간의 한반도지역 경제는 또 어떻게 이해해야 하는가, 해방 후 특히 1960년대 이후의 경제적 발전을 어떻게 봐야 하는가, 왜 IMF체제로 가게 되었는가 하는 등의 문제를 올바르게 이해하는 일로 요약될 수 있을 것이다.

일본의 지배를 받게 된 경제사적 원인

한반도는 중세시대의 아시아권에서는 중국 다음으로 높은 문화 수준을 가진 지역이었다. 그런 지역이 근대로 오는 과정에서 왜 일본에 강제지배를 받게 되었는가 하는 문제를 이해하는 일이 20세기 한국사를 이해하는 출발점이 된다고 하겠다. 한 걸음 앞서 '부국강병'에 성공한 일본이 무력으로 강압했기 때문에 그 지배를 받게 되었다는 외적 원인 이외에, 한반도지역은 왜 일본보다 앞서거나 아니면 일본 수준으로라도 '부국강병'하지 못했는가 하는 내적 원인에 대해서는 아직까지 학문적 해명이 거의 없었다 해도 과언이 아니다.

한반도지역의 문호개방이 늦어진 중요한 원인의 하나가 그 지정학적 조건에 있다고 할 수 있다. 한반도지역은 문호를 개방하기 이전에 외부세계와 접촉할 기회가 중국은 물론 일본보다도 적었던 것이 사실이다. 따라서 대외무역이 발달하기 어려웠고 그 위에 조선왕조의 쇄국정책이, 그리고 성리학 체제가 끈질기게 지속되었다. 그 때문에 자본주의적 경제체제를 구축할 인간들, 유럽식 개념으로 말해서 부르주아계급의 성장이 늦었던 것이다.

그러나 문호개방 전에도 미약하나마 일부 상업자본이 축적되어가고 있었고, 문호개방 후에는 여러가지 문제점과 제약성을 가지면서도 자본주의적 경제체제가 조금씩 형성되어갔다. 그러나 자본주의적 경제체제를 수립하여 자율적 근대화를 이루기 위해서는 무엇보다도 그 경제세력들이 정치세력화하는 일이 중요했다.

부르주아계급이 정치세력화해서 유럽식으로 말해서 부르주아혁명, 즉 시민혁명을 달성할 수 있어야 했는데, 일본에 강점당하기 전의 조선왕조 사회는 그런 수준에 이르지 못했다. 갑오개혁과 광무개혁 등을 통해서 경제적으로 일부 자본주의적 현상이 나타나고, 서양의 근대적 기술도 약간 도입되긴 했으나, 정치적으로는 오히려 전제군주제가 강화되는 상황이었다.

역사를 말하면서 가정을 해서는 안 되지만 이해를 돕기 위해 가정해보자. 조선왕조가 일본에 의해 망하지 않았을 경우, 언제쯤 내부의 시민혁명에 의해 멸망하고 유럽식 개념의 부르주아계급에 의한 정치적 국민주권주의 체제와 경제적 자본주의체제가 성립되었겠는가? 1919년에 일어난 3·1운동이 공화주의운동이었다는 사실로 보아 조선왕조의 전제주의체제는 그다지 오래가지 못했으리라 말할 수 있다.

조선왕조사회가 왜 자율적 근대화를 하지 못하고 일본에 강점되었는가 하고 물으면, 군사력을 앞세운 일본이 침략했다는 사실 외에도 조선왕조 성리학 체제의 쇄국주의와 상공업 천시(賤視) 사상이 오래 지속되었다는 사실을 들 수 있다. 그 때문에 외국 무역과 국내 상공업이 발달하지 못했고, 유럽식 개념의 부르주아계급 성장이 늦었다. 그 때문에 문호개방 후에도 자본주의 발달과 부르주아계급 성장에 의한 시민혁명과 그후의 '부국강병'이 이루어지지 못함으로써 일본의 침략을 막지 못하고, 그 강제지배를 받게 되었다고 할 수 있을 것이다.

일제강점시대의 경제를 어떻게 볼 것인가

　지금 우리 학계에는 경제적으로 일제시대를 어떻게 봐야 하느냐 하는 문제를 두고 설왕설래하고 있다. 즉 일본이 한반도를 강제지배한 약 40년간 그 제국주의적 목적에 의해 경제적으로 착취를 당했다고 봐야 하느냐, 아니면 철도가 부설되고 공장이 세워진 것과 같이 비록 식민통치 아래서나마 경제적으로 일정한 발달이 있었다고 봐야 하느냐 하는 문제를 두고 논쟁이 벌어지고 있는 것이다.

　해방 후 계속 일제시대의 경제를 민족해방운동 및 민족주의적 관점에서만 보아 착취당했다고 보아왔는데, 이제 해방 후 반세기가 지나고 나니 그렇게만 볼 것이 아니라, '사실대로' '객관적으로' 봐야 한다는 것이다. 그래서 일제시대 조선의 경제를 착취가 아니라 개발이란 시각으로 봐야 한다든지, 혹은 착취도 있었지만 발전도 있었다는 각도에서 봐야 한다는 주장이 나오게 된 것이라 할 수 있다.

　이른바 식민지 개발론적 시각에 대해서 한 가지 더 언급해야 할 것은, 한반도의 경우 20세기 전반기 일제시대의 경제적 개발과 발전이 해방 후 1960년대부터 나타난 한국경제 발전의 밑받침이 되었다고 설명하려는 점이다. 이쯤 되면 선진국의 식민지배가 후진 지역의 경제를 발전시키는 경우가 있었다는 정도의 주장을 넘어서 식민지배 자체를 찬양하는 이론으로까지 발전할 수도 있다는 말이 될 것 같다.

　20세기 초반의 일본이 한반도를 강점한 것은 그곳을 경제적으로 발전시키기 위해서가 아니었다. 당시의 후발 자본주의국가로서 제 나라 자본주의 발전을 위한 이른바 원료 공급지와 상품 판매로를 얻기 위해서였다. 국제협력시대라고 말하는 지금도 겉으로야 뭐라 말하건 제 이익과 관계없이 남의 땅 남의 나라를 발전시키기 위해 노력하는 국가가 있을 수 없겠는데, 하물며 제국주의시대에 제 이익이 아닌 남의 이익을 위해 식민지를 경영하는 경우가 있을 수 없음은 말할 나위가 없다.

한반도를 강제지배한 일본은 한반도를 그 식량공급지로 만들기 위해 1910년대에는 가장 중요한 경제정책으로 '토지조사사업'을 실시했고, 1920년대에는 또 가장 중요한 경제정책으로 '산미증산계획'을 실시했다. 1930년대 이후에는 중국 대륙에 대한 침략을 본격화하면서 그 병참기지화 정책에 의해 한반도에 상당한 공업시설을 하게 되었다. 일본 제국주의가 한반도에 실시한 경제정책은 어디까지나 그 자체의 이익과 필요를 위해 세워진 것이었다.

이른바 식민지 개발론의 처지에서는, 그 목적이 비록 대륙 침략에 있었다 해도 1930년대 이후의 한반도에 일본 자본에 의한 공업시설이 이루어진 것은 사실이 아닌가 하고 말할 수 있다. 물론 그것은 사실이다. 그러나 제국주의 일본이 그 식민지 조선에 설치한 공업시설에 대해 물량적 수치만 가지고 역사적으로 긍정적 의미를 가진다고 평가하기에는 너무도 많은 문제점들이 있다.

앞에서도 말했지만 한반도지역은 근대 이전까지도 아시아 지역에서는 중국 다음으로 높은 문화 수준을 가진 곳이었다. 그런 한국인들이 근대로 오는 과정에서 일본에 주권을 빼앗김으로써 근 반세기 동안이나 그 역사운영권 자체를 일본에 넘겨주고, 제2차 세계대전 때 연합국이 카이로선언에서 지적한 것과 같이 노예 상태에 빠져 있었다.

하나의 문화민족이 근 반세기 동안이나 역사 운영권을 빼앗기고 타민족에게 노예처럼 지배받으면서 온갖 수모와 착취를 당한 일과, 침략자들이 식민지 지배 목적을 관철하기 위해 마련한 약간의 경제적 시설 중, 어느 쪽에다 더 역사성을 줄 것인가 하는 문제는 더 설명할 필요가 없을 것이다. 그렇지만 한편으로는 착취를 하고 고통을 준 것도 사실이지만 목적이야 어디에 있었건 공업시설을 한 것은 사실이 아닌가, 그것에도 당연히 역사성을 부여해야 할 것 아닌가 하고 말할 수도 있겠다.

그러나 일본이 한반도를 강점했던 기간에 조성했던 재부(財富)에 대한 권리는 일본 스스로도 포기했음을 알 필요가 있다. 지난날 한일회담 과정에서 일본 쪽이 한반도에 남겨놓은 일본인의 재산권을 요구한 일이 있었다. 한국 쪽은 그것들이 모두 당시 조선에 대한 착취로 이루어진 재산이라 주장했고, 일본은 결국 승복하지 않을 수 없었다. 일본은 재산권을 포기했을 뿐만 아니라, 당당한 배상권이 아니고 청구권이 된 것이 잘못되었지만 일정한 '보상'도 한 셈이다.

지금 학계의 일부에서 일제강점시기 35년간 일본 자본이 얼마나 조선에 투입되었고, 일본이 조선에서 가져간 자본과 기타 물적·인적 가치는 또 얼마나 되었는가를 따지는 긴 연구기간이 필요한 어려운 연구가 일부 진행되고 있다. 식민지 경영의 손익계산을 따져보자는 것인데, 지금까지 도출된 결론은 식민지의 발전을 위해 손해 보는 식민지 경영이란 있을 수 없다는 일반론이 실증되어가고 있는 것 같다.

또 가정을 해보면, 20세기 전반기 한반도의 역사 운영을 일본이 담당하지 않고 한민족이 스스로 담당했을 경우 일본이 담당했을 때보다 경제적 자본주의화가 덜 되었을 수도 있을 것이다. 설령 자본주의화가 덜 되었다 해도 역사적 관점으로 볼 때 당연히 한민족에 의해 이 지역의 역사가 담당되어야 하는 것이다. 민족자결에 의한 역사 운영이 올바른 길임은 이제 인류사회 공통의 상식이 되었다. 침략주의가 낳은 물량적 결과에 역사성을 부여하려는 인식은 제국주의적 역사인식의 잔해라 해도 할 말이 없을 것이다.

1960년대의 경제건설을 어떻게 봐야 할까

1960년대 이후 '경이적' 경제성장을 지속해오던 한국은 OECD에 가입하자마자 IMF관리체제로 들어가게 되었고, 그 결과 엄청난 수의 실업자가 생기고 개인소득이 거의 절반으로 떨어지는 환난을 겪게 되었다. 그렇게 되자 이 환난의 책임이 당시의 김영삼정권에 더 있는가, 아니면 경제개발의 방향을 처음부터 잘못 잡은 박정희정권과 그 후속 군사정권들에 더 있는가 하는 논란이 있었는가 하면, 다른 한편 문민정권의 실정에 대한 반발로 이른바 박정희 찬양론이 일어나기도 했다.

해방이 되면서 분단되고 그 위에 동족상잔을 겪은 민족이 전쟁 후의 복구과정을 통해 경제체제가 다름에도 불구하고, 남북이 모두 적어도 제2차 세계대전 후 독립된 민족국가들 중에서는 분명히 상위권에 들 만큼 특히 경제적인 면에서 발전했었다. 북한도 지금은 연속된 자연재해와 사회주의권의 와해 등이 원인이 되어 경제적으로 대단히 어려운 상황에 빠져 있지만, 1960년대까지만 해도 그 경제력이 남쪽보다 앞서고 있었던 것이 사실이다.

근 반세기 동안이나 외민족의 가혹한 지배를 받은 위에 해방되자마자 남북으로 분단되고 또 뒤이어 3년간이나 처절한 전쟁을 겪은 민족사회가 어떻게 해서 한때는 선진국 대열에 들려고 할 만큼 경제적으로 발전할 수 있었는가를 생각해보지 않을 수 없다. 남쪽의 경우, 비록 남북이 공동 개최하지 못한 것이 유감이었지만, 역시 제2차 세계대전 후 해방된 민족사회로서는 처음으로 올림픽을 개최하기도 했다.

이런 경제적 발전이 박정희라는 한 사람의 지도자가 나왔기 때문에 가능했을까? 만약 박정희란 개인이 없었다면, 그가 있었다 해도 군인이 안 되고, 따라서 쿠데타를 하지 않았다면, 설령 쿠데타를 했다 해도 '성공'하지 않았다면, 한국의 경제발전은 불가능했을까? 박정희정권이 약 20년간 독재하면서 경제발전을 이루었다 해도 그가 사살된 후 '서울의 봄'이 성공하여 바로 문민정권이 섰다면 IMF체제가 그때 왔을까? 그렇다면 전두환·노태우 군사정권이 박정희정권을 후속한 것은 다행한 일이었으며, 그들도 박정희만큼은 아니라 해도 그에 버금가는 지도자는 된단 말인가? 의문스러운 점이 한두 가지가 아니다.

한국이 IMF체제로 가게 된 원인을 여러가지로 들 수 있겠으나, 가장 핵심적인 원인은 재벌 중심 경제체제가 만연한 데 있다고 진단하는 경우가 많다. 한국의 재벌은 그 뿌리를 찾자면 해방 후의 미군정시기와 이승만정권 시기까지 올라갈 수 있으나, 그것이 본격적으로 형성된 것은 역시 박정희정권 시기라고 할 수 있다.

또 이해를 돕기 위한 가정을 해보자. 경제발전이 본격화하기 시작한 1960년대의 집권자가 박정희라는 구 일본군 장교 출신이 아니고 미국이나 유럽 지역에 유학한 민간인이었다 해도, 일본 군국주의시대에 정권을 좌지우지한 군부와 재벌이 결탁하여, 즉 정경유착에 의해 침략주의적으로 또 비민주적으로 경제를 개발해가던 그 방법을 그대로 따랐을까?

요즘 아시아적 가치니 하는 말이 있지만, 아시아 지역의 한국에서는 박정희정권과 같이 '유신'을 하면서 민주주의를 압살한 독재정권이 아니면 경제발전은 불가능했을까? 4·19 후 기도된 중소기업 중심 경제개발론은 잘못된 것이었는가? 한국에서는 독재정권과 재벌이 정경유착하지 않고서는 경제개발이 불가능했단 말인가? 재벌 중심 경제가 가장 큰 원인이 되어 가져온 IMF관리체제도 불가피한 것이란 말인가? 그렇다면 김대중 국민정부가 내세운 경제발전과 민주주의 병행론은 어불성설이란 말인가?

그뿐 아니다. 식민지 개발론자들의 말과 같이 일제침략자들의 지배목적에 의해 이루어진 약간의 경제적 시설이 역사적 의미를 가진다면, 일제의 침략과 강제지배에 반대하여 투쟁한 민족해방운동의 전사들은 결국 경제건설을 방해한 반역사적 세력이었고, 박정희 독재정권에 대항하여 싸운 민주화운동 역시 경제건설을 방해한 반역사적 운동이란 말인가? 1960년대의 경제개발은 과연 누가 한 것일까?

IMF체제 탈출의 '철학'은 어디에 있는가

현대는 지도자 한 사람만이 영웅이고 나머지 국민은 모두 그를 따르기만 하면 되는 징기스깐이나 나뽈레옹 시대가 아니다. 어느 걸출한 한 사람의 집권자가 혼자서 역사를 끌고 가는 시대가 아니란 말이다. 1960년대 한국의 경제개발은 박정희라는 개인이 집권하고 독재했기 때문에 이루어진 것이 아니다. 마치 한글이 세종대왕 한 사람이 글 모르는 백성을 어여삐 여김으로 창제되었다고 볼 것이 아니라 15세기 우리 역사 자체의 소산물로 봐야 하는 것처럼, 1960년대의 경제개발도 독재자 박정희 개인의 업적이 아니라 우리 역사의 소산물로 봐야 한다는 것이다.

중세시대까지 축적된 민족의 역사적·문화적 저력이 일제시대의 민족해방운동 과정을 겪으면서 더욱 응축되었고, 이후 민족분단과 상잔 과정을 통해 한때 크게 위축되었다. 그러나 전쟁 후의 복구 과정을 통해 그 민족적 저력이 다시 되살아나면서 이제 경제개발에 집중되기 시작했으며, 그 결과가 1960년대 이후의 경제건설로 나타났다고 봐야 할 것이다.

다만 그 경제개발이 불행하게도 일본 군국주의시대 비민주적 교육의 표본이라 할 사범교육과 군사교육밖에 받지 못한 박정희라는 집권자에 의해 주도됨으로써 역시 비민주적인 재벌 중심 정경유착 경제체제로 개발되었고 그대로 정착되면서 고질화했다. 그것이 전두환·노태우 등 후속 군사정권은 말할 것 없고, 이른바 3당 합당이란 것을 통해 군사정권의 태 안에서 나온 김영삼 문민정권에까지 지속되다가 결국 파탄에 빠지고 만 것이다.

그래서 1990년대 후반기의 IMF체제가 왔다고 진단할 수 있다면, 2000년대를 바라보면서 도출되어야 할 그 치유방법이 민주주의적 방향에 의한 경제 재건설이라는 것은 너무도 명백해진다. IMF체제로부터의 탈출이 시급하다 하여 다시 비민주적·정경유착적 치유 방법을 쓸 수 없음은 더 말할 나위가 없다. 정치적 민주주의는 반드시 경제적 민주주의를 수반해야 하며, 경제적 민주주의는 또 반드시 정치적 민주주의와 동행해야 한다는 확신만이 바로 IMF체제를 청산할 수 있는 '철학'이라 할 것이다.

김대중 국민정부가 지금 경제적인 면에서 구조조정과 정경유착 청산에 노력하고 있지만, IMF체제로부터의 탈출이 시급하다 하여 강도 높은 재벌 개혁까지는 못 가고 재벌 규제 정도에서 그칠 가능성이 크다. 김대중 국민정부 이후 그보다 더 민주적이고 전향적인 정권이 성립될 수 있다면 다행이지만, 그렇지 못한 경우 김대중정권의 재벌 규제 노력이 '도로아미타불'이 될 가능성도 충분히 있다. 그렇게 생각해보면 재벌 해체는 물론 강도 높은 개혁까지는 못 간다 해도 그 규제의 강도라도 가능한 한 높아야 한다는 결론이 나오게 된다.

맺음말

자율적으로 경제적 근대화를, 산업혁명을 이루지 못한 것이 원인이되어 20세기 초반에 일본의 강제지배를 받게 된 한반도지역은 해방이되면서 바로 남북으로 분단되었고, 20세기 후반기를 통해 경제적 조건이 아닌 정치적 규제에 의해 그 남쪽은 자본주의 경제체제가, 북쪽은 사회주의 경제체제가 수립되었다.

동서 냉전체제가 무너지고 21세기로 들어서면서 한반도지역의 통일이 전망되고 있으나, 1991년에 체결된 「남북합의서」에서 밝혀진 것과 같이 무력통일이나 일방적 흡수통일이 아닌 남북 '대등'통일을 지향하는 경우, 전혀 이질적인 남북의 두 경제체제를 어떻게 평화롭게 하나로 통일해갈 것인가 하는 문제가 통일문제의 초점이 되고 있다.

언뜻 보면 지금 세계적으로 국가사회주의체제가 거의 무너지고 자본주의체제가 독주해감으로써 체제 갈등은 이제 끝났다고 보고, 성급하게 '역사의 종언'을 말하는 역사학자가 있는 것도 사실이다. 그렇게 보면 한반도의 통일도 경제체제 면에서는 당연히 자본주의체제로 되어야할 것이다. 그러나 문제가 그렇게 단순한 것만은 아니다.

21세기에 들어가서도 자본주의체제에 도전하는 다른 체제가 형성되지 않고 세계사 전체가 자본주의체제의 독존(獨存) 상태로 지속될 것인가? 사회주의의 도전이 없어진 후의 자본주의가 이른바 신자유주의 방향으로 가는 것을 보고 미국의 저명한 역사학자 월러스틴은 자본주의체제가 앞으로 50년을 더 못 간다고 예언했다. 도전세력이 없어진 자본주의체제가 오히려 자기모순을 심화시켜 스스로 생명을 단축시킬 수있다는 말일 것이다.

제3의 길이란 말이 있지만, 21세기로 들어가면 20세기까지의 인류사회가 고안한 자본주의와 사회주의체제 이외에 다른 길이 정착될 것인지 아직은 내다보기 어려운 것 같다. 한반도 통일의 체제 문제도 이같은 21세기의 세계사적 흐름과 그 궤도를 같이할 것임은 더 말할 나위가 없다.

(1998년 11월)

21세기 동아시아의 평화를 위하여

20세기 동아시아는 평화롭지 못했다

동아시아의 20세기는 한마디로 평화롭지 못한 시대였다. 19세기 말에 이미 청일전쟁을 겪었고, 20세기로 들어서면서 러일전쟁의 결과 한반도지역이 일본제국주의의 식민지로 되었다.

러일전쟁 자체에도 이미 일본의 중국 만주에 대한 지배욕이 포함되어 있었지만, 한반도를 강점한 일본은 그 여세를 몰아 미국·영국 등의 반대를 무릅쓰고 만주 지역을 식민지로 삼았으며, 나아가서 중일전쟁을 일으키고 또 태평양전쟁을 도발했다가 결국 패망하고 말았다.

일본제국주의의 한반도 강점이 중국 대륙 침략으로 연결되고 또 미국과 영국을 상대로 한 세계대전으로 확대되었다가 결국 패망하게 된 것이다. 일본 학계에서는 일본의 침략전쟁이 만주사변에서 시작된다고 봐서 흔히 '15년 전쟁'이라 말하지만, 만주사변은 한반도 강점의 연장선상에 있는 것이다.

제2차 세계대전이 끝나면서 세계는 동서 대결, 즉 전승국인 미국과 소련의 대결구도로 가게 되었고 동아시아도 마찬가지였다. 그 대결구도 속에서 한반도는 분단되었고 그 결과 6·25가 발발했다. 6·25는 통일전쟁이었으나, 한반도의 지정학적 위치 때문에 미국과 중국이 개입하여 국제전으로 확대되었다. 결국 전쟁의 방법으로는 한반도가 통일되지 못했고, 그 때문에 동아시아 전체에서 대립과 긴장이 계속되었다.

한반도와 동아시아 평화는 직결되어 있다

역사적으로 한반도지역은 그 지정학적 위치 때문에 중국과 일본의 침략을 많이 받아왔다. 그리고 한반도와 중국 및 일본을 중심으로 하는 동아시아 전체의 정세가 지정학적으로 그 중앙에 위치한 한반도지역의 정세에 의해 좌우되었다 해도 과언이 아니다.

근대 이전의 경우 한반도지역은 정치·경제·문화적으로 중국 쪽과 밀접했으나, 그 내정 독립 상태가 유지됨으로써 동아시아 전체의 평화가 유지될 수 있었다. 한반도지역이 안정되면 동아시아 전체가 안정되었던 것이다.

근대로 오면서 한반도가 일본에 강점당하게 되자 동아시아의 평화가 깨어지기 시작했다. 한반도를 강점한 일본은 곧 중국의 만주 지역을 점령하게 되었고, 결국 동아시아 전체가 전쟁 속으로 말려들고 말았다.

제2차 세계대전이 끝나면서 소련과 중국이 사회주의권이 되고, 미국과 일본이 자본주의권이 되면서, 그 지정학적 위치가 원인의 하나가 되어 한반도지역은 사회주의권과 자본주의권으로 분단되었다.

그러나 한반도의 분단은 곧 전쟁으로 연결되었다. 앞에서 말한 것과 같이 이 전쟁은 부자연스럽게 분단된 한반도를 통일하려는 전쟁이었고, 처음에는 북쪽에 의해 다음에는 남쪽에 의해 통일될 뻔했으나 국제전으로 확대되면서 통일이 되지 못했다.

한반도가 통일되지 못한 동아시아는 동서 냉전체제의 붕괴에도 불구하고 평화체제로 전환되지 못했다. 한반도의 평화가 회복되지 못한 동아시아의 20세기 후반기는 역시 긴장과 대립의 연속이었던 것이다.

21세기 동아시아가 평화로우려면

다행히도 20세기가 끝나기 전에 미소 대결구도가 해소되고 세계사는 새로운 시대로 접어들고 있다. 20세기 전반기 침략전쟁이 잦았던 시대와 그 후반기의 미소 대결구도 속에 빠져들었던 상황을 청산하고, 오랫동안 미국과 소련의 대결구도에 맡겨졌던 동아시아가 이제 한반도와 중국과 일본을 중심으로 하는 동아시아 국가들이 주인이 되는 시대로 바뀌게 되었다.

21세기의 동아시아가 다시 한·중·일 3국이 주인이 된다고 해서, 20세기 전반기와 같이 다시 중일의 대결구도로 돌아가고, 그 속에서 한반도가 희생되는 구도로 돌아갈 수 없음은 당연하다. 21세기 동아시아가 평화롭기 위해서는 한반도지역이 어떤 상태로 있느냐는 문제가 중요하다.

20세기 전반기의 한반도는 일본에 강점되어 그 세력권 속에 포함되었고, 후반기의 한반도는 분단되어 그 남쪽은 정치·경제적으로 일본권에 가까웠고 북쪽은 중국권에 가까웠다. 그러나 21세기 한반도는 정치·경제·문화적으로 일본권에 너무 가까워도 안 되며 중국권에 너무 가까워도 안 될 것이다.

21세기에 들어가서도 한반도지역이 분단된 채 그 북쪽이 중국 쪽에 기울고 그 남쪽이 일본 쪽에 기울게 되는 경우, 동아시아 전체가 한반도 북반부와 중국을 포함하는 하나의 세력권과 한반도 남반부와 일본을 포함하는 하나의 세력권으로 분리되어 평화를 유지하기 어려울 것이다.

한반도지역이 평화적으로 통일이 되고 정치·경제·문화적으로 그 주체성·독자성·차별성을 한층 더 높인 다음에, 중국과 일본 사이에서 그 정치적 대립을 중화·조정하면서 균형을 유지할 수 있어야 할 것이고, 한편으로 동아시아 평화공동체가 성립될 수 있는 조건을 만들어갈 수 있어야 할 것이다.

21세기 동아시아 평화공동체가 성립되려면

20세기를 마감하는 시점에서의 세계사는 소연방이 해체된 뒤에 폐쇄적이고 이기적인 민족주의가 되살아나서 분쟁을 일으키는 경우도 있지만, 다른 한편에서는 지역공동체가 형성되어 민족국가의 벽을 낮추어가는 경향도 나타나고 있다.

인류역사 발전의 궁극적인 목표가 이 지구 전체를 하나의 평화공동체로 만드는 데 있으며, 따라서 21세기 세계사는 20세기보다 한층 더 평화 추구의 역사로 될 것이 당연하다. 물론 동아시아의 역사도 예외일 수 없다.

21세기의 동아시아가 20세기 전반기와 같은 민족국가 사이의 대립이나 그 후반기와 같은 이데올로기의 대립으로 가지 않고, 평화공동체를 형성하는 길로 나아가야 할 것이 바람직함은 당연하다. 그리고 21세기의 동아시아에 평화공동체가 형성되려면 몇 가지 전제조건이 있다. 그 하나는 지난 20세기를 통해 동아시아 지역에서 유일한 제국주의 국가였고 식민지를 가졌던 일본이 확실한 평화주의 국가가 되는 일이다. 일본이 확실한 평화주의 국가가 되는 길은 그 일부 정치인이 과거사에 대해 사과하는 데 있는 것이 아니라, 일본의 2세 국민들을 평화주의자로 양성하는 데 있으며, 그것은 20세기 일본의 한반도와 중국, 그리고 동남아시아 침략사를 정확하게 가르치는 데 있다.

또 하나는 한반도지역이 평화적으로 통일되는 일이다. 한반도가 평화적으로 통일되지 않고는 동아시아의 평화를 담보할 수 없으며, 이 지역의 평화가 담보되지 않고는 평화공동체가 성립될 수 없기 때문이다.

(1998년 8월)

21세기의 바람직한 한일관계

불행했던 20세기 한일관계

21세기의 바람직한 한일관계를 말하기 전에 20세기의 한일관계가 참으로 불행한 것이었음을 회고하지 않을 수 없다. 이 불행한 관계는 일본의 한반도에 대한 강제지배에서 시작되어 그 대륙 침략과 태평양전쟁에서의 패전, 그리고 한반도의 분단과 6·25전쟁 등으로 이어졌다. 20세기로 들어서면서 일본이 청일전쟁과 러일전쟁을 도발한 결과, 한반도를 강제지배하게 되었고, 뒤이어 만주를 침략하고 중국 본토를 공격하게 되었으며, 결국 태평양전쟁을 도발하기에 이르렀다가 패전으로 빠져들었다.

일본의 한반도에 대한 강제지배는 또 그 지역이 해방되면서 남북으로 분단되게 했고, 그 결과 동족상잔의 6·25전쟁이 뒤따르게 되었다. 그런가 하면 1965년에는 미국의 강력한 요구에 밀린 박정희 군사정권이 전체 한민족의 반대를 무릅쓰고 한일협정을 졸속하게 체결한 결과, 이후의 한국 자본주의가 일본 자본주의에 철저히 의존하도록 하는 결과를 낳게 했다. 한일협정이 체결된 지 30년이 지난 지금에는 연간 100억 달러 이상의 무역 적자를 감수하지 않을 수 없는 관계가 되었으며, 상당한 기간 그것이 시정될 전망조차 보이지 않고 있다.

국가사회주의의 몰락에서 보는 것과 같이 20세기가 마무리되는 시점에서 세계사는 크게 변하고 있다. 따라서 이와 관련해 앞으로의 한일관계가 어떻게 전개되는 것이 넓게는 세계사, 좁게는 동아시아사의 발전을 위해 바람직한가 하는 문제는 중요하지 않을 수 없다. 소련의 붕괴로 한반도지역은 제2차 세계대전 이후 지속되어오던 미소의 대립구도가 무너지고, 남한은 미국과의 관계가 유지된 채 일본과의 관계가 한층 더 깊어져갈 전망이며, 미국과 함께 일본도 북한과의 조일조약 체결을 준비하면서 북한 지역의 개발사업에 참가하기 위한 기회만을 엿보고 있다.

1960년대의 한일협정 체결 이후 남한 자본주의와 깊이 연결된 일본이 한반도지역을 분단 상태로 둔 채 북한 지역의 개발에 중요하게 참가하게 될 경우, 20세기 전반기를 통해 한반도를 식민지배했고 그 후반기에는 남한과의 관계만을 심화시킨 일본이, 21세기로 들어서면서 한반도를 분단 상태로 둔 채 남북한에 대해 각기 정치·경제적으로 깊은 영향을 끼칠 가능성이 커진다고 할 수 있다. 특히 한반도지역이 통일되지 못하고 일본과 중국이 한반도의 남쪽과 북쪽에 대해 경쟁적으로 정치적·경제적 영향력을 행사하려 할 경우, 21세기의 동아시아는 19세기 후반기 이후와 같이 다시 중국과 일본이 대립·경쟁하는 장소가 될 가능성이 높으며, 한반도의 분단이 지속될 가능성도 높아질 것이다.

오늘날 일본이 가진 문제들

20세기의 불행했던 관계를 청산하고 21세기의 한일관계가 평화와 협력과 공동 번영의 방향으로 나아가기 위해서는 몇 가지 전제조건이 성립되어야 한다고 생각된다. 그 하나는 일본이 한국과 중국 등 과거의 피해 당사국으로부터 확실한 평화주의 국가임을 인정받아야 한다는 점이다. 20세기를 통해서 일본은 아시아에서 유일한 침략주의 국가로서 식민지를 가졌었다. 그러면서도 패전 후 반세기가 지난 지금까지 일본은 그 침략 사실을 제대로 인정하지 않고 있으며, 전후 청산 문제에도 대단히 소극적이다. 이 때문에 과거의 피해당사국들로부터 일본이 경제적 우위를 이용하여 아시아 전체를 다시 제패하려 한다는 의심을 사고 있기도 하다.

또 하나 일본사회의 속도 빠른 우경화 현상이 우려되는 점이다. 사회주의권이 무너지면서 세계사 전체가 보수·우경화하는 추세이지만, 일본은 전쟁 책임에 둔감한 대외 강경주의 우경 세력이 그전부터 계속 성장하고 있었다. 일본사회의 각 부문에서 패전 후의 제1세대보다 제2세대가 더 우경화하고, 그 제2세대보다 제3세대가 더욱 우경화하는 추세가 계속되어온 것이다. 한 가지 예를 들면 패전 후 상당한 기간 일본사회는 그 제국주의의 상징이었던 일장기와 천황제를 찬양한 국가를 사용하지 못했다. 떳떳하게 사용하지 못하면서도 새로운 국기나 국가를 제정하지도 않더니, 지금은 제국주의시대의 국기와 국가를 그대로 사용하면서 민주주의국가라고 표방하고 있다.

우경화 경향은 정치계가 특히 심해서 망언들이 속출했고, 이제 패전 후의 제1세대보다 한층 더 보수적인 성향이 짙은 제2세대 정치인이 정권을 쥐는 단계가 되었다. 그리고 이들은 패전 후 제정된, 전쟁을 포기하고 천황의 정치적 실권을 빼앗은 '평화헌법'을 개정하여 천황의 권한을 강화하려 애쓰는 한편 군사력을 계속 강화해가고 있다. 패전 50년이 지난 후의 일본이 이렇게 변해가고 있다는 사실은 21세기를 눈앞에 둔 시점에서 바람직한 한일관계의 진전을 위해 우리가 무엇을 어떻게 해야 할 것인가를 다시 생각하게 한다.

바람직한 한일관계의 방향

20세기를 넘기는 시점에서 소연방이 무너진 뒷자리에 '구식' 민족주의가 되살아나서 유혈 충돌이 일어나고 있는가 하면, 한편에서는 민족국가의 한계를 넘은 지역공동체가 성립되어 평화로운 공동번영을 모색하는 방향으로 나아가기도 한다. 21세기의 바람직한 한일관계를 전망한다면 당연히 '구식' 민족주의적 대립이 다시 강화되는 방향이 아니라, 중국까지 포함한 동아시아 공동체를 이루어 평화로운 공동번영을 도모하는 방향이 되어야 할 것이다. 그러나 어느 하나의 지역에서 평화로운 공동체가 성립되기 위해서는 그 안에 있는 모든 민족국가가 침략주의 내지 패권주의를 완전히 포기함으로써 이웃나라들에게 평화주의국가라는 믿음을 주는 일이 중요하다.

한편 식민지배에서 해방된 민족사회는 식민피지배 기간에 철저히 훼손된 민족적 자존심을 회복하기 위해 특히 식민지배 당사국과의 관계에서 상당한 기간 민족적 주체성을 확립하는 일이 중요하다. 그러나 이 민족적 주체성을 확립하는 일이 적대주의나 배타주의가 되어서는 안 된다는 것은 말할 나위가 없다. 일본의 경우와 같이 식민지배 당사국의 전후 청산이 아직도 철저하지 못한 상태에서 한국과 같은 피해국이 먼저 갑옷을 벗어버리는 것도 문제이지만, 식민시기의 원한이 언제까지나 계속될 수 없는 것도 사실이다. 모든 국제관계가 그러하지만 특히 식민지배와 피지배 관계가 있은 민족국가 사이의 관계 회복은 어디까지나 상대적일 수밖에 없다는 말이 될 것이다.

그럼에도 불구하고 일본의 식민지 피지배민으로 산 경험이 있는 한국의 기성세대와 식민지배 사실을 역사를 통해서만 배운 젊은 세대의 대일본관이 같을 수 없음은 당연하다. 더구나 21세기는 한일 양국이 모두 식민지배 관계 및 피지배 관계를 겪지 않은 새로운 세대가 주인이 되는 시대이며, 세계사적으로도 '구식' 민족주의가 되살아나는 방향보다 각 지역의 협력공동체가 형성되어가는 방향으로 발전해야 할 세기라고 할 수 있다.

통일된 한반도지역과 중국 및 일본이 중심이 되는 동아시아 공동체가 성립될 수 있다면 EU나 NAFTA 못지않은 영향력을 가진 지역공동체가 될 수 있을 것이다. 그러나 20세기의 아시아 지역에서 유일한 식민지 보유국이었던 일본이 이웃 피해국들로부터 확실한 평화주의 국가로 신뢰를 받아야만 공동체 형성이 가능할 것이다. 그리고 식민지배를 겪은 한반도 주민들이 먼저 평화적 통일을 달성하여 민족적 주체성을 확립한 다음에, 일본 및 중국과의 협력관계를 강화하고, 나아가서 지역공동체의 형성에 참가할 수 있어야 할 것이다. (1996년 3월)

바람직한 한일 문화교류 정책의 기본 방향

21세기의 문명사적 전망

1. 20세기 전반기는 두 번이나 세계대전이 일어난 제국주의시대였다. 제국주의시대는 문화적으로도 자본주의 선진국 문화가 후진국 문화를, 그리고 식민지배국 문화가 식민지의 문화를 강압적으로 동화시키는 시대였다.

정치적 서세동침과 함께 문화적으로도 유럽문화는 아시아문화가 가진 그 독립성 내지 고유성을 후진성으로 규정하고 아시아문화를 유럽문화에 동화시켜가던 시기였다. 그 유럽문화를 한 걸음 앞서 수용한 일본이 한반도를 강제지배하면서 한국문화의 독자성과 고유성을 부인하고 그것을 일본문화에 동화시키기에 열을 올린 시기가 20세기 전반기였다.

20세기 후반기를 마감하는 시점에서는 사회주의권과의 냉전에서 승리한 미국을 중심으로 하는 구미문화가 초국적 자본의 힘을 밑바탕으로 세계화를 주장하면서, 사회주의체제가 붕괴된 구소련권과 동유럽권, 그리고 경제적으로 사회주의체제를 포기하다시피한 아시아 사회주의권을 포함한 전세계를 미국과 유럽 중심의 선진자본주의 문화로 획일화해가고 있다.

비유럽권에서 유일하게 제국주의 전쟁을 통해 식민지를 가졌던 나라인 일본도, 패전에도 불구하고 20세기 후반기를 통해 이와 같은 세계화를 내세운 문화 획일화 추진 세력의 일부로 되어 있다.

2. 21세기는 문화제국주의시대는 말할 것도 없고, 선진자본주의국 중심의 세계화를 표방한 문화획일주의시대로 되어서는 안 된다고 생각한다. 왜냐하면 문화는 항상 다양성을 가져야 발전하게 마련인데, 전세계의 문화가 지금의 선진자본주의 문화에 동화되어버리면 세계문화 전체가 획일화되어 다양성을 잃게 될 것이며, 다양성을 잃은 세계문화는 반드시 더 향상·발전할 방향을 가지지 못하게 될 것이기 때문이다.

20세기 세계사가 겪은 제국주의체제 및 냉전체제를 철저히 청산하고 21세기의 인류사회가 평화롭게 발전하려면, 정치주의나 경제주의보다 문화주의가 더 우세한 시대로 되어야 한다고들 흔히 말한다. 그것은 크게 말해서 두 가지 의미를 가진다고 할 수 있을 것이다.

첫째는, 아시아·아프리카·라틴아메리카 등 각 지역문화와 또 그 속에 있는 각 민족사회의 문화가 미국과 유럽 및 일본 등을 중심으로 하는 자본주의 선진국 문화 쪽으로 획일화해서는 안 된다는 것이다.

각 지역과 민족사회의 문화가 제각기 특성과 차별성을 가지고 다양하게 발전함으로써, 세계문화의 내용을 풍부하게 하고, 또한 그것이 한층 더 높은 단계로 발전할 수 있도록 해야 한다는 것이다.

둘째는, 각 민족사회 사이의 문화관계가 20세기 전반기와 같은 제국주의적 문화나 그 후반기와 같은 세계화를 내세운 획일주의적 문화가 되어서는 안 될 것이다. 즉 각 지역문화 및 각 민족문화가 서로 동등하지도 호혜롭지도 못하고, 그 때문에 평화롭지 못한 관계가 되어서는 안 될 것이다. 제각기 특색을 가지면서 평화적이고 상호존중적이며 공존적인 문화관계로 되어야 한다는 것이다.

3. 아시아와 유럽 등 서로 다른 지역과 또 한국과 일본 등 서로 다른 민족사회와의 사이에 문화 교류가 이루어진다는 것은, 두 지역 및 두 민족사회 사이의 문화적 특성과 차별성이 지켜지는 것을 전제로 할 때만 가능한 일이다.

제국주의적으로 동화되었거나 선진자본주의 중심의 세계화에 의해 획일화되어버린 지역문화나 민족문화 사이에는 문화교류가 있을 이유도 또 있을 수도 없을 것이기 때문이다. 문화교류 자체가 교류되는 지역 사이의 문화적 차별성·이질성을 전제로 하는 것임은 말할 나위가 없다.

동아시아 문화권의 새로운 패러다임

1. 근대 이전 동아시아 문화권은 흔히 말하는 것과 같이 그 중심부로서의 중국 지역과, 일종의 준중심부로서의 한반도지역과 주변부로서의 일본 지역으로 나눌 수 있었다. 그리고 한반도지역은 중심부 중국 지역으로부터 도입한 선진문화를 소화하여 제 문화로 재창조하는 한편 일본 지역으로 전달해주었고, 일본 지역도 이 문화를 받아들여 일본문화를 재창조했다.

근대 이전의 경우 한반도지역은 중국 지역이 아니고는 선진문화를 도입할 길이 전혀 없었다고 해도 과언이 아니었고, 일본 지역 역시 중국과 한반도지역이 아니고는 선진문화를 도입하기가 극히 어려웠다. 이런 상황이 근대 이전까지 오랫동안 계속되었던 것이다.

근대 이전의 동아시아 지역은 크게 보면 중국문화를 중심으로 하는 하나의 문화권, 즉 흔히 말하는 한자문화권 내지 유교문화권으로 볼 수 있었다. 그러나 조금 세밀하게 보면 중국문화, 한반도문화, 일본문화가 서로 연관성을 가지면서도 또 제각기 독자성과 차별성을 가지고 발달하고 있었다. 유럽문화가 전체적으로는 하나의 문화권을 이루면서도 각 민족사회가 제각기 문화적 차별성을 가지면서 발전한 것과 같다고 할 수 있다.

2. 근대사회로 오는 과정에서 흔히 지적되는 바와 같이 동아시아 문화권 중에서 비교적 주변부에 속했던 일본이, 그 때문에 가장 앞서서 이질적인 유럽문화를 수용했다. 그리고 일본은 정치적으로 강점한 한반도지역에 문화적으로도 그 제국주의를 적용함으로써 한반도문화를 유럽화하다시피 한 일본문화에 동화시켜갔다.

한반도지역의 문화가 독자적인 방향으로 근대화를 하건 일본과 같이 유럽문화를 모방하여 근대화를 하건, 그것은 어디까지나 한반도 주민이 자율적으로 해야 할 일이었다. 그런데도 일본은 정치적으로 지배한 한반도의 문화를 강제로 유럽화한 제 문화에 동화시키면서, 그것을 한반도문화의 근대화 과정이라 강변했던 것이다.

일본제국주의가 패망하고 한반도지역이 그 강제지배에서 벗어났으나 바로 남북으로 분단되었다. 아직도 일본과의 국교가 정상화되지 않은 북쪽은 말할 것 없고, 1965년에 이른바 국교정상화를 했다는 그 남쪽도 이후 계속 일본과의 제한 없는 문화교류를 거부해왔다.

일본은 그것에 대해 불만이겠지만, 다시 생각해보면 그것은 일본제국주의가 한반도를 강점한 기간을 통해 일본문화에 강제로 동화당했던 한반도문화의 독자성을 다시 확보하고, 침략적이었던 일본문화와의 차별성을 회복하기 위한 기간이 필요했기 때문이었다고 할 수 있다.

3. 이제 일본제국주의의 횡포와 동서냉전으로 불행했던 동아시아의 20세기가 지나가고 21세기가 오고 있다. 일본제국주의가 패망한 후 한반도지역, 특히 그 남쪽의 문화가 일제강점시대에 훼손되었던 독자성을 얼마만큼 회복했는가, 아니면 1965년의 한일국교 재개 후 오히려 한반도 남쪽 문화의 일본문화와의 차별성이 국교 재개 전보다 더 약해졌는가 하는 문제들이 있다.

그럼에도 불구하고 21세기에 들어와서 한일 간의 문화교류는 불가피해져가고 있다. 21세기 한일 간의 문화교류는 20세기 전반기적 강제 동화나 그 후반기적 획일화가 아니라, 한국문화와 일본문화 사이의 독자성과 차별성이 확립된 후 서로 각기 문화의 창의적·상승적 발전을 위한 교류가 필요하다는 것이다.

동아시아의 21세기에는 한반도문화와 중국문화, 그리고 일본문화가 각기 독자성과 차별성을 가지고 호혜·평등의 원칙에서 교류됨으로써, 21세기 동아시아문화 전체를 한층 높은 단계로 발전시킬 수 있어야 할 것이다. 21세기 동아시아 전체 문화의 발전을 위해 이 세 지역의 문화가 동질화되고 획일화되어서는 결코 안 된다는 점이 특히 중요하다.

4. 근대 이전의 동아시아 3국 사이에 오랫동안 유지되었던 문화관계가 근대로 오면서 크게 변했다. 근대 이전에는 그 지정학적 조건 때문에 중국 쪽과 더 긴밀했던 한반도지역의 문화가 20세기 전반기 일제강점시대를 통해 오히려 일본 쪽에 동화될 뻔한 위험을 경험했다.

그리고 이 지역이 분단된 20세기 후반기를 통해서 그 남쪽은 여전히 일본문화에 가까워졌고, 그 북쪽은 중국문화에 더 가까워졌다. 그리고 동아시아 문화권 전체가 한반도 남쪽과 일본을 묶은 자본주의 문화권과 그 북쪽과 중국을 묶은 사회주의 문화권으로 나뉘어졌었다.

이 구도는 한반도와 중국과 일본 지역이 각각 그 문화의 차별성을 가지면서도 한층 높은 단계의 문화권을 형성했던 전통적 동아시아 문화권과도 다르며, 또 앞으로 21세기에 들어가서 우호적으로 평화적으로 형성되어야 할 바람직한 동아시아 문화권을 위해서도 결코 바람직한 구도라고 할 수 없을 것이다.

한반도지역이 정치적으로 또 문화적으로 통일되어 그 지역 전체의 문화가 중국문화와도 그리고 일본문화와도 차별되어야 하며, 그것을 바탕으로 하여 21세기적 동아시아 문화권이 형성되는 것이 바람직하다. 앞으로 한반도의 남쪽과 일본 사이의 문화교류에는 이같은 동아시아 전체 문화권의 균형 있는 재구성 문제와도 연결성을 가져야 할 것이다.

그리고 21세기의 한국·일본·중국 중심의 동아시아문화는 나아가서 동남아시아문화·서남아시아문화·유럽문화·미국문화·아프리카문화·라틴아메리카문화 등과의 차별성을 확립하는 일이 또한 중요하다. 그런 이후에 서로 호혜·평등한 교류를 이룸으로써 21세기 세계문화 전체가 각 지역 및 각 민족문화의 독자성과 차별성을 유지하면서 다양하고 조화롭게 발전할 수 있을 것이다.

새 한일 문화교류의 필요성과 그 기본 방향

1. 하나의 민족사회가 다른 민족사회와 문화를 교류한다는 것은, 다시 강조하지만 제국주의시대와 같이 강자의 문화에 약자의 문화가 동

화되거나, 이른바 세계화 논리 및 시장의 논리에 의해 자본주의적 후진
지역문화가 그 선진문화에 획일적으로 포함되는 것을 의미하는 것은
결코 아니다.

문화는 흔히 말하는 것과 같이 물처럼 높은 곳에서 낮은 곳으로 흐르
게 마련이다. 그러나 이 논리가 약육강식의 자본주의적 논리에 의해서
만 적용되면, 자본주의 선진국과 후진국 사이의 문화교류는 결코 평화
적으로 이루어지기 어려울 것이다.

자본주의적 가치 기준으로만 본다고 해도, 문화 수준의 차이가 있는
지역끼리의 문화교류가 옳게 또 평화적으로 이루어지려면, 약육강식의
원리는 물론 규격화·획일화·대량화·염가화를 추구하는 이른바 자본주
의적 시장경제 원리에 의해 이루어져서도 안 될 것이다.

자본주의문화의 선진국 내지 강대국과 후진국 내지 약소국과의 문
화교류는, 전자가 후자를 제국주의식으로 동화하거나 세계화라는 이름
아래 획일화할 것이 아니라, 그 문화적 독자성과 이질적 요소가 가지는
가치성을 인정하고 그것을 보전하는 일이 전체 세계문화의 다양하고도
창조적인 발전에 공헌하는 길임을 인정하는 일이 중요하다.

2. 1965년에 이른바 한일국교정상화가 이루어진 후에도 한일 간의 문
화교류가 제한된 것은, 앞에서도 말한 바와 같이 제국주의 일본이 한반
도를 강점한 기간에 일본문화에 강제로 편입되고 동화되어간 한국문
화의 독자성과 차별성을 회복하는 기간이 불가피했기 때문이었다고 할
수 있다.

1965년에 이른바 한일국교정상화가 이루어진 후 일본문화가 음성적
으로 밀려들어오는 조건 아래서, 20세기 전반기를 통해 한국문화가 입
은 식민지적 피해가 얼마나 치유되었는가 하는 문제가 있다.

그렇다고 해서 일본제국주의의 한반도 강제지배가 끝난 지 반세기가 지난 이 시점에까지, 그리고 세기가 바뀌는 시점에까지 일본과의 문화교류를 크게 제한할 수 없는 상황인 것은 인정하지 않을 수 없다.

　3. 그럼에도 불구하고 반세기 전까지만 해도 식민지배국과 피지배국 관계에 있었던 일본과 한국 사이의 문화교류가 물이 높은 데서 낮은 데로 흐르는 원리대로, 또 자본주의적 시장 원리대로 무제한적으로 이루어질 수는 없다고 생각한다.

　왜냐하면 아직은 강제지배시대에 침해된 한국문화의 독자성 및 주체성이 일본문화와 대등한 교류가 이루어질 수 있을 만큼 치유된 것으로 보기 어려운 면이 있으며, 사불여의(事不如意)하면 한국문화가 이번에는 동화정책이 아닌 시장원리라는 것에 의해 다시 일본문화에 동화되어버릴 가능성이 있을 수 있기 때문이다.

　그렇게 되면 21세기에 들어가서도 두 나라 사이에 각기의 차별성이 확립되지 못하고 대등하지도 못하며, 따라서 호혜적이지도 못하고 평화롭지도 못한 문화관계가 이루어질 우려가 있다고 생각되기 때문이다.

　두 나라 사이의 문화교류에는 당분간 일정한 제한이 있어야 하며, 그것은 일제강점시대를 겪은 한국문화의 독자성을 확립하는 기간으로 인정되어야 할 것이다. 왜냐하면 식민지적 독소가 잔존하고 독자성이 충분히 확립되지 못한 한국문화와의 무제한적 교류는, 문화제국주의적 인식을 가지지 않은 한 일본을 위해서도 결코 바람직하지 못하기 때문이다. 그뿐만 아니라 좁게는 동아시아문화의 다양성과 조화성을 위해서, 넓게는 세계문화의 다양성과 조화성을 위해서도 결코 바람직하지 못할 것이기 때문이다. (1998년 9월)

21세기 한국과 일본의 선택

　며칠 전 일본 총리 오부찌 케이조오가 와서 김대중 대통령의 대북 포용정책 — 적극적 화해정책이라는 말이 옳다고 생각하지만 — 을 지지하면서 이른바 21세기 한일 간 파트너십을 강조했다. 김대중정부의 대북한정책이 적극적인 화해정책으로 돌아섰다는 일도 중요하지만, 그것을 미국이나 일본에 권하고 또 동조하게 한다는 것은 남북 당국자에 의한 한반도문제 해결을 위한 실마리가 된다는 점에서 더욱 중요하다고 하겠다.

　역사는 항상 변하게 마련이라 해도, 20세기 1백 년의 세월이 동아시아사 정세를 얼마나 크게 바꾸어놓았는가 다시 한번 생각해보지 않을 수 없다. 백년 전 일본은 이른바 탈아론(脫亞論)을 내세우면서 재빨리 서유럽 열강의 제국주의를 배워 한반도를 강점하고 중국을 침략하고 태평양전쟁을 도발했다가 결국 패전했다.

　패전한 일본은 한때 미국에 점령되었다가 독립은 했지만, 아직도 그 핵우산 아래 있으면서 아시아에서의 미국의 군사적 전초기지 역할을 하고 있다. 한편 한반도는 일본의 강제점령에서 해방되면서 남북으로 분단되었고, 한국 및 중국과 일본과의 국교는 회복했으나 북한과 일본과는 아직 국교가 성립되지 못하고 있다.

21세기의 일본이 탈아론 이전과 같이 한반도지역 및 중국과 함께 동아시아국가의 하나로 돌아올 것인가, 아니면 계속 탈아론적 처지를 견지하면서 동아시아에서의 미국의 군사적 전초기지 역할을 할 것인가 중 하나를 선택해야 하지 않을까 한다. 그것은 또 21세기에 들어가서 한반도지역이 어떻게 통일될 것인가 하는 문제와도 깊이 연결되어 있다.

한반도지역이 한국·미국·일본 3각 구도의 연장선상에서 통일될 경우 일본과 한반도지역은 미국의 동아시아에서의 군사적 전초기지 역할을 계속하게 될 것이며, 특히 한반도지역은 미국과 일본 세력이 중국 및 러시아 세력과 대립하는 최전방 지역이 될 가능성이 크다. 반대로 현실적으로 다소 가능성이 희박해졌지만 한반도지역이 조·중·러 3각구도의 연장선상에서 통일될 경우도 일본은 한·중·러 대륙세력의 태평양 진출을 막기 위한 미국의 군사적 전초기지 역할에서 벗어날 수 없게 될 것이다.

21세기에 들어가서 한반도지역의 평화로운 통일과 나아가서 동아시아 전체의 평화로운 발전을 위해 동아시아 지역의 새로운 결속이 필요하다. 그것을 위해서는 일본이 다시 확실한 동아시아국가로 돌아오는 일과 한반도지역의 '균형성 있는' 통일, 구체적으로 말해서 한반도지역이 해양세력 미·일 쪽에도 치우치지 않고 대륙세력 중·러 쪽에도 치우치지 않게 통일되는 것이 바람직하다.

21세기의 세계사가 과거처럼 민족국가끼리의 대립상황으로 가기보다 민족국가의 벽을 낮추면서 지역공동체를 형성해갈 가능성이 크고 또 그렇게 되는 것이 바람직하다. 그런 문제와도 연관이 있겠지만, 요즘 일본의 다소 양식있는 지식인들이 동아시아의 새로운 연대 수립을 말하는 것을 더러 들을 수 있다.

대동아공영권 '원죄'를 가진 일본인들이 그런 말을 먼저 하고 다니는 것이 못마땅하지만, 유럽 공동체나 북미 공동체나 동남아 공동체가 굳어져가는 것을 보면, 21세기 동아시아와 세계평화의 증진을 위해 동아시아 공동체의 성립이 바람직하다는 것에는 동의할 만하다. 그러나 거기에는 몇 가지 전제조건이 있다고 하겠다.

그 하나는 일본이 탈아론적 논리에서 확실하게 벗어나고, 과거의 침략 사실을 정확하게 가르쳐서 분명한 동아시아국가로 돌아오는 일이며, 둘째는 대륙세력과 해양세력 사이에 다리처럼 걸려 있는 한반도지역이 그 어느 쪽에도 치우치지 않는 '균형성 있는' 통일을 이루는 일이라 하겠다. (1999년 3월)

분단시대 역사인식에서 통일시대 역사인식으로

송규진 고려대 아세아문제연구소 HK교수

이 책은 신문과 잡지에 기고했던 글을 모은 역사비평집으로 20세기의 묵은 과제를 21세기에는 어떻게 해결해야 할지에 대한 고민이 담겨있다. 대학생을 비롯한 일반 독자를 위해 평이하게 쓴 글이지만 21세기의 역사 담론이 20세기라는 역사의 몸통에서 결코 자유로울 수 없다는 생각으로 20세기가 남긴 과제를 21세기의 역사와 지속선상에서 바라보며 방향을 제시하고 있어 역사학자에게도 시사하는 바가 크다. 저자의 역사인식이 이상적인 측면에 기운 경향도 있지만 오랫동안 일관된 언어와 삶을 살아온 대가의 안목은 현재에도 유효하다. 거시적 측면에서 그가 제시한 방향대로 역사가 전개되고 있으니, 출간된 지 20년이 되었으나 이 책은 현실적으로 여전히 강력한 힘을 갖는다.

역사를 "인간 이상의 현실화 과정"이라고 정의하는 이 책은 크게 네 부분으로 나뉘어 있다. 제1부는 한국 근현대사에서 식민과 분단에 대한 왜곡된 인식이 21세기 우리 역사에서는 되풀이되어서는 안 된다는 생각을 정리한 것으로 우리 근현대사에서 일반적으로 잘못 인식되고 있는 문제들을 짚어본다. 20세기는 식민지로부터 시작했고, 식민의 시대가 끝나자마자 분단의 상처가 새겨진 비극의 세기였으며 서구의 근대에 편입되도록 강제받은 시기이기도 했다. 이런 20세기에 대한 역사적 고찰을 위해 저자는 먼저 식민과 분단에 대한 왜곡된 인식을 극복하는 데 초점을 맞추고 있다.

일제강점기에 '식민통치에 짓눌린 민족의 현실문제'와는 완전히 동떨어졌던 역사학이나, 아니면 강제지배에 영합하는 역사학의 경향이 해방 이후 어느정도 극복되긴 했지만 부지불식간에 식민사관의 입장에서 연구하는 것에 대해 비판한다. 또한 식민사관을 비난하면서도 당시 고종과 대한제국을 긍정적으로 평가하는 일부 역사학계와 사회 일각의 시각에 대해 '대한제국의 망령'이 되살아나는 것이라며 우려한다. 일제강점기를 근대화 과정으로 보는 시각에 대해서는 역사적 사실을 보는 눈이나 시각이 시대에 따라 달라질 수 있다는 점을 인정해야 하지만 주체의 입장에서 바라볼 것을 촉구한다. 그동안 일제식민지사 연구가 주로 좌우익 민족해방운동사에 집중되었고 '피해의 역사'에 상대적으로 소홀했다는 것을 반성하면서 일본군 '성노예' 문제를 역사학적으로 해명한다.

해방 이후의 현대사는 일제시대사보다 역사왜곡이 더욱 심하다고 지적한다. 남한의 보수역사학이 남한정권의 역사적 정통성이나 정당성을 전제한 결과, 분단을 활용하여 독재를 강화하는 과정에서 '국가 테러리즘'을 자행한 정권의 많은 문제를 외면한 것에 대해 비판한다. IMF사태 이후 한국사회 일각에서 일었던 박정희 '신드롬'을 '역사건망증'이라고 규정하면서 그의 치적이라고 하는 경제건설은 한국민족의 문화적 기반을 바탕으로 높은 교육열로 양산된 인재들과 국민의 노력에 의한 결과였다고 단언한다. 박정희시기에 조성된 재벌 중심 경제체제로 인해 정경유착이 고질화되고 전두환·노태우가 부정축재를 할 수 있는 구조가 마련되었으며, 지역감정을 교묘히 이용하여 독재체제를 유지함으로써 폐해가 컸다고 지적한다.

6·25전쟁에 대해서는 '침략전쟁'이라는 측면에서만 보지 말고 '통일전쟁'의 시각으로 볼 것을 제안하며, 무력을 수단으로 하는 통일은 불가능할 뿐만 아니라 온 민족이 큰 피해를 겪게 된다는 교훈으로 삼자고 하였다. 남한정권이 대한민국임시정부의 정통성을 계승하고자 한다면 민족문제를 평화적으로 해결하겠다는 철학을 갖고 지속적인 평화통일 정책을 펼쳐야 한다고 역설한다.

저자는 한국사회가 발전할 수 있었던 원동력이 반독재민주화운동과 통일운동에 있었다며 조봉암에 대해 4·19 이후 평화통일운동을 '폭발'하게 했으며 이후 평화통일론이 정착되는 원인이 되었다고 평가한다. 조봉암을 비롯하여 반독재민주화운동과 통일운동에 기여하다가 희생된 '열사'들의 역사적 위치를 바로 자리매김하여 명예를 회복시킬 것을 주장한다. 한편, 민주화운동을 같이 했던 '민추협'이 권력 획득을 최고 목적으로 하는 '정치판'에서 결국 분열하여 민주화 이후에도 독재세력을 청산하지 못했다며 비판한다.

제2부는 저자가 21세기 한국 역사의 최대 과제로 꼽은 통일문제를 본격적으로 다루고 있다. 문호개방이 식민지화로 연결되고 해방이 다시 분단으로 이어졌으며, 6·25의 참극을 겪으면서도 결국 통일되지 못한 분단시대를 꼼꼼히 훑어보고, 분단시대에 등장한 남한정권의 성격과 남북관계를 분석하면서 민간통일운동의 역사를 전망한다. 21세기를 바라보는 시점에서 쓴 이 글에서 저자는 한반도지역의 주민들이 단일민족이라거나 하나의 국가체제 속에서 같이 살아온 역사가 길기 때문이

아니라, 동아시아에서 평화로운 지역공동체를 이루기 위해 평화통일이 이뤄져야 한다는 세계사적 당위성을 강조한다.

월남식 무력통일이나 독일식 흡수통일이 아니라 남북한이 평화적이고 호혜적이며 대등한 위치에 있는 한반도식 제3의 통일방식을 역설한다. 남북의 어느 정권도 겉으로는 무력통일이나 흡수통일을 공공연하게 표방하지 않지만, 북에 두고 온 재산 문제까지 연관해 내심 흡수통일을 '기대'하는 남쪽 일각의 세력을 경계한다. 또한 엄청난 비용이 들 것이라는 우려로 흡수통일을 반대하는 논리에 대해서도 경제적 문제를 해결할 수 있다고 해도 흡수통일을 해서는 안 된다고 피력한다. 흡수통일은 대등한 통일이 아니라 한쪽에 의한 '우위' 통일이며 민족의 다른 한쪽을 사실상 정복하는 것과 다름없는 무력통일의 변형으로 옳은 의미의 평화통일이 될 수 없기 때문이다. 또한 한반도의 통일문제는 아직도 이곳을 둘러싼 국제세력들과 깊이 연결되어 있어 흡수통일은 바람직하지 않을 뿐만 아니라 현실적으로 가능하지 않다고 보았다.

이와 같은 '역사적 추세'로 결국 남북 분단정권 당국자들이 표면적으로나마 평화통일을 강조했고 그것이 「남북합의서」 체결로 연결된 것이라 설명한다. 무력통일이나 흡수통일이 아닌, 7천만 남북 민족구성원의 염원을 바탕으로 한 「남북합의서」의 정신에 따라, 두 개의 정부와 두 체제를 인정하면서 화해와 협력에 의해 서서히 통일하는 방안을 채택한다면, 해방 이후 남북 정권이 서로 역사적 정통성을 가졌다고 경쟁한 이유도 사라지게 될 것이라고 보았다. 김대중정권이 수립되던 상황에서 보수 본당과의 연합에 의해 집권했다는 한계를 극복하고 역사적 의의 내지 당위성을 확보하기 위해 진정한 의미의 평화통일정책을 실시하라는 권유는 여전히 역사적 의미를 지닌다.

제3부는 이질화가 심화된 남과 북을 바라보며, '하나로 된 우리 현대사'를 서술하기 위한 방법론을 모색한 글이다. 저자는 분단시대가 반세기를 넘어서면서 남북의 역사인식이 크게 벌어진 상황에서 역사 동질성 회복과 통일을 위한 이데올로기가 필요하다며 남북 학계의 자유롭고 활발한 논의를 역설한다. 통일 후에 바로 닥칠 역사교육 문제를 위해 그동안 축적된 남북한 역사학의 성과를 공유해야 한다며, 한 예로 남북 역사학의 갑오농민전쟁 인식의 같은 점과 다른 점을 분석하기도 했다. 저자는 역사학적 방법론은 현실적 조건에 얽매이지 않고 객관적·종합적·미래지향적이며, 특히 민족적·주체적 입장에 선 방법론이어야 한다고 강조한다.

분단국가주의에 입각한 현실정치세력은 남은 북을, 북은 남을 적대시하지만, 민족주의 역사인식으로 분단국가주의 역사인식을 넘어설 수 있어야 분단국가에 설정된 경계선을 넘어 한반도 전체 주민이 역사인식 대상이 되고, 남북 차별 없는 한반도 전체의 역사발전이 학문 대상이 될 수 있다고 주장한다. 분단 이전의 역사는 말할 것도 없고, 분단된 후의 역사라 해도 남북 분단국가의 역사를 하나의 역사로 인식하는 일이 중요하다는 것이다. 8·15 이후의 전체 한반도지역을 하나의 역사단위로 인식하고 '하나로 된 우리 현대사'를 연구하고 서술하기 위한 방법론을 수립해야 함을 역설한다. 8·15 이후 한국 역사학계가 '한국현대사'라 하면서 실제로는 남한만의 역사를 기술한 것과 '북한사'를 따로 서술함으로써 '남한사'와 '북한사'로 분리되어 있는 것을 비판하고 남과 북을 아우르는 현대사를 제안한다.

이 시기 우리 민족사회 전체가 추구하는 통일방법론으로 비무력·비혁명·비흡수통일론적 역사인식을 바탕으로 하여, 통일의 구체적인 발전 과정을 중심축으로 현대사를 서술할 수 있을 것이라고 전망한다. 분단시대를 통한 남북한 역사의 실질적 접합점으로 통일문제의 진전 과정은 일정하게 시기가 구분되지만 궁극적으로는 각 시기마다 남북 분단국가 내부의 정치·경제·사회·문화적 추이가 그 동질성을 부각시키는 방향에서 비교·서술될 수 있다는 것이다. 또한 남북이 역사교과서를 비롯한 각종 교과서를 함께 쓸 수 있게 된다면 통일에 기여할 것이라고 보았다. 먼저 남북 두 정부 사이에 합의가 되고 남북 학계가 동의한다면, 일단 분단 이전 시대까지를 대상 및 내용으로 하는 역사와 국어 교과서 등을 공동으로 제작하여 교육할 것을 제안한다. 그것이 통일을 앞당기고 통일 후에 드러날 남북 사이의 이질감을 미리 해소해가는 중요한 방법의 하나가 될 것이며, 통일에 대비하는 분단민족의 인문과학계가 반드시 이루어야 할 일이라고 주장한다.

제4부는 21세기 민족사와 세계사의 향방을 전망한 글이다. 21세기 우리 역사는 다른 어느 때보다 세계사와 깊은 연계를 맺고 있다며 20세기 말 독주하다시피 하는 신자유주의에 대응하는 새로운 체제를 전망한다. 20세기 후반기 세계사를 통해 제국주의적 식민지배가 청산되고 전면 전쟁으로 제3차 세계대전이 일어나지 않은 것은 인류사회 전체가 이제 민족국가끼리 대립하면서 제국주의적 침략을 자행하는 일에 대해 반성하기 때문이라는 낙관적 견해를 피력한다.

21세기 세계사가 '역사의 종언'으로 말미암아 자본주의 전일체제가 지속될 것이라는 전망을 저자는 신랄하게 비판한다. 인간사회는 정치·경제·사회·문화적 민주주의를 발전시키는 길로 앞으로도 변화해갈 것이고 이 변화가 있는 한 어떤 형태의 체제도 영원할 수 없기 때문이라는 것이다. 세상에 아무것도 믿을 것이 없더라도 역사가 발전하는 쪽으로 변한다는 사실만은 믿을 수 있다는 확신이 역사학을 성립시킨 가장 중요한 요인이라고 강조한다. 지나친 이상주의라는 비판을 의식하여 학문이란 현실을 뒷받침하는 것보다 한층 더 나은 것으로 만들어가는 데 공헌하는 것이라며 어느정도 이상주의적일 수밖에 없다는 점도 아울러 이야기한다.

이러한 이상주의적 시각은 민족사에도 나타나고 있다. 젊은 세대의 민족관이나 역사관이 기성세대와 차이가 크기 때문에 민족사적 미래는 밝다는 것이다. 민족의 다른 한쪽을 적으로 보지 않고 동족으로 보는 젊은 세대의 민족관과 역사관이 바로 21세기의 한반도가 옳은 의미의 평화통일을 달성하는 원동력이 될 것이라는 전망이다. 이러한 역사인식이 보편화된 한반도 주민들이 먼저 평화통일을 달성하여 민족적 주체성을 확립한 다음에, 일본 및 중국과의 협력관계를 강화하여 21세기 동아시아의 평화와 세계평화에도 기여할 것이라고 낙관한다. 통일된 한반도지역이 중국과 러시아 중심의 대륙세력과 미국이 배후에 있는 일본 중심의 해양세력 사이에서 제3의 세력으로 확고히 위치하면서 양대세력의 대립을 중화하여 동아시아의 평화와 세계평화에 기여한다는 것이다.

이와 같이 장기적인 역사발전에 대해 낙관적으로 인식하면서도 단기적으로는 현실상황이 어떻게 전개될지에 대해서는 여러 질문을 던진다. 일본이 과거사를 반성하지 않고, 중국이 패권을 지향하는 등 동아시아에서 민족국가 사이의 대립이 지속되는 경우 한반도의 통일문제는 어떻게 되겠는가, 지역공동체의 결속이 강화되는 방향으로 세계사가 더 나아가는 경우 한반도의 통일문제를 어떻게 해결할 것인가, 21세기에도 초강대국으로서 미국의 지위가 유지될 것인가, 그런 경우 한반도의 통일문제는 어떻게 될 것인가, 미국의 초강대국 지위가 언제쯤 무너질 것이며 그 경우 한반도의 통일문제는 또 어떻게 될 것인가를 궁금해한다. 저자의 이야기대로 이런 물음을 기반으로 21세기 역사의 서론을써야 할 것이며 이를 기반으로 본론과 결론을 집필해야 하는 것은 후학들의 몫일 것이다.

강만길 저작집 간행위원

조광 윤경로 지수걸 신용옥

강만길 저작집 13
21세기사의 서론을 어떻게 쓸 것인가

초판 1쇄 발행/2018년 12월 5일
초판 2쇄 발행/2024년 2월 19일

지은이/강만길
펴낸이/염종선
책임편집/부수영 신채용
조판/정운정
펴낸곳/(주)창비
등록/1986년 8월 5일 제85호
주소/10881 경기도 파주시 회동길 184
전화/031-955-3333
팩시밀리/영업 031-955-3399 편집 031-955-3400
홈페이지/www.changbi.com
전자우편/human@changbi.com